中国纺织出版社

内 容 提 要

《孟子》是儒家经典著作,被列为"四书"之一,记述了孟子一生的主要言行和哲学思想。其文论证有力,比喻生动,文辞华丽,气势磅礴。《孟子全鉴》(第2版)在对原典注释、翻译的基础上,以全新的解读方式和通俗易懂的语言去接近《孟子》,读者可深切感受到孟子的仁爱思想和思辨智慧,从而将先贤思想更好地运用到现实生活中。

图书在版编目(CIP)数据

孟子全鉴 /(战国)孟子著;东篱子解译. —2 版. —北京:中国纺织出版社,2014.8(2023.3重印)
ISBN 978-7-5180-0667-0

Ⅰ. ①孟… Ⅱ. ①孟… ②东… Ⅲ. ①儒家②《孟子》—译文③《孟子》—注释 Ⅳ. ①B222.5

中国版本图书馆 CIP 数据核字(2014)第 094326 号

副 主 编:李百芹
编委会成员:余长保　蔡 践　党 博　杨敬敬　李 蕊　孙红颖
　　　　　任娟霞　陈金川　李向峰　朱雅婷　罗 苏　陈 美
　　　　　庞莉莉

策划编辑:于磊岚　　　　　　责任印制:周平利

中国纺织出版社出版发行
地址:北京市朝阳区百子湾东里 A407 号楼　邮政编码:100124
销售电话:010—87155894　传真:010—87155801
http://www.c-textilep.com
E-mail:faxing@c-textilep.com
官方微博 http://weibo.com/2119887771
北京华联印刷有限公司印刷　各地新华书店经销
2010 年 5 月第 1 版　2014 年 8 月第 2 版
2023 年 3 月第 12 次印刷
开本:710×1000　1/16　印张:20
字数:321 千字　定价:38.00 元

凡购本书,如有缺页、倒页、脱页,由本社图书营销中心调换

前言

孟子（约公元前372—公元前289年），名轲，字子舆，战国中期邹国人（今山东邹县东南），是中国历史上伟大的思想家、政治家、教育家，孔子学说的继承者，儒家的重要代表人物。被后人尊称为"亚圣"。

孟子继承并发展了孔子的学说，对发扬光大儒家思想起着举足轻重的作用。他主张通过施行仁政去统一天下，提出"民为贵，社稷次之，君为轻"的为政理念，推崇"富贵不能淫，贫贱不能移，威武不能屈"的大丈夫人格，主张做人要有浩然正气！

《孟子》是儒家学说的典籍，是继《论语》之后又一部语录体的儒学经典，共七篇十四卷，记载了孟子的治国思想和政治策略，以及一些生平事迹，涉及政治、哲学、教育和文艺思想等各个方面。其间的大部分文章论证有力，比喻生动，文辞华丽，气势磅礴，淋漓尽致地展现了孟子的智慧和雄辩，对后世有着十分深远的影响。

对于《孟子》的解读，历来就具有鲜明的时代特征——为读者所处的社会需要服务。在深化改革的今天，我们更需要了解儒家思想，学习优秀的传统文化。基于此，编者精心编写了《孟子全鉴》（第2版）一书，书中吸取了《孟子》其他版本的精粹所在，分别从原典、注释、译文、解读四个方面进行了全面而新颖的阐释。

注释部分主要针对一些少为人知的人名或地名、典故以及较为难懂的字词进行重点阐释，结合各种注译版本，去粗取精，取其精华。译文部分以直译为主意译为辅，基本不背离原文的思想精神。解读部分采用讲道理和摆事实相结合的方式，是对原文的一种延展和联想，能够激发读者的发散思维，进一步加深人们对先贤孟子思想的理解。

本书力求以全新的解读方式和通俗易懂的语言去接近《孟子》、感受《孟子》，使孟子的思想精神与现实生活相结合，从而让每位读者都能沐浴在两千多年来圣贤先哲的深邃智慧中。

古代经典向来难读，能使一般人乐于接近这种古书，能将"老酒装新瓶"，能使原本让人敬而远之的经典变得轻松易读、趣味盎然，是我们对读者捧读本书的最大期望！

国学之用，在于"无用"之"大用"。希望大家通过对《孟子全鉴》（第2版）的阅读和理解，把"无用"之理用在人生的"大用场"上！

编　者

2014 年 5 月

卷一　梁惠王（上）

- 做人不要轻义重利 / 2
- 最大的快乐是与民同乐 / 3
- 不要五十步笑百步 / 5
- 保障和改善民生 / 7
- 损人之事不可为 / 9
- 仁者无敌 / 10
- 身居其位应善谋其政 / 12
- 做人做事仁爱之心是根本 / 14
- 多行善举受益无穷 / 16
- 做法不切实际，就是缘木求鱼 / 18
- 衣食足而知礼仪 / 21

卷二　梁惠王（下）

- 不能把快乐建立在他人的痛苦上 / 24
- 老百姓的口碑是判断的标尺 / 26
- 不要逞匹夫之勇 / 28
- 乐以天下，忧以天下 / 30
- 与百姓共冷暖才是王道 / 32
- 间接说服，曲径通幽 / 34
- 注重考察，不可轻信 / 36
- 不做万夫所指的人 / 38
- 不能凡事以我为中心 / 39
- 得人心者得天下 / 41
- 战争胜负取决于民心所向 / 42
- 关注民生才能凝聚民心 / 44
- 仁政最能感化百姓 / 46
- 多做善事，积德积福 / 47
- 以仁义之心赢得忠诚与敬畏 / 48
- 小人主宰不了世事发展 / 50

1

卷三　公孙丑(上)

- 实行仁政，顺应发展 / 54
- 做人要培养浩然之气 / 56
- 学者要坚持"不动心"的研学精神 / 59
- 以德服人，教化天下 / 62
- 居安思危，防患于未然 / 63
- 政德贤明，仁慈爱民 / 64
- 人都有不忍伤害别人的心 / 66
- 善于反省，多从自身找原因 / 67
- 闻过则喜的人进步会很快 / 68
- 不要固执己见，学会灵活处理 / 69

卷四　公孙丑(下)

- 得道多助，失道寡助 / 72
- 对有气节的人不要随便待之 / 73
- 君子不会被金钱收买 / 76
- 下级犯错上级有责 / 77
- 身在其位当谋其政 / 79
- 独断专行害处多 / 80
- 孝敬是做人的重要德行 / 81
- 以暴制暴不是解决问题的良策 / 82
- 见善则迁，有过则改 / 84
- 真正的商人不会做垄断市场的事 / 86
- 爱惜人才不是做表面文章 / 88
- 真诚坦率是君子的作风 / 90
- 当今之世弃我其谁 / 91
- 良禽择木而栖，贤臣择主而侍 / 93

卷五　滕文公(上)

- 大国与小国行仁政的道理是一样的 / 96
- 上级的做事风格对下级有直接影响 / 97
- 老百姓有饭吃有衣穿心里就有盼头 / 100
- 劳心者治人，劳力者治于人 / 103
- 除旧革新才能进步 / 106
- 对待父母丧事反映一个人的孝顺程度 / 109

卷六　滕文公(下)

- 欲想正人必先正己／112
- 节义之人不会为功名利禄所动／114
- 父母之命、媒妁之言／116
- 得之有道是天经地义的事情／117
- 四海归心则战无不胜／119
- 近朱者赤近墨者黑／121
- 君子会坚守自己的节操／123
- 发现错误应及时彻底改正／124
- 主张正义，为真理而辩／125
- 凡事不能走极端／128

卷七　离娄(上)

- 有规矩才成方圆／132
- 圣人是做人的最高典范／134
- 仁义关乎国家存亡／135
- 修身厚德才能治天下／136
- 仁德是无敌于天下的利器／137
- 天作孽，犹可违；自作孽，不可活／138
- 别做把人才往其他地方赶的蠢事／139
- 不走正道的人最可悲／141
- 真诚是立身处世的根本所在／142
- 天下归心靠仁义而不靠战争／143
- 眼睛是心灵的窗户／144
- 不要教条死板，学会通权达变／145
- 用正确的方法教育孩子／146
- 恪尽孝道，天经地义／147
- 上梁不正下梁歪／148
- 懂得反省，修正不足／149
- 恭敬有礼是美德／150
- 不孝有三无后为大／150
- 仁义礼智乐是人力所能及的／151
- 小孝治家，大孝治国／152

卷八　离娄(下)

- 圣贤皆有施行仁政的共同准则／154
- 从大处着手，以大局为重／154
- 和谐相处，上下级要互相尊重／155
- 有所为有所不为／157
- 把握分寸，言行有度／158
- 做事要合乎道义／159

- 学问的至高境界是自得而简约 / 160
- 以善滋养人，德行崇高 / 161
- 仁义为立身之本 / 162
- 学习先人可贵品质 / 163
- 孔孟学说与历史典集源远流长 / 164
- 清醒认识事物的本质 / 165
- 教人应该艺德并重 / 166
- 因势利导，顺应自然 / 168
- 不畏权贵真君子 / 169
- 反省是一面镜子 / 170
- 做人要学会换位思考 / 171
- 孝是中华民族的传统美德 / 172
- 地位往往会支配行动 / 173
- 别被名利束缚心 / 175

卷九　万章（上）

- 多尽孝道，感恩父母 / 178
- 不要被片面的假象所蒙骗 / 179
- 抛却恩怨，感化人心 / 181
- 不要凭空揣度和歪曲他人 / 183
- 百姓拥护很关键 / 184
- 得民心者得天下 / 186
- 争做众人眼中的先觉者 / 188
- 察其交往观其人 / 190
- 聪明人不做蠢事 / 191

卷十　万章（下）

- 集人所长成大事 / 194
- 周朝爵禄条理分明 / 196
- 交友重在观其品德 / 198
- 君子不拒绝正常之礼 / 200
- 德行与身处职位相配 / 202
- 要谦恭地对待有识之士 / 203
- 真正的贤士不会为世俗所左右 / 205
- 交友必先知友 / 208
- 要秉持一定的做事原则 / 209

卷十一　告子（上）

- 莫做有悖人之天性的事 / 212
- 环境对人的本性会有重大影响 / 213

- 关于人的天性存在争议 / 214
- 食欲性欲皆是人的天性 / 215
- "义"具有内在性，也具有外在性 / 216
- 恻隐之心人皆有之 / 218
- 理义是人们共有的 / 219
- 仁义之心也需要时常滋养 / 221
- 贵在持之以恒，最忌一曝十寒 / 223
- 鱼与熊掌不可兼得 / 224
- 把失去的找回来就是学问之道 / 225

- 清楚轻重环节，避免舍本逐末 / 226
- 仁义之心需要滋养 / 227
- 人的内涵比外在更重要 / 227
- 分清主次才会不偏离实质 / 229
- 喜新厌旧最终会失去更多 / 230
- 自尊者人尊之，自贵者人贵之 / 231
- 志可立不可丧 / 232
- 好的人才也得经过长时间考验 / 232
- 做事必须讲条理 / 233

卷十二　告子(下)

- 事物的对比应注意可比性 / 236
- 人皆可以为尧舜 / 237
- 莫因关系远近而看法不一 / 239
- 利益难以换取永久的和平 / 240
- 礼仪是增进人际关系的重要润滑剂 / 242
- 非常之人都有非常的表现 / 243
- 别做追随领导恶行的人 / 245
- 辅助领导就要助其走正道 / 247

- 背仁之才有害于民 / 248
- 纳税率依国家大小而定 / 249
- 以邻为壑害人害己 / 250
- 诚信是立身处世的准则 / 251
- 拒人于千里之外是愚人之举 / 252
- 君子怎样为官 / 253
- 生于忧患死于安乐 / 254
- 教学的方法多种多样 / 256

卷十三　尽心(上)

- 命运掌握在自己手中 / 258
- 人要活得明明白白 / 259
- 乐道忘势的读书人最受人推崇 / 260
- 穷则独善其身，达则兼济天下 / 261
- 奋发向上才能有所作为 / 262

- 老百姓最需要良好的教化 / 263
- 良知良能与生俱来 / 264
- 人之才学往往来自于忧患 / 265
- 为官必须树正气 / 266
- 君子的三大快乐 / 267

- 心中须有定性，不要随波逐流 / 268
- 奉养老人是传统美德 / 269
- 生活富足，天下归仁 / 270
- 志存高远是做人的大境界 / 270
- 人的义利观不尽相同 / 271
- 价值观决定了人的行为 / 272
- 人要有甄别美丑的能力 / 273
- 积极进取和坦然若定才是正确的处世态度 / 274
- 真仁义的人英名流传 / 275
- 脑力劳动者是社会所需 / 276
- 志行高尚的人才会有儒士风范 / 276
- 做人要有大节操 / 277
- 王子犯法与民同罪 / 278
- 环境会影响人的气度 / 279
- 不要被虚伪的恭敬所迷惑 / 280
- 被动和主动是决定事情成败的关键 / 281
- 教学是有恰当的方式和方法的 / 282
- 做人要讲道义和中庸 / 283
- 做学问要谦虚谨慎 / 284
- 爱从自家开始 / 285
- 凡事应知轻重缓急 / 286

卷十四 尽心（下）

- 莫因私利而损他人 / 288
- 尽信书则不如无书 / 289
- 仁者方可得天下 / 289
- 要想做事成功，必须自身努力 / 290
- 富贵于我如浮云 / 291
- 为政之举，治国大要 / 292
- 仁政爱民，以民为本 / 293
- 百世之师，影响深远 / 294
- 形象化讲述最受人欢迎 / 294
- 坚守信仰，追求信念 / 295
- 贤明之人有两种可贵品质 / 296
- 冰冻三尺非一日之寒 / 297
- 不要因为环境的改变而放弃追求 / 297
- 君子不会听信于命 / 298
- 客观评价他人 / 299
- 用人不要乱猜疑 / 300
- 为政者要为百姓谋福祉 / 300
- 做人莫耍小聪明 / 301
- 发扬和光大优良的风范 / 302
- 欲想正人必先正己 / 303
- 合礼是美德的最高表现 / 303
- 做人要保持自己的正气 / 304
- 养心莫善于寡欲 / 305
- 讳名不讳姓也是一种做事风格 / 306
- 不要做好好先生 / 306
- 中华文化需薪火相传 / 309

参考文献 / 310

 梁惠王（上）

  本卷围绕为政者应施行王道，反对暴政，一切施政措施都要符合仁义准则展开。

  各章所记对话不离"仁政"的话题，具体包括反对攻伐，发展生产，减轻刑罚赋敛，使老百姓过上丰衣足食的生活等，在此基础上以孝悌之义教导百姓，便可以抵御外侮，从而使天下归服。孟子指出在思想上，要树立起"不忍人之心"，要树立起仁爱的观念。有了"不忍人之心"，才能有"不忍人之政"，亦即仁政。

  孟子虽把"义"放在"利"之上，但他所谓的"义"，主要内容却是人民的"利"，凡政策由此出发，做法与此相合，便是"义"。否则不然。同时，热情赞扬"与民同乐"的古圣，又尖锐批评"率兽食人"的今王。

做人不要轻义重利

【原典】

孟子见梁惠王①。王曰:"叟!不远千里而来,亦将有以利吾国乎?"

孟子对曰:"王!何必曰利?亦有仁义②而已矣。王曰:'何以利吾国?'大夫曰:'何以利吾家③?'士、庶人曰:'何以利吾身?'上下交征利而国危矣。万乘④之国,弑其君者,必千乘之家;千乘之国,弑其君者,必百乘之家。万取千焉,千取百焉,不为不多矣。苟为后义而先利,不夺不餍⑤。未有仁而遗其亲者也,未有义而后其君者也。王亦曰仁义而已矣,何必曰利?"

【注释】

①梁惠王:即战国时魏惠王,公元前369—前319年在位。魏原来都城在安邑(今山西夏县西北),因秦国的压力,公元前361年魏惠王迁都大梁(今河南开封),故魏也被称为梁,魏惠王也被称为梁惠王。"惠"是其死后的谥号。②仁义:"仁"是儒家的一种含义广泛的道德观念,是各种善的品德的概括,核心指人与人相亲相爱。"义":儒家学说指思想行为符合一定的准则。③大夫曰:'何以利吾家?'大夫:先秦时代职官等级名,国君之下有卿、大夫、士三级。家:大夫的封邑。④乘(shèng):量词,一车四马为一乘。⑤餍:满足。

【译文】

孟子拜见梁惠王。梁惠王说:"老先生,您不远千里而来,将有什么有利于我的国家吗?"孟子回答道:"大王,您为什么定要说到利呢?只要仁义就够了。大王说:'怎样有利于我的国家?'大夫说:'怎样有利于我的封邑?'士人、平民说:'怎样有利于我自身?'上上下下互相争夺利益,那国家就危险了。在拥有万辆兵车的国家,杀掉国君的,必定是国内拥有千辆兵车的大夫;在拥有千辆兵车的国家,杀掉国君的,必定是国内拥有百辆兵车的大夫。在拥有万辆兵车的国家里,这些大夫拥有千辆兵车;在拥有千辆兵车的国家里,这些大夫拥有百辆兵车,不算是不多了,如果轻义而重利,他们不夺取国君的地位和利益是绝对不会满足的。不讲仁的人会遗弃自己的父母,没有行义的人会不顾及自己的君主。大王只要讲仁义就行了,何必谈利呢?"

解读

重义往往能换来大利

君子不言利为儒学之传统。孟子认为，片面地强调私利，人人都将站在自己的立场上考虑问题，像本章所述，上下争相求利，那国家就危险了。只有提倡仁义，才能涵盖天下人的共同利益，使社会安定。

孟子所求之义，其实是真正的利，是长久的大利。三国时的鲁肃就是因为重义轻利，得以结识天下豪杰，结识吴国都督周瑜，联合蜀国抗魏，最终使天下成三国鼎立之势，成就一代英名。

鲁肃出身富豪家族，但祖辈无人出仕为官。他出生后不久，父亲就去世了，由祖母抚养长大。董卓之乱时，他卖掉土地，以财赈济宗族乡亲和结交朋友。

周瑜时任居巢长，久闻鲁肃之名，又因告贷捉襟见肘，无奈向鲁肃求救。鲁肃仗义疏财，将家中所积余粮一半馈赠，周瑜感激涕零。二人遂结成挚友。周瑜劝说鲁肃和他一起离开袁术，投奔孙策。但鲁肃到达江东后很长一段时间一直没有受到孙策的重视，很不得志。孙策死后，由周瑜重新引见，鲁肃终于得到孙权器重。

赤壁之战大捷后，鲁肃轻小利重大义，认为如果把荆州借给刘备，等于为曹操树立了一个敌人。他的分析说服了孙权，于是孙刘联盟得到进一步巩固。

建安十五年（公元210年），周瑜病逝。孙权任命鲁肃为奋武校尉，接管原属周瑜的军队。

鲁肃因为重义轻利，舍得万贯家财，结交四方豪杰，成就"仗义疏财"之名。以一半的积粮馈赠难中的周瑜，从而结为挚友，并在其引荐下得以在吴国受到重用，实现人生抱负；又以舍荆州之举换取蜀吴联盟，从而奠定三国鼎立之势。可谓三次舍利又三次得以大利，将义乃大利之说演绎得淋漓尽致。

最大的快乐是与民同乐

【原典】

孟子见梁惠王。王立于沼上，顾鸿雁麋鹿，曰："贤者亦乐此乎？"

孟子对曰："贤者而后乐此，不贤者虽有此，不乐也。《诗》①云：'经始灵台，经之营之，庶民攻之，不日成之。经始勿亟，庶民子来。王②在灵囿，麀鹿攸伏，麀鹿濯濯，白鸟鹤鹤。王在灵沼、于牣鱼跃。'文王以民力为台为沼，而民欢乐之，谓其台曰灵台，谓其沼曰灵沼，乐其有麋鹿鱼鳖。古之人与民偕乐，故能乐也。《汤誓》③曰：'时④日害⑤丧，予及女⑥偕亡。'民欲与之偕亡，虽有台池鸟兽，岂能独乐哉？"

【注释】

①《诗》：即《诗经》，我国最早的诗歌总集。本只称《诗》，儒家列为经典，故称《诗经》，大抵是周初至春秋中期的作品，共三百零五篇，分为风、小雅、大雅、颂四类。此章所引为《大雅·灵台》。②王：此指周文王姬昌，殷王纣时的诸侯，其子武王伐纣，灭殷。③《汤誓》：《尚书》中的一篇，记载商汤讨伐暴君夏王桀的誓词。④时：这。⑤害：同"曷"，何时的意思。⑥女：同"汝"，你。

【译文】

孟子谒见梁惠王。惠王站在池塘边上，一面观赏着鸿雁麋鹿，一面问道："贤人对此也感到快乐吗？"孟子答道："只有贤人才能感受到这种快乐，不贤的人纵然拥有珍禽异兽，也不会（真正感受到）快乐的。《诗经》上说：'文王规划筑灵台，基址方位细安排，百姓踊跃来建造，灵台很快就造好。文王劝说不要急，百姓干活更积极。文王巡游到灵囿，母鹿自在乐悠悠，母鹿肥美光泽好，白鸟熠熠振羽毛。文王游观到灵沼，鱼儿满池喜跳跃。'文王依靠民力造起了高台深池，但人民却高高兴兴，把他的台叫做灵台，把他的池沼叫做灵沼，为他能享有麋鹿鱼鳖而高兴。古代的贤君与民同乐，所以能享受到（真正的）快乐。《汤誓》中说：'太阳啊！你什么时候坠毁？我们宁愿与你同归于尽！'人民要跟他同归于尽，（他）纵然拥有台池鸟兽，难道能独自享受到快乐吗？"

解读

"与民同乐"与"独乐"结果截然不同

周文王与民同乐，所以他虽用百姓之力，为自己修筑灵台，百姓仍然很高兴。夏桀是个独夫民贼，鱼肉百姓，老百姓恨不得他马上死掉。孟子指出，君主只有体恤下民，与民同忧同乐，才能享受到真正的快乐，否则，纵然物质条件优越，也无快乐可言。君王如此，各级执政官员也如是。

北宋的欧阳修为政随和，多采用宽怀政策，在政期间非常爱民，任滁州太守时，留下了千古名篇《醉翁亭记》，其中与民同乐的描写，看出了民众对他的喜爱，愿意同其乐，"太守乐其乐也"，"太守归而宾客从也"。

历史上醉翁亭也不知翻建了多少次，为了纪念欧阳修，醉翁亭每遭破坏总会重建。这其中包含了人们对欧阳修浓厚的感情。

反之，残暴专制独裁者穷奢极欲，不顾老百姓的死活，其结果是自己也得不到真正的快乐。

从历史的情况看，夏桀王固然没有好下场，后世的商纣王造酒池肉林，秦始皇建阿房宫，隋炀帝修迷楼，宋徽宗筑艮岳，慈禧太后建颐和园等，大兴土木，原本都是为了享受快乐，但由于贪婪残暴，不顾人民死活，结果是民怨鼎沸，几乎没有一个有好结局，也没有一个享受到了真正的舒心的快乐。这些都从反面证实了孟子"与民同乐"思想的正确性。

联系到我们每个人，只需要把与民同乐的"民"字稍加替换，改成"与人同乐"，对于我们立身处世就会有非常积极的意义。我们的确看到，有的人通过千辛万苦的拼搏和奋斗，钱倒是挣了不少，可是晚景凄凉，并没有亲人乃至知心的人来与自己分享，结果是了无生趣，并不觉得人生有什么快乐可言。相反，是穷家小户，"人亲喝口水也甜"，一家人和和美美，其乐融融。

不要五十步笑百步

【原典】

梁惠王曰："寡人之于国也，尽心焉耳矣。河内①凶，则移其民于河东②，移其粟于河内。河东凶亦然。察邻国之政，无如寡人之用心者。邻国之民不加少，寡人之民不加多，何也？"

孟子对曰："王好战，请以战喻。填然鼓之，兵③刃既接，弃甲曳兵而走。或百步而后止，或五十步而后止。以五十步笑百步，则何如？"

曰："不可，直不百步耳，是亦走也。"

【注释】

①河内：指黄河以北今河南省沁阳、济源、博爱一带，当时是魏国的领土。②河东：指黄河以东今山西省西南部，当时是魏国的领土。③兵：兵器。

【译文】

梁惠王说:"我对于国家,真是够尽心的了。河内发生灾荒,就把那里的(一部分)百姓迁移到河东去,把粮食运到河内去赈济。河东发生灾荒,我也这么办。考察邻国的政务,没有哪个国君能像我这样为百姓操心的了。但是邻国的人口并不减少,而我们魏国的人口并不增多,这是什么缘故呢?"

孟子回答道:"大王喜欢打仗,请让我拿打仗作比喻。咚咚地擂起战鼓,刀刃剑锋相碰,就有士兵丢盔弃甲,拖着兵器逃跑。有的逃了一百步停下来,有的逃了五十步住了脚。如果凭着自己只逃了五十步就嘲笑那些逃了一百步的人,那怎么样?"

惠王说:"不可以,只不过后面的逃不到一百步罢了,这同样是逃跑呀!"

解 读

从别人的失败中反省处世之道

在孟子看来,梁惠王的这点小恩小惠还不是治国的根本大计,和邻国相比,只不过是"五十步"与"一百步"之差,并没有本质上的区别。其实,现实生活中普遍存在这种现象:自己跟别人有同样的缺点或错误,只是程度上稍微轻一点,却毫无自知之明地去讥笑别人。这种人并未认识到自己所犯错误的严重性,也未认识到应从主观上找自己的原因并去改正它,所以很容易犯同样的错误。东汉末年王允处死大学者蔡邕就是典型一例。

东汉末年,权臣董卓久闻蔡邕大名,欲逼其为己所用。于是给了他两个选择:要么来朝里当官,要么等着被灭族!蔡邕只得上朝做官,倒是很受董卓器重。虽然蔡邕并不认同董卓的专权与暴虐,但是到了董卓被杀时,他想起董卓对他不错,轻轻叹了一声,结果立即触怒了踌躇满志的王允,被投进了大狱。

蔡邕入狱后,朝廷里有许多大臣来替他求情,请求王允网开一面,使得蔡邕能够继续编汉史。而王允的回答却证明了他指责董卓残暴不仁,不过是五十步笑百步。王允说:"当年汉武帝没杀司马迁,结果世上多了一部谤书。如今要是留下蔡邕,不是又要多一部书来迷惑天子,诽谤你我吗?"

蔡邕就这样死在狱中。大家一看,走了个跋扈的董太师,又来了个骄横的王司徒,也开始心怀不满,牢骚满腹。

上述故事中的王允,并没有从董卓被杀的可悲际遇中反省,相反却几乎以同样的方式来看待一个文人,只能步其后尘,令人叹息不已。这个故事告诉人们,应该从别人的失败中、从根本上审视自我,而不是一味地笑话别人,从而落入"五十步笑百步"的可悲境地。

保障和改善民生

【原典】

曰:"王如知此,则无望民之多于邻国也。不违农时,谷不可胜食也;数罟不入洿池①,鱼鳖不可胜食也;斧斤以时入山林,材木不可胜用也。谷与鱼鳖不可胜食,材木不可胜用,是使民养生丧死无憾也。养生丧死无憾,王道之始也。"

"五亩之宅,树之以桑,五十者可以衣帛矣。鸡豚狗彘②之畜,无失其时,七十者可以食肉矣。百亩之田,勿夺其时,数口之家可以无饥矣。谨庠序③之教,申之以孝悌之义,颁白④者不负戴于道路矣。七十者衣帛食肉,黎民不饥不寒,然而不王者,未之有也。狗彘食人食而不知检,途有饿莩⑤而不知发;人死,则曰'非我也,岁也',是何异于刺人而杀之,曰'非我也,兵也'。王无罪岁,斯天下之民至焉。"

【注释】

①数罟(shuò gǔ)不入洿(wū)池:数罟:密网。洿池:大池。②鸡豚(tún)狗彘(zhì):豚、彘:猪。③庠(xiáng)序:古代地方所设的学校。④颁(bān)白:颁:同"斑",意同斑白。⑤莩(piǎo):饿死的人。

【译文】

孟子说:"大王如果懂得这一点,就不要指望魏国的百姓会比邻国多了。不耽误百姓的农时,粮食就吃不完;细密的渔网不放入大塘捕捞,鱼鳖就吃不完;按一定的时令采伐山林,木材就用不完。粮食和鱼鳖吃不完,木材用不完,这就使百姓生有以供养、死有以安葬,没有什么遗憾的了。百姓生养死丧没有什么遗憾,这就是王道的开始。

"五亩田的宅地,房前屋后多种桑树,五十岁的人就能穿上丝棉袄了。鸡、猪和狗一类家畜不错过它们的繁殖时节,七十岁的人就能吃上肉了。一百亩的田地,不要占夺种田人的农时，几口人的家庭就可以不饿肚子了。搞好学校教育，不断向年轻人灌输孝顺父母、敬爱兄长的道理，头发花白的老人就不必肩扛头顶着东西赶路了。七十岁的人穿上丝棉袄，吃上肉，百姓不挨冻受饿，做到这样却不能统一天下的，是绝不会有的。现在，富贵人家的猪狗吃着人吃的粮食，却不知道制止；道路上有饿死的尸体，却不知道开仓赈济；人饿死了，却说'这不是我的责任，是收成不好'，这跟把人刺死了，却说'不是我杀的人，是兵器杀的'，又有什么两样呢。大王请您不要怪罪于年景不好，只要推行仁政，天下的百姓就会投奔到您这儿来了。"

解读

实现强国分三步走

在这里，孟子首先针对齐宣王所说的，寡人已尽心于政，而"邻国之民不加少，寡人之民不加多"的问题，用"五十步笑百步"的比喻，一针见血地指出齐国的政治情况不好于邻国。如果能好于邻国，就不会出现"寡人之民不加多"的问题。

怎样实现本国的强大和人口的增多呢？孟子认为要从经济问题入手，解决人的基本生活问题。第一是不违农时，保护资源的可持续利用。天有春夏秋冬，农有种莳（shì，栽种）收藏，天不待我，违时无收。国有征战服役，除非特殊情况，应在农闲。禁止用细网打鱼，则鱼可再生，越年仍有可捕。砍伐树木，应在冬季落叶之后，则树逢春可以再生。这样，资源不竭，民之财用不乏，"养生丧死而无憾"。孟子说，这是"王道之始"第一步。

第二是运用法律去保障和改善民生。孟子的设想是：一个农户要有五亩大的宅院，用以种桑养蚕，解决老百姓穿衣吃饭的问题。再就是一个农户要有一百亩的土地，解决吃饭问题，这样"黎民"就可以"不饥不寒"，"五十者衣帛"，"七十者可以食肉矣"。这是第二步。

第三是加强对人民的道德教育。孟子特别强调要"申之以孝悌之义"。百善孝为先，孝悌是基础。孝悌之德并非自然生长发育，只有反复"申之"，才能养成尊老敬老、助人为乐的社会风气，这是第三步。孟子认为，走完这三步而"不王者，未之有也"。但孟子强调说，走好这三步，关键是大王的责任心和使命感，不要把问题归罪于年成，动辄说"非我也"。大王能忠于自己的职责，尽心尽力，那样"天下之民至"，增加社会人口是可以办到的。

卷一 梁惠王（上）

损人之事不可为

【原典】

梁惠王曰："寡人愿安承教。"

孟子对曰："杀人以梃与刃，有以异乎？"曰："无以异也。""以刃与政，有以异乎？"

曰："无以异也。"

曰："庖有肥肉，厩有肥马，民有饥色，野有饿莩，此率兽而食人也。兽相食，且人恶之；为民父母，行政，不免于率兽而食人，恶在其为民父母也？"

仲尼曰："'始作俑者，其无后乎！'为其象人而用之也。如之何其使斯民饥而死也？"

【译文】

梁惠王说："我很乐意听您的指教。"

孟子回答说："用木棒打死人和用刀子杀死人有什么不同吗？"

梁惠王说："没有什么不同。"

孟子又问："用刀子杀死人和用政治害死人有什么不同吗？"

梁惠王回答："没有什么不同。"

孟子于是说："厨房里有肥嫩的肉，马房里有健壮的马，可是老百姓面带饥色，野外躺着饿死的人，这等于是在上位的人率领着野兽吃人啊！野兽自相残杀，人尚且厌恶它；作为老百姓的父母官，施行政治，却不免于率领野兽来吃人，那又怎么能够做老百姓的父母官呢？孔子说：'最初采用土偶木偶陪葬的人，该是会断子绝孙吧！'这不过是因为土偶木偶太像活人而用来陪葬罢了。又怎么可以使老百姓活活地饿死呢？"

解读

损人利己将大失人心

孟子认为，用木棒杀人和用刀杀人没有什么区别，用刀杀人与用政治杀人的道理也一样。执政者作为老百姓的父母官,让人民生活幸福是其基本的职责。相反,如果自己过着锦衣玉食的生活,而人民群众却在挨饿受冻,那简直就像是率领野兽吃人一样,是极大的罪恶。

清末太后老佛爷慈禧为了给自己过一个生日,不惜挪用海防军费达3000万两白银。

1894年,为了给她的生日送一个大大的贺礼,那些近臣们便商议重建颐和园,使慈禧太后日后在颐和园颐养天年。根据当时在华的洋人高房估算,慈禧太后当时自身的"私房钱"约有白银两万万两。按道理来说,以慈禧太后自身的财力,当然可以自建颐和园,但是慈禧太后犯了明末诸帝的通病,就是宁可将自己的钱银放到烂掉,也不会拿出来使用。再加上负责建园的"总管"醇亲王,为了大拍慈禧太后的马屁,同时打算趁建园大捞特捞,于是醇亲王就开始挪用海军经费3000万两白银为慈禧太后造园。结果弄得天怒人怨,人心向背,加快了清政府灭亡的进程。

回过头来看,《孟子》的这章内容是"民本主义"思想教育的现代蓝本,尤其是对历代"率兽而食"的官员会起到以儆效尤的作用。

仁者无敌

【原典】

梁惠王曰:"晋国,天下莫强焉,叟之所知也。及寡人之身,东败于齐,长子死焉[①];西丧地于秦七百里;南辱于楚。寡人耻之,愿比死者壹洒之[②],如之何则可？"

孟子对曰："地方百里而可以王。王如施仁政于民，省刑罚，薄税敛，深耕易耨③，壮者以暇日修其孝悌忠信，入以事其父兄，出以事其长上，可使制梃以挞秦楚之坚甲利兵矣。彼夺其民时，使不得耕耨以养其父母。父母冻饿，兄弟妻子离散。彼陷溺其民，王往而征之，夫谁与王敌？故曰：'仁者无敌。'王请勿疑！"

【注释】

①东败于齐，长子死焉：指公元前343年马陵之战，齐威王派田忌、孙膑率军队救韩伐魏，大败魏军于马陵。魏将庞涓自杀，太子申被俘。②愿比死者壹洒之：壹：全，都。洒：同"洗"。③耨（nòu）：除草。

【译文】

梁惠王说："当年我们晋国，以前天下没有哪个国家比它更强大的了，这是老先生您所知道的。可是传到我手中，东边败给了齐国，我的长子也牺牲了；西边又被秦国抢去了七百里土地；南边被楚国欺侮，吃了败仗。对此我深感耻辱，想要为死难者洗恨雪耻，怎么办才好呢？"

孟子回答道："百里见方的小国也能够取得天下。大王如果对百姓施行仁政，少用刑罚，减轻赋税，提倡深耕细作、勤除杂草，让年轻人在耕种之余学习孝亲、敬兄、忠诚、守信的道理，在家侍奉父兄，在外敬重尊长，这样就可以让他们拿起木棍打赢盔甲坚硬、刀枪锐利的秦楚两国军队了。他们（秦、楚）常年夺占百姓的农时，使百姓不能耕作来奉养父母。父母受冻挨饿，兄弟妻儿各自逃散。他们使自己的百姓陷入了痛苦之中，如果大王前去讨伐他们，谁能跟大王对抗呢？所以古语说：'有仁德的人天下无敌。'大王请不要怀疑这个道理了！"

解读

一心为民赢得千古口碑

推古察今，民生问题永远是老百姓最关注的话题，也是当政者（或党派）施行仁政的根本所在。事实证明，谁把它施行好了，老百姓就拥护谁。

清朝的康熙帝励精图治，一心为民，六次南巡考察民间疾苦，及时调整相应的利民国策，赢得了千古口碑。

他执政61年，使国家得到了稳定与发展，促进了汉蒙满等民族的血缘与文化的融合。从社会经济的角度考察，康熙采取了一系列有利于国计民生的政策：积极鼓励垦荒，废止圈地令，实施更名田；整修黄河、淮河、运河的水利工程。尤其是在康熙五十一年（1712年）决定"永不加赋"，取消新增人口的人头税，并最终演变成"摊丁入亩"制度。最终促进了农业经济的发展，表现为耕地面积的迅速扩大与粮食产量的提高、经济作物的广泛种植，奠定了所谓"康乾盛世"的基础。文化上康熙帝重视利用汉族知识分子。他曾多次举办博学鸿儒科，创建了南书房制度，亲临曲阜拜谒孔庙，并编纂《明史》、《全唐诗》、《康熙字典》、《古今图书集成》、《历象考成》、《数理精蕴》、《康熙永年历法》、《康熙皇舆全览图》等图书、历法和地图，为推动中华传统文化的发展做出了应有的贡献。

上述康熙帝正因为大力推行仁政，才开创了"康乾盛世"，从而出现了政通人和与经济繁荣的大好局面。

身居其位应善谋其政

【原典】

孟子见梁襄王①，出，语人曰："望之不似人君，就之而不见所畏焉。卒然问曰：'天下恶乎定？'吾对曰：'定于一。''孰能一之？'对曰：'不嗜杀人者能一之。''孰能与之？'对曰：'天下莫不与也。王知夫苗乎？七八月之间旱，则苗槁矣。天油然作云，沛然下雨，则苗浡然兴之矣。其如是，孰能御之？今夫天下之人牧，未有不嗜杀人者也。如有不嗜杀人者，则天下之民皆引颈而望之矣。诚如是也，民归之，由②水之就下，沛然谁能御之？'"

【注释】

①梁襄王：惠王子，名嗣，公元前318—前296年在位。②由：同"犹"，如同。

【译文】

孟子谒见了梁襄王，出来后，对人说："在远处看，他不像个国君，走到跟前也看不出他的威严。他突然发问道：'天下怎样才能安定？'我回答道：'天下统一了就会安定。'他问：'谁能使天下统一？'我答道：'不喜欢杀人的国君能使天下统一。'他又问：'谁会归顺服从他呢？'我回答道：'天下的人没有不归顺服从的。

大王了解禾苗生长的情况吗？七八月间遇到天旱，禾苗就枯蔫了。假如这时候天上忽然涌起乌云，降下大雨来，那么禾苗就又能蓬勃旺盛地生长起来了。像这样，谁又能阻止它生长呢？当今天下的国君没有不好杀人的。如果有不好杀人的，天下的老百姓必然都会伸长了脖子期望着他了。果真这么做了，老百姓归顺他，就跟水往低处奔流一样，浩浩荡荡，谁又能阻挡得住呢？'"

解读

不务正业的皇帝会贻笑千年

孟子所述"不似人君"的主旨意思似乎倾向于看上去面恶又执行暴政的人，实际上这样的理解是片面的。表面恶又执行暴政的人虽然是个恶皇帝，但也多多少少还做些皇帝事，可有些皇帝却压根就不想做皇帝，他们在其位不谋其政，丑态百出，贻笑千年。

在中国历史上，铁定了要当一个专业戏子，把乔装打扮、粉墨登场、献艺舞台、真正下海定为自己终极目标者，恐怕就只有后唐庄宗李存勖（xù）一位。

旧时，梨园行供祖师爷牌位，据说为唐玄宗李隆基，其实，李存勖才是最合适的人选。他是真正的皇帝级演员。据说他进洛阳后，把戏台子都搭到了皇宫里来。

对于李存勖，流传最为滑稽唐突的是关于"李天下"的故事。

传说后唐庄宗喜欢跟演员们一起演戏。某次又与众演员在一起演戏，他向四处张望，大声喊"李天下，李天下在哪里？"李天下是他为自己起的艺名，他这样呼喊，别人都不敢说。只有敬新磨（某戏子之名）跑到他面前，用手打庄宗耳光。庄宗脸色大变，侍从和演员们都开始紧张起来。一起把敬新磨捉住，责问他："为什么打皇帝的耳光呢？"敬新磨说："李天下的（通理天下，即治理天下者）只有一个人啊，还呼喊谁呢？"大家都笑了，于是庄宗也反怒为笑，不但没有治他的罪，反而给了他很丰厚的赏赐。这样的最高统治者，能"似人君"吗？

读古而思今。形象的塑造是在日常生活中长时间积累的。如果想树立好形象，根本的是要人的内心反省。理想不能随着社会的风气变来变去，人总是要以实现人生价值为最终目的的。希望"望之似人君"的为政者越多越好！

做人做事仁爱之心是根本

【原典】

齐宣王①问曰:"齐桓、晋文②之事,可得闻乎?"孟子对曰:"仲尼之徒无道桓文之事者,是以后世无传焉,臣未之闻也。无以,则王乎?"

曰:"德何如则可以王矣?"

曰:"保民而王,莫之能御也。"

曰:"若寡人者,可以保民乎哉?"

曰:"可。"

曰:"何由知吾可也?"

曰:"臣闻之胡龁曰:王坐于堂上,有牵牛而过堂下者,王见之,曰:'牛何之?'对曰:'将以衅钟③。'王曰:'舍之!吾不忍其觳觫④,若无罪而就死地。'对曰:'然则废衅钟与?'曰:'何可废也?以羊易之!'——不识有诸?"曰:"有之。"曰:"是心足以王矣。百姓皆以王为爱也,臣固知王之不忍也。"

王曰:"然。诚有百姓者。齐国虽褊小,吾何爱一牛?即不忍其觳觫,若无罪而就死地,故以羊易之也。"曰:"王无异于百姓之以王为爱也。以小易大,彼恶知之?王若隐其无罪而就死地,则牛羊何择焉?"王笑曰:"是诚何心哉?我非爱其财而易之以羊也。宜乎百姓之谓我爱也。"曰:"无伤也,是乃仁术也,见牛未见羊也。君子之于禽兽也,见其生,不忍见其死;闻其声,不忍食其肉。是以君子远庖厨也。"

【注释】

①齐宣王:公元前319—前301年在位。②齐桓、晋文:齐桓公:春秋时齐国国君姜小白,公元前685—前643年在位,春秋时第一个霸主;晋文公:春秋时晋国国君姬重耳,公元前636—前628年在位,春秋五霸之一。③衅钟:古代一种祭祀仪式。新钟铸成后,杀牲取血,涂在钟的缝隙处。④觳觫(hú sù):因恐惧而发抖的样子。

【译文】

齐宣王问道:"齐桓公、晋文公在春秋时代称霸的事情,您可以讲给我听听吗?"

孟子回答:"孔子的学生没有谈论齐桓公、晋文公称霸之事的,所以没有传到后代来,我也没有听说过。大王如果一定要我说,那我就说说用道德来统一天下的王道吧!"

宣王问:"道德怎么样就可以统一天下了呢?"

孟子说:"一切为了让老百姓安居乐业。这样去统一天下,就没有谁能够阻挡了。"

宣王说:"像我这样的人能够让老百姓安居乐业吗?"

孟子说:"能够。"宣王说:"凭什么知道我能够呢?"

孟子说:"我曾经听胡龁告诉过我一件事,说大王您有一天坐在大殿上有人牵着牛从殿下走过,您看到了,便问:'把牛牵到哪里去?'牵牛的人回答:'准备杀了取血祭钟。'您便说:'放了它吧!我不忍心看到它那害怕得发抖的样子,就像毫无罪过却被处死刑一样。'牵牛的人问:

'那就不祭钟了吗?'您说:'怎么可以不祭钟呢?用羊来代替牛吧!'不知道有没有这件事?"

宣王说:"是有这件事。"

孟子说:"凭大王您有这样的仁心就可以统一天下了。老百姓听说这件事后都认为您是吝啬,我却知道您不是吝啬,而是因为不忍心。"

宣王说:"是,确实有的老百姓这样认为。不过,我们齐国虽然不大,但我怎么会吝啬到舍不得一头牛的程度呢?我实在是不忍心看到它害怕得发抖的样子,就像毫无罪过却被判处死刑一样,所以用羊来代替它。"

孟子说:"大王也不要责怪老百姓认为您吝啬。他们只看到您用小的羊去代替大的牛,哪里知道其中的深意呢?何况,大王如果可怜它毫无罪过却被宰杀,那牛和羊又有什么区别呢?"

宣王笑着说:"是啊,这一点连我自己也不知道到底是一种什么心理了。我的确不是吝啬钱财才用羊去代替牛的,不过,老百姓这样认为,的确也有他们的道理啊。"

孟子说:"没有关系。大王这种不忍心正是仁慈的表现,只因为您当时亲眼见到了牛而没有见到羊。君子对于飞禽走兽,见到它们活着,便不忍心见到它们死去;听到它们哀叫,便不忍心吃它们的肉。所以,君子总是远离厨房。"

解读

"不忍之心"是"仁"的开端

孟子所奉行的是反对霸权主义的儒学,不讲"霸道"而讲"王道"。也就是不讲武力,不依靠军事力量和战争称霸天下,而讲用道德、靠教化的力量使天下人心归服。

在这里,孟子认为,齐宣王不忍心杀死牛去祭钟,说明他有"不忍之心",而这是"仁"的开端,十分宝贵。

多行善举受益无穷

【原典】

王说曰:"《诗》云:'他人有心,予忖度之。'夫子之谓也。夫我乃行之,反而求之,不得吾心。夫子言之,于我心有戚戚焉。此心之所以合于王者,何也?"曰:"有复于王者曰:'吾力足以举百钧,而不足以举一羽;明足以察秋毫之末,而不见舆薪。'则王许之乎?"曰:"否。"

"今恩足以及禽兽,而功不至于百姓者,独何与?然则一羽之不举,为不用力焉;舆薪之不见,为不用明焉;百姓之不见保,为不用恩焉。故王之不王,不为也，非不能也。"

曰："不为者与不能者之形何以异？"

曰："挟太山以超北海，语人曰：'我不能。'是诚不能也。为长者折枝，语人曰：'我不能。'是不为也，非不能也。故王之不王，非挟太山以超北海之类也；王之不王，是折枝之类也。"

"老吾老，以及人之老；幼吾幼，以及人之幼。天下可运于掌。《诗》云：'刑于寡妻，至于兄弟，以御于家邦。'言举斯心加诸彼而已。故推恩足以保四海，不推恩无以保妻子。古之人所以大过人者，无他焉，善推其所为而已矣。今恩足以及禽兽，而功不至于百姓者，独何与？权，然后知轻重；度，然后知长短。物皆然，心为甚。王请度之！抑王兴甲兵，危士臣，构怨于诸侯，然后快于心与？"王曰："否。吾何快于是？将以求吾所大欲也。"

【译文】

齐宣王很高兴地说："《诗经》说：'别人有什么心思，我能揣测出。'这就是说的先生您吧。我自己这样做了，反过来想想为什么要这样做，却说不出所以然来。倒是您老人家这么一说，我的心便豁然开朗了。但您说我的这种心态与用道德统一天下的王道相合又怎么理解呢？"

孟子说："如果有人报告大王说：'我的力气足以举起三千斤，却不能够举起一根羽毛；我的眼睛足以看清楚豪毛之尖，却看不到整车的柴草。'那么，大王您相信吗？"

齐宣王说："不相信。"

孟子说："如今您的恩德足以推及禽兽，而老百姓却得不到，那是为什么呢？举不起一根羽毛，是不用力气的缘故；看不见整车的柴草，是不用眼睛的缘故；老百姓没有得到您的爱，是没有施恩的缘故。所以大王您不能称王统一天下，是不肯做，不是不能做。"

齐宣王说："不肯做与不能做的表现，怎么样区别呢？"

孟子说："挟着泰山跨渤海，告诉别人说：'我做不到。'是确实做不到。为长辈揉揉肢体，告诉别人说：'我做不到。'这是不肯做，而不是不能做。大王所以不能称王统一天下，不是属于挟泰山去跳过渤海这一类的事，而是属于为长辈揉揉肢体一类的事。

"尊敬自己的老人，并由此推广到尊敬别人的老人；爱护自己的孩子，并由此推广到爱护别人的孩子。做到了这一点，整个天下便会像在自己的手掌心里运转一样容易治理了。《诗经》说：'先给妻子做榜样，再推广到兄弟，再推广到家族和国家。'说的就是要把自己的心推广到别人身上去。所以，推广恩德足以安定天下，不推广恩德连自己的妻子儿女都保不了。古代的圣贤之所以能远远超过一般人，没有别的什么，不过是善于推广他们的好行为罢了。如今大王您的恩惠能够施及动物，却不能够施及老百姓，偏偏是为什么呢？

"称一称才知道轻重，量一量才知道长短，什么东西都是如此，人心更是这样。大王您请考虑考虑吧！难道真要发动全国军队，使将士冒着生命危险，去和别的国家结下仇怨，这样您的心里才痛快吗？"

宣王说："不，我为什么这样做心里才痛快呢？我只不过想实现我心里的最大愿望啊。"

解读

能做之事一定尽力去做

此处孟子用的是逻辑上的归谬法，先假定了两种荒唐的说法，这样便轻而易举地使齐宣王认识到自己存在的问题：不是不能，而是不为。也就是说，不是做不到，而是不愿做。并以"为长者折枝"形象地说明是愿意与不愿意的事情。在讲清楚了"不为"与"不能"的问题后，又以著名的"老吾老，以及人之老；幼吾幼，以及人之幼"的理论，推己及人，点出善于推广好行为则会受益无穷这个主题思想。

联系到现实生活中，大家普遍认为尊老和爱幼是平等的、相互的，没有哪个一定要服从哪个。要求别人尊老，自己应该有爱幼的心。同样要求别人爱幼，先要问问自己是否尊老了。

做法不切实际，就是缘木求鱼

【原典】

曰："王之所大欲，可得闻与？"王笑而不言。曰："为肥甘不足于口与？轻暖不足于体与？抑为采色不足视于目与？声音不足听于耳与？便嬖不足使令于前与？

王之诸臣皆足以供之，而王岂为是哉?"曰:"否。吾不为是也。"

曰:"然则王之所大欲可知已。欲辟土地，朝秦、楚，莅中国而抚四夷也。以若所为求若所欲，犹缘木而求鱼也。"王曰:"若是其甚与?"

曰:"殆有甚焉。缘木求鱼，虽不得鱼，无后灾。以若所为，求若所欲，尽心力而为之，后必有灾。"

曰:"可得闻与?"

曰:"邹人与楚人战，则王以为孰胜?"

曰:"楚人胜。"

曰:"然则小固不可以敌大，寡固不可以敌众，弱固不可以敌强。海内之地，方千里者九，齐集有其一。以一服八，何以异于邹敌楚哉?盖亦反其本矣。今王发政施仁，使天下仕者皆欲立于王之朝，耕者皆欲耕于王之野，商贾皆欲藏于王之市，行旅皆欲出于王之途，天下之欲疾其君者，皆欲赴诉于王。其若是，孰能御之?"

【译文】

孟子说:"大王的最大愿望是什么呢?可以讲给我听听吗?"齐宣王笑了笑，却不说话。

孟子便说:"是为了肥美的食物不够吃吗?是为了轻暖的衣服不够穿吗?还是为了艳丽的色彩不够看呢?是为了美妙的音乐不够听吗?还是为了身边伺候的人不够使唤呢?这些，您手下的大臣都能够尽量给您提供，难道您还真是为了这些吗?"

宣王说:"不，我不是为了这些。"

孟子说:"那么，您的最大愿望便可以知道了，您是想要扩张国土，使秦、楚这些大国都来朝贡您，自己君临中国，安抚四方落后的民族。不过，以您现在的做法来实现您现在的愿望，就好像爬到树上去捉鱼一样。"

宣王说:"竟然有这样严重吗?"

孟子说:"恐怕比这还要严重呢。爬上树去捉鱼，虽然捉不到鱼，却也没有什么后患。以您现在的做法来实现您现在的愿望，费尽心力去干，一定会有灾祸在后头。"

宣王说:"可以把道理说给我听听吗?"

孟子说:"假定邹国和楚国打仗，大王认为哪一国会打胜呢?"

宣王说:"当然是楚国胜。"

孟子说:"显然,小国的确不可以与大国为敌,人口很少的国家的确不可以与人口众多的国家为敌,弱国的确不可以与强国为敌。中国的土地,方圆千里的共有九块,齐国不过占有其中一块罢了。想用这一块去征服其他八块,这跟邹国和楚国打仗有什么区别呢?大王为什么不回过头来好好想一想,从根本上着手呢?

"现在大王如果能施行仁政,使天下做官的人都想到您的朝廷上来做官,天下的农民都想到您的国家来种地,天下做生意的人都想到您的国家来做生意,天下旅行的人都想到您的国家来旅行,天下痛恨本国国君的人都想到您这儿来控诉。果真做到了这些,还有谁能够与您为敌呢?"

解读

对没有答案的事刨根问底是荒唐的

树上本身就不存在鱼,你爬到树上不是明显白费劲吗?方向(或方法)错了,你永远都不可能获取自己想要的东西。此道理在现代社会中依然是运行不悖的。

有一则在明朝时流传的故事:安徽安庆府学者王氏,在江宁府求学时国学馆先生讲到一个词:原罪。王氏听到这个词时心里感到害怕,自此开始反复去问那位先生:人有没有原罪?最初,先生不厌其烦地给予解释,到后来就受不了了,见到他就躲。接着王氏问母亲。自小,母亲对他提出的所有问题都提供答案。现在,母亲对他依然是每问必答,但问题并没有解决。后来,王氏放弃了学业,回到家里天天问母亲:人有没有原罪?终于,母亲被弄得焦头烂额,家人把他送进了诊所。他又问大夫,大夫不以为然地回答他的问题,然后对他说:吃药吧。出院之后,他继续问母亲。这时"人有没有原罪"已经衍生了不少问题:鸡鸭鱼肉是死的,吃的人会不会吃到了就死?南京古称金陵,是不是说这里都是坟墓?

上述王氏寻求答案的行为即是缘木求鱼的典型案例。而他的先生、母亲、大夫、周围的人,就像是应他的要求,一个一个爬到树上帮他找鱼,结果是劳而无功。由此看来,心理症状算是对好为人师的人性的一个嘲弄。生活中的许多人,包括好为人师的咨询者,都可能被当事人牵着鼻子走,十分卖力地缘木求鱼。但是,不管我们多么聪明、多么有技巧,在树上总是找不到鱼的(除了别人挂在上面晒的咸鱼)。

卷一 梁惠王（上）

衣食足而知礼仪

【原典】

王曰："吾惛，不能进于是矣。愿夫子辅吾志，明以教我。我虽不敏，请尝试之。"

曰："无恒产而有恒心者，惟士为能。若民，则无恒产，因无恒心。苟无恒心，放辟邪侈，无不为已。及陷于罪，然后从而刑之，是罔民也。焉有仁人在位罔民而可为也？是故明君制民之产，必使仰足以事父母，俯足以畜妻子，乐岁终身饱，凶年免于死亡。然后驱而之善，故民之从之也轻。今也制民之产，仰不足以事父母，俯不足以畜妻子；乐岁终身苦，凶年不免于死亡。此惟救死而恐不赡，奚暇治礼义哉？王欲行之，则盍反其本矣！"

【译文】

宣王说："我脑子昏乱，不能进到这一步了。希望先生辅佐我实现大志，明白地教给我方法。我虽然迟钝，请让我试一试。"

孟子说："没有固定的产业，却有稳定不变的思想，只有士人能做到。至于百姓，没有固定的产业，随之就没有稳定不变的思想。如果没有稳定不变的思想，就会胡作非为，坏事没有不干的了。等到犯了罪，然后就用刑法处置他们，这就像是安下罗网坑害百姓。哪有仁人做了君主可以用这种方法治理的呢？所以贤明的君主所规定的百姓的产业，一定要使他对上足够奉养父母，对下足够养活妻儿，好年成就终年能吃饱，坏年成也能免于饿死。这样之后督促他们一心向善，百姓也就乐于听从了。而现在规定的百姓的产业，上不够奉养父母，下不够养活妻儿，好年成是一年到头受苦，坏年成更免不了饿死。这就使百姓连维持生命都怕来不及，哪有空闲去讲求礼义呢？大王想行仁政，那么何不返回到根本上来呢！"

21

解读

民丰自然乐

此段很清晰地勾勒出了孟子的治国方略和施政纲要,即有恒产者有恒心,要先足衣食后治礼义,富民后方可谈兴教。

他在此处描绘的富民兴教蓝图,与东晋陶渊明《桃花源记》中所述的如出一辙。

东晋末年的陶渊明擅长山水田园诗,因此描绘民丰而后乐的图画也在情理之中,并且成为后世人们向往追求的地方。那个地方是一个豁然开朗、土地平整、屋舍俨然、有良田美池之类的人间仙境,那里的人们男耕女织,自给自乐,一片和睦繁荣的景象。这样的地方,正是孟子眼中理想的富民兴教之地。

卷二 梁惠王(下)

　　本卷进一步阐述和发挥了仁政的思想和学说。孟子认为仁义的准则应该是为政者处理国家政事的根本立足点,仁义的思想应该贯彻在国家政治生活的各个方面。比如在用人方面要任用贤人,坚持兼听则明、偏听则暗的原则,还要就实际的政绩进行考察。在处理和邻国的关系上,仁政的原则就是体察邻国的国情,顺应邻国的民心;他主张施行仁政应该体察老百姓的疾苦,为政者应该和老百姓休戚与共,做到忧则与民同忧,乐则与民同乐。这些都反映了孟子的民本思想。

　　另外,在孟子看来,一时的存亡兴废是不足为怀的,勉力行善,便是尽了人的本分,至于成功与否,却不是人人可以指望的,所以也不必计较。

不能把快乐建立在他人的痛苦上

【原典】

庄暴①见孟子，曰："暴见于王②，王语暴以好乐，暴未有以对也。"曰："好乐何如？"

孟子曰："王之好乐甚，则齐国其庶几乎？"

他日，见于王曰："王尝语庄子以好乐，有诸？"

王变乎色，曰："寡人非能好先王之乐也，直好世俗之乐耳。"

曰："王之好乐甚，则国其庶几乎，今之乐犹古之乐也。"

曰："可得闻与？"

曰："独乐乐，与人乐乐，孰乐？"

曰："不若与人。"

曰："与少乐乐，与众乐乐，孰乐？"

曰："不若与众。"

"臣请为王言乐。今王鼓乐于此，百姓闻王钟鼓之声，管籥③之音，举疾首蹙额④而相告曰：'吾王之好鼓乐，夫何使我至于此极也？父子不相见，兄弟妻子离散。'今王田猎于此，百姓闻王车马之音，见羽旄⑤之美，举疾首蹙额而相告曰：'吾王之好田猎，夫何使我至于此极也？父子不相见，兄弟妻子离散。'此无他，不与民同乐也。"

"今王鼓乐于此，百姓闻王钟鼓之声，管籥之音，举欣欣然有喜色而相告曰：'吾王庶几无疾病与，何以能鼓乐也？'今王田猎于此，百姓闻王车马之音，见羽旄之美，举欣欣然有喜色而相告曰：'吾王庶几无疾病与，何以能田猎也？'此无他，与民同乐也。今王与百姓同乐，则王矣。"

【注释】

①庄暴：齐国大臣。②王：指齐宣王。③管籥（yuè）：古管乐器名。籥似笛而短小。④蹙（cù）额：形容愁眉苦脸的样子。⑤羽旄（máo）：鸟羽和牦牛尾，古人用作旗帜上的装饰，故可代指旗帜。

【译文】

庄暴拜见孟子，对孟子说："庄暴被大王召见，大王告诉我他喜欢音乐，我没有话回答了。"又问孟子说："喜欢音乐这件事，应该如何看待呢？"孟子说："大王如果非常喜欢音乐，那齐国也就差不多治理好了。"

又一天，孟子被齐王召见，对齐王说："大王曾经把喜欢音乐的事情告诉给庄子，有这事情吗？"齐王变了脸色，说道："我并不喜欢先王的音乐，只是喜欢世俗流行的乐曲罢了。"

孟子说："只要大王非常喜欢音乐，那么，齐国也就差不多治理好了！现今流行的乐曲如同古代的音乐一样。"

齐王说："可以讲给我听听吗？"

孟子问道："一个人欣赏音乐的快乐，与同别人一道欣赏音乐的快乐，哪一种更快乐呢？"

齐王回答说："不如同别人一道欣赏音乐快乐。"孟子又问："与少数人欣赏音乐的快乐，与同多数人欣赏音乐的快乐，哪一种更快乐呢？"齐王回答："不如与多数人一道欣赏音乐快乐。"

孟子说："请让我给您讲讲什么才是真正的欢乐吧。假如大王在这里击鼓奏乐，百姓听到大王鸣钟击鼓、吹箫吹笛的声音，都感到头痛，皱着眉头互相议论：'我们大王这样喜欢击鼓奏乐，那么，何以使我们陷入这种极端痛苦呢？父子不能相见，兄弟妻儿离散！'假如大王在这里打猎，百姓听到大王车马的声音，看见仪仗的华美，也都感到头痛，皱着眉头互相议论：'我们大王真喜欢打猎呀！可是，为什么使我们陷入这样极端痛苦呢？父子不能相见，兄弟妻儿离散！'这里没有别的，只是因为大王不能与百姓同悲共乐的缘故。

"假如大王在这里击鼓奏乐，百姓听到大王鸣钟击鼓、吹箫奏笛的声音，都高高兴兴地呈现出喜悦的气色，并且互相转告说：'我们的大王大概很健康吧！不然，怎么能够击鼓奏乐呢？'假如大王在这里打猎，百姓听到大王车马的声音，看见仪仗的华美，全都高高兴兴地呈现出喜悦的气色，并且互相转告说：'我们的大王大概很健康吧！不然，怎么能够出来打猎呢？'这里没有别的原因，只是因为大王与百姓共同娱乐的缘故。现在大王与老百姓共同欢乐，就可以统一天下了。"

解读

独享其乐必遭人唾骂

冰火两重天。一边是笙歌艳舞,一边是父子不能相见和妻离子散,孟子所描绘的是截然不同的两种画面,这是君王脱离老百姓的具体体现,与孟子所倡导的"民为本"思想相差甚远。因此,齐宣王难享极乐之味便可想而知了。

比幸福更幸福的事情,便是将幸福与人分享。然而,历史总有悖理而行之的人。

明清时期,天津沿海的制盐业日益兴旺,天津逐渐成为北方最大的海盐集散市场,所以清代的天津出现了一批非常富有的大盐商,他们"居则连甲第,出则连车骑,列鼎(大排筵宴)选妓,相竞为豪"。尤其是大盐商查日乾在天津城西南运河北岸修建了秀丽雅致的水西庄,其子查为仁曾建豪宅,款接名流,大江南北才俊,凡道出津沽者,一刺投之,无不延揽。他们附庸风雅吟诗作画,美餐美食,"寻园林之乐,作歌舞之欢,以诗酒为佳兴",穷奢极欲,甚至达到了无所不用其极的地步。查氏庄内"集各省之庖人,以供口腹之腴"。查家宴客,都是由主人或客人随席点菜,所以届时要把所有的名厨集合在一起,每次"庖丁之待诏者,在二百以上。盖不知使献何艺。命造何食也"。花糕宴、菊花宴、紫蟹宴、白虾宴、河豚宴、银鱼宴、蚬蛭宴、百鱼宴、野鸭宴、铁雀宴等,名目繁多,尽享津沽佳肴美味。而放眼海河边,衣不遮体者随处可见,沿街乞讨者不乏其人,更多的老百姓只能隔河远远地看着锦衣玉食的查家,所以恨者不计其数,最后落得一身骂名。

查氏父子不顾乡亲死活,大兴豪宅美食,结果使民心向背。可见,不顾他人疾苦独乐之人下场是可悲的!

老百姓的口碑是判断的标尺

【原典】

齐宣王问曰:"文王之囿①方七十里,有诸?"孟子对曰:"于传有之。"
曰:"若是其大乎?"

曰："民犹以为小也。"

曰："寡人之囿方四十里，民犹以为大，何也？"

曰："文王之囿方七十里，刍荛者往焉，雉兔者往焉，与民同之。民以为小，不亦宜乎？臣始至于境，问国之大禁，然后敢入。臣闻郊关之内有囿方四十里，杀其麋鹿者如杀人之罪，则是方四十里为阱于国中。民以为大，不亦宜乎？"

【注释】
①囿：古代畜养禽兽的园林。

【译文】
齐宣王问道："听说周文王有一个七十里见方的捕猎场，真的有这回事吗？"

孟子回答："史书上有这样的记载。"

宣王问："真有那么大吗？"

孟子说："可百姓还嫌它太小呢！"

宣王说："我的捕猎场才四十里见方，可百姓还觉得太大，这是为什么呢？"

孟子说："文王的捕猎场七十里见方，割草砍柴的人可以随便去，捕禽猎兽的人也可以随便去，是与百姓共享的公用猎物。百姓嫌它小，不是很合理吗？我刚到达齐国的边境时，问清国家的重大禁令以后，才敢入境。我听说在国都的郊野有四十里见方的捕猎场，如果有谁杀死了场地里的麋鹿，就跟杀死了人同等判刑，那么，这四十里见方的捕猎场所，简直成了国家设置的陷阱。百姓觉得它太大，不也同样合乎情理吗？"

解读

属于人民的"大"永远都不大

周文王七十里捕猎场都嫌小，齐宣王四十里围场都怨大。究其原因，孟子一句捅破窗户纸：周文王的捕猎场是人人都可以进，所以大家觉得小；而齐宣王的，是唯其独有，一个人享受，大家只能望"场"兴叹，当然就会嫌它大了。

举例来说，唐都长安在隋都大兴城的基础上扩建、修缮形成。城郭呈长方形，东西较长，约九千七百米；南北较短，约八千六百米。周长近三十七公里，面积达八十四平方公里，为我国历史上最为宏大的帝王都城。

唐朝国力强盛，长安城宫苑壮丽。大明宫北有太液池，池中蓬莱山独踞，池周建回廊四百间。兴庆宫以龙池为中心，围有多组院落。大内三苑以西苑为最美。

苑中有假山，有湖池，渠流连环。长安城东南隅有芙蓉园、曲江池，并在一定时间内向公众开放，实为古代一种公共游乐地。

空前绝后的唐长安城是和国力的强盛分不开的，大唐盛世的时候，世界各地的人来长安参观、居住、做生意等，长安城的宏大在那个时候是唐朝人的骄傲，所以人们是不会"犹以为大"的。

不要逞匹夫之勇

【原典】

齐宣王问曰："交邻国有道乎？"

孟子对曰："有。惟仁者为能以大事小，是故汤事葛①，文王事昆夷②。惟智者为能以小事大，故太王整事獯鬻③，勾践④事吴。以大事小者，乐天者也；以小事大者，畏天者也。乐天者保天下，畏天者保其国。《诗》云：'畏天之威，于时保之⑤。'"

王曰："大哉言矣！寡人有疾，寡人好勇。"

对曰："王请无好小勇。夫抚剑疾视曰，'彼恶敢当我哉！'此匹夫之勇，敌一人者也。王请大之！"

"《诗》云：'王赫斯怒，爰整其旅，以遏徂莒⑥，以笃周祜，以对于天下。'此文王之勇也。文王一怒而安天下之民。"

"《书》曰：'天降下民，作之君，作之师，惟曰其助上帝宠之。四方有罪无罪惟我在，天下曷敢有越厥志？'一人衡行于天下，武王耻之。此武王之勇也。而武王亦一怒而安天下之民。今王亦一怒而安天下之民，民惟恐王之不好勇也。"

【注释】

①汤事葛：汤：即商朝的创建者成汤。葛：古国名，在今河南宁陵县北。②昆夷：殷末周初西戎国名。③太（tài）王整事獯鬻（xūn yù）：太王：也作"大王"，周文王的祖父古公亶（dǎn）父，周族首领。獯鬻：古代北方的一个少数民族，周称猃狁（xiǎn yǔn），秦汉时称匈奴。④勾（gōu）践：春秋时越国君主。⑤以上两句出自《诗经·周颂·我将》。⑥莒：殷末国名。

【译文】

齐宣王问道:"和邻国交往有什么讲究吗?"

孟子回答说:"有。只有有仁德的人才能够以大国的身份侍奉小国,所以商汤侍奉大国,周文王侍奉昆夷。只有有智慧的人才能够以小国的身份侍奉大国,所以周太王侍奉獯鬻,越王勾践侍奉吴王夫差。以大国身份侍奉小国的,是以天命为乐的人;以小国身份侍奉大国的,是敬畏天命的人。以天命为乐的人使天下安定,敬畏天命的人安定自己的国家。《诗经》说:'畏惧上天的威灵,因此才能够安定。'"

宣王说:"先生的话可真高深呀!不过,我有个毛病,就是逞强好勇。"

孟子说:"那就请大王不要好小勇。有的人动辄按剑瞪眼说:'他怎么敢抵挡我呢?'这其实只是匹夫之勇,只能与个把人较量。大王请不要喜好这样的匹夫之勇!

"《诗经》说:'文王义愤激昂,发令调兵遣将,把侵略莒国的敌军阻挡,增添了周国的吉祥,不辜负天下百姓的期望。'这是周文王的勇。周文王一怒便使天下百姓都得到安定。

"《尚书》说:'上天降生了老百姓,又替他们降生了君王,降生了师表,这些君王和师表的唯一责任,就是帮助上天来爱护老百姓。所以,天下四方的有罪者和无罪者,都由我来负责,普天之下,何人敢超越上天的意志呢?'所以,只要有一人在天下横行霸道,周武王便感到羞耻。这是周武王的勇。周武王也是一怒便使天下百姓都得到安定。如今大王如果也做到一怒便使天下百姓都得到安定,那么,老百姓就会唯恐大王不喜好勇了啊。"

解 读

凭仁义之勇方能定鼎天下

仁者之勇与匹夫之勇的问题,在此章中给我们很大启发。很显然,孟子希望齐宣王具有仁者之勇,而不要当一个匹夫,且只有匹夫之勇。

上下五千年,逞匹夫之勇的败军之将不胜枚举,项羽逞匹夫之勇,不重用军事奇才韩信,而放之被敌方所用,导致四面楚歌。

韩信是秦朝末年的大军事家。他起初在项羽部下,没有受到重用,便改投刘邦。经过萧何的竭力推荐,被封为大将军。刘邦一心想向东发展,消灭主要的对手项羽,统一全国,于是请韩信分析当前的形势。韩信直截了当地对刘邦说:"目前争夺天下的主要对手，不就是项羽吗？"

刘邦说："是啊！"

韩信便反问："你认为自己在勇猛和仁义两方面与项羽相比如何？"

刘邦沉默无语，好半天才说："我都不及他。"

韩信说："不错，我觉得你也不如他。不过，我曾做过他的部下，我相当了解他。项羽之勇，一声呼喝，可以压倒几千人，但是他不善于任用贤能的将领，只能算是匹夫之勇；说到仁，项羽对人还比较关心，然而也只能略施小恩小惠，不能顾及大体。而且分封地盘不公，诸侯都有意见，军队扰害地方，百姓怨恨在心，人们并没有向着他，不过怕他一时的威势而已。所以他目前虽然强，其实很快就会弱的。"

刘邦听了非常高兴，就向东进军，终于打败项羽，建立了汉朝。

上述案例中，刘邦听取韩信意见，以智者之勇打败了项羽。这就告诉人们在现实生活中做事情不仅需要勇气，同时还需要智慧与隐忍，光凭一时之勇是办不成大事的，有时往往把事情办得更糟。

乐以天下，忧以天下

【原典】

齐宣王见孟子于雪宫①。王曰："贤者亦有此乐乎？"

孟子对曰："有。人不得，则非其上矣。不得而非其上者，非也；为民上而不与民同乐者，亦非也。乐民之乐者，民亦乐其乐；忧民之忧者，民亦忧其忧。乐以天下，忧以天下，然而不王者，未之有也。"

"昔者齐景公②问于晏子曰：'吾欲观于转附朝儛③，遵海而南，放于琅邪④，吾何修而可以比于先王观也？'"

"晏子对曰：'善哉问也！天子适诸侯曰巡狩。巡狩者，巡所守也。诸侯朝于天子曰述职。述职者，述所职也。无非事者。春省耕而补不足，秋省敛而助不给。夏谚曰："吾王不游，吾何以休？吾王不豫，吾何以助？一游一豫，为诸侯度。"今也不然：师行而粮食，饥者弗食，劳者弗息。睊睊胥谗，民乃作慝。方命虐民，饮食若流。流连荒亡，为诸侯忧。从流下而忘反谓之流，从流上而忘反谓之连，从兽无厌谓之荒，乐酒无厌谓之亡。先王无流连之乐，荒亡之行。惟君所行也。'"

"景公说，大戒于国，出舍于郊。于是始兴发补不足。召大师曰：'为我作君臣相说之乐！'盖徵招角招⑤是也。其诗曰，'畜君何尤？'畜君者，好君也。"

【注释】

①雪宫：齐宣王的离宫。②齐景公：公元前547—前490年在位。③转附朝儛（wǔ）：转附、朝儛都是山名。④琅邪（yá）：山名，在今山东胶南县南，面临黄海。⑤徵（zhǐ）招角招：《徵招》、《角招》：古代乐曲名。

【译文】

齐宣王在离宫接见孟子。宣王说："贤人也有在这样的离宫里居住游玩的快乐吗？"

孟子回答说："有。人们要是得不到这种快乐，就会埋怨他们的国君。得不到这种快乐就埋怨国君是不对的，可是作为老百姓的执政者而不与民同乐也是不对的。国君以老百姓的忧愁为忧愁，老百姓也会以国君的忧愁为忧愁。以天下人的快乐为快乐，以天下人的忧愁为忧愁，这样还不能够使天下归服，是没有过的。

"从前齐景公问晏子说：'我想到转附、朝儛两座山去观光游览，然后沿着海岸向南行，一直到琅邪。我该怎样做才能够和古代圣贤君王的巡游相比呢？'

"晏子回答说：'问得好呀！天子到诸侯国家去叫巡狩。巡狩就是巡视各诸侯所守疆土的意思。诸侯去朝见天子叫述职。述职就是报告在他职责内的工作的意思。没有不和工作有关系的。春天里巡视耕种情况，对粮食不够吃的给予补助；秋天里巡视收获情况，对歉收的给予补助。夏朝的谚语说："我王不出来游历，我怎么能得到休息？我王不出来巡视，我怎么能得到赏赐？一游历一巡视，足以作为诸侯的法度。"现在可不是这样了，国君一出游就兴师动众，索取粮食。饥饿的人得不到粮食补助，劳苦的人得不到休息。大家侧目而视，怨声载道，违法乱纪的事情也就做出来了。这种出游违背天意，虐待百姓，大吃大喝如同流水一样浪费。真是流连荒亡，连诸侯们都为此而忧虑。什么叫流连荒亡呢？从上游向下游的游玩乐而忘返叫流；从下游向上游的游玩乐而忘返叫连；打猎不知厌倦叫荒；嗜酒不加节制叫亡。古代圣贤君王既无流连的享乐，也无荒亡的行为。至于大王您的行为，只有您自己选择了。'

"齐景公听了晏子的话非常高兴，先在都城内做了充分的准备，然后驻扎在郊外，打开仓库赈济贫困的人。又召集乐官说：'给我创作一些君臣同乐的乐曲！'这就是《徵招》、《角招》。其中的歌词说：'畜君有什么不对呢？'畜君，就是热爱国君的意思。"

解读

心忧天下者名垂青史

齐宣王住在雪宫里，快乐无比，却不知"乐以天下，忧以天下"。孟子借晏子教训齐景公的话，来教训齐宣王，希望齐宣王能像齐景公那样，认识到荒淫无度的危害，从而关心自己的百姓，当一个好君王。"乐以天下，忧以天下"，显示了孟子政治学说中的民本主义思想。

后来的事实证明，其思想一直是历代统治者治理天下的制胜法宝，也是历代为官者执政的"座右铭"。

范仲淹是宋朝名臣，一位杰出的政治家和文学家。"先天下之忧而忧，后天下之乐而乐"，正是范仲淹一生的写照。他抛下家室与韩琦一起镇守陕西，屡次击退了西夏、契丹的侵略，保卫了国家的安全；在那"长烟落日孤城闭"的荒山野岭上，他也曾想过家，沉吟过"浊酒一杯家万里"的诗句，然而他想到"燕然未勒归无计"，就在那里餐风饮露度过了半辈子。"愿得此身长报国，何须生入玉门关。"

自古及今，如范仲淹者不乏其人。像宋代名将岳飞，为了抗金保国，收复失地，驰骋沙场。他不畏奸臣谗言，不顾国君昏庸，在被召回朝廷遇害之前，还念念不忘"直捣黄龙，救回'二圣'，收复大好河山"。

从他们的事迹中不难看出，其共同点就是有一颗赤诚的爱国之心。只有从内心里、从灵魂深处饱含着对祖国、对人民的爱，才能先忧国忧民，后考虑自己。反之，则很可能走向人民的对立面。

与百姓共冷暖才是王道

【原典】

齐宣王问曰："人皆谓我毁明堂①，毁诸？已乎？"

孟子对曰："夫明堂者，王者之堂也。王欲行王政，则勿毁之矣。"

王曰："王政可得闻与？"

对曰:"昔者文王之治岐②也,耕者九一,仕者世禄,关市讥而不征,泽梁无禁,罪人不孥③。老而无妻曰鳏,老而无夫曰寡,老而无子曰独,幼而无父曰孤。此四者,天下之穷民而无告者。文王发政施仁,必先斯四者。《诗》云:'哿矣富人,哀此惸独④。'"

王曰:"善哉言乎!"

曰:"王如善之,则何为不行?"

王曰:"寡人有疾,寡人好货。"

对曰:"昔者公刘⑤好货,《诗》云:'乃积乃仓,乃裹餱⑥粮,于橐于囊⑦。思戢用光。弓矢斯张,干戈戚扬,爰方启行。'故居者有积仓,行者有裹囊也,然后可以爰方启行。王如好货,与百姓同之,于王何有?"

【注释】

① 明堂:周天子东巡时接受诸侯朝见的地方,在泰山脚下。② 岐:地名,在今陕西省岐山县东北。③ 孥(nú):指妻子儿女。另还有儿女和奴婢两个含意。④ 哿(gě)矣富人,哀此惸(qióng)独:哿:快乐。惸:孤独。⑤ 公刘:周族早期首领。⑥ 餱(hóu):干粮,泛指粮食。⑦ 于橐(tuó)于囊:橐、囊:盛东西的口袋。

【译文】

齐宣王问道:"别人都建议我拆毁明堂,究竟是拆毁好呢?还是不拆毁好呢?"

孟子回答说:"明堂是施行王政的殿堂。大王如果想施行王政,就请不要拆毁它吧。"

宣王说:"可以把王政说给我听听吗?"

孟子回答说:"从前周文王治理岐山的时候,对农民的税率是九分抽一;对于做官的人是给予世代承袭的俸禄;在关卡和市场上只稽查,不征税;任何人到湖泊捕鱼都不禁止;对罪犯的处罚不牵连妻子儿女。失去妻子的老年人叫鳏夫;失去丈夫的老年人叫寡妇;没有儿女的老年人叫独老;失去父亲的儿童叫孤儿。这四种人是天下穷苦无靠的人。文王实行仁政,一定最先考虑到他们。《诗经》说:'有钱人是可以过得去了,可怜那些无依无靠的孤人吧。'"

宣王说:"说得好呀!"

孟子说:"大王如果认为说得好,为什么不这样做呢?"

宣王说:"我有个毛病,我喜爱钱财。"

孟子回答说:"从前公刘也喜爱钱财。《诗经》说:'收割粮食装满仓,备好充足的干粮,装进小袋和大囊。紧密团结争荣光,张弓带箭齐武装。盾戈斧铆拿手上，开始动身向前方。'因此留在家里的人有谷，行军的人有干粮，这才能够率领军队前进。大王如果喜爱钱财，能想到老百姓也喜爱钱财，这对施行王政有什么影响呢？"

解读

伟人之瑕疵不影响其"大"

孟子的话一针见血，入木三分，他并非口是心非，他是真心真意地认为好色好货是人之常情，甚至肯定这是人性的一部分。

无独有偶，春秋五霸之一的齐桓公，也曾有过一段与齐宣王相似的记载：

桓公谓管仲曰："寡人有大邪三。不幸好畋，晦夜从禽不及，一。不幸好酒，日夜相继，二。寡人有污行，不幸好色，姊妹有未嫁者，三。"管仲曰："恶则恶矣，非其急也。人君惟不爱与不敏，不可耳。不爱则亡众，不敏则不及事。"

好猎、好酒、好色，这是齐桓公向管仲坦白自己的三大毛病。管仲则说，这三大毛病，的确坏透了，但还不是最要紧的事，一个做领袖的人，最忌讳的是不爱天下和不够勤政聪颖。

管仲是辅助君主的经典范例，几千年来一直都被誉为大政治家，连孔子都很推崇他。

这段记载的内容，管仲与桓公之间，孟子与宣王之间，其实都差不多。而谈话的态度与方法，孟子与管子也差不多一样。所不同的是，管子的提醒与建议更加针对现实政治的具体做法。而孟子的建议更偏重于政治哲学的原则。

间接说服，曲径通幽

【原典】

王曰："寡人有疾，寡人好色。"

对曰："昔者太王好色，爱厥妃。《诗》云：'古公亶父，来朝走马，率西水浒，至于岐下，爰及姜女，聿来胥宇。'当是时也，内无怨女，外无旷夫。王如好色，与百姓同之，于王何有？"

孟子谓齐宣王曰："王之臣有托其妻子于其友而之楚游者，比其反也，则冻馁其妻子，则如之何？"

王曰："弃之。"

曰："士师①不能治士，则如之何？"

王曰："已之。"

曰："四境之内不治，则如之何？"

王顾左右而言它。

【注释】

①士师：狱官。

【译文】

宣王说："我还有个毛病，我喜爱女色。"孟子回答说："从前周太王也喜爱女色，非常爱他的妃子。《诗经》说：'周太王古公亶父，一大早驱驰快马，沿着西边的河岸，一直走到岐山下。带着妻子姜氏女，勘察地址建新居。'那时，没有找不到丈夫的老处女，也没有找不到妻子的老光棍。大王如果喜爱女色，能想到老百姓也喜爱女色，这对施行王政有什么影响呢？"

孟子对齐宣王说："如果大王您有一个臣子把妻子儿女托付给他的朋友照顾，自己出游楚国去了。等他回来的时候，他的妻子儿女却在挨饿受冻。对待这样的朋友，应该怎么办呢？"

齐宣王说："和他绝交！"

孟子说："如果您的司法官不能管理他的下属，那应该怎么办呢？"

齐宣王说："撤他的职！"

孟子又说："如果一个国家治理得很糟糕，那又该怎么办呢？"

齐宣王左右张望，把话题扯到一边去了。

解 读

善于察言观色也是可贵之处

孟子说理，善用类比法，由近而远，由浅入深，因而说理透彻，说服力也很强。这一次把齐宣王说得"顾左右而言它"，倒不是要出他的洋相，是想激他实施仁政，从而富国强民。采用间接的方法使一个君王幡然醒悟，从而去做他该做的事情，是古代谏官常采用的一种方法。

东方朔即是杰出代表。他以言论诙谐著称，常在汉武帝前谈笑取乐，但也有深刻、尖锐的地方，更不是一味地阿谀奉承，以顺遂汉武帝的心意为目的。他直陈的见解，常常是公卿大臣所不敢表达的。汉武帝的祖母窦太后寡居而私宠董偃，挥霍财物，不计其数。满朝权贵都以结识董偃为荣，汉武帝也准备"置酒宣言"，以隆重的礼节来接待董偃。东方朔对此极为不满，据理力争，指责董偃为国家之大贼，终于使汉武帝不得不改变主意。因为这些事情，后来汉武帝问他："先生看我是一个什么样子的君主呢？"东方朔不肯违心谄事皇帝，就顾左右而言他，不回答武帝的问题。这既显示了他的机智，又表现了他卓尔不群的性格。

可见机智灵活地通过一些间接方法去说服对方，往往比直接去劝说更能收到事半功倍之效，是值得每一个人去学习和效仿的。

注重考察，不可轻信

【原典】

孟子见齐宣王曰："所谓故国者，非谓有乔木之谓也，有世臣之谓也，王无亲臣矣；昔者所进，今日不知其亡①也。"

王曰："吾何以识其不才而舍之？"

曰："国君进贤，如不得已，将使卑逾②尊，疏逾戚，可不慎与？左右皆曰贤，未可也；诸大夫皆曰贤，未可也；国人皆曰贤，然后察之；见贤焉，然后用之。左右皆曰不可，勿听；诸大夫皆曰不可，勿听；国人皆曰不可，然后察之；见不可焉，然后去之。左右皆曰可杀，勿听；诸大夫皆曰可杀，勿听；国人皆曰可杀，然后察之；见可杀焉，然后杀之。故曰：国人杀之也。如此，然后可以为民父母。"

【注释】

①亡：指离开君王出走。②逾：超过、胜过之意。

【译文】

孟子见到齐宣王时说："所谓历史悠久的国家，并不是说它有年代久远的高大树木，是说它有世代与国家共同患难的贤臣良将。大王您现在没有亲信的臣子了，原来所任用的人，如今都不知去哪儿了。"

齐宣王说:"我怎样才能识别没有才能的人然后不任用他们呢?"

孟子说:"国君进用贤能,如果迫不得已,将会使卑贱者超越尊贵者,疏远者超越亲密者,怎么能不慎重对待呢?如果您身边左右的人都说某人贤能,不要许可他们;大夫们也都说其贤能,也不要许可他们;一国的人都说其贤能,然后考察之,如见其贤能,然后才可以任用。您身边左右的人都说某人不贤能,不要听信,大夫们也都说其不贤能,也不要听信;一国的人都说其不贤能,然后考察之,见到不可任用,然后就才罢免他。您身边左右的人都说某人可杀,不要听信;大夫们也都说其可杀,也不要听信;一国的人都说其可杀,然后考察之,见到其有可杀的地方,然后才能杀掉。所以说是国人杀掉他的。做到这些,才能够真正做人民的父母官。"

解读

实地调研方能识人

这段文字反映了孟子的人才观。孟子之意还在于,作为统治者,用人行政,当以公论为准,如果只凭自己的好恶,或者只听信某些人的谗言和褒贬,国家是无法治理好的。孟子特别提醒齐宣王,不要偏听偏信左右近臣的话,要以人民之是非为是非,这体现了他的民本主义思想。

战国时齐威王的做法就很好地践行了这一用人标准。

战国时的齐威王,为了振兴齐国,决心从治吏入手,便向他的左右了解地方官吏的政绩口碑,左右亲近的都说阿大夫的好话,即墨大夫的坏话。

齐威王听了后亲自深入到各地明察暗访,向老百姓调查了解,其结果与左右说的截然不同,事实是即墨大夫管理的即墨地区国泰民安,而阿大夫管理的地方却民不聊生,为什么左右瞒报实情,颠倒黑白,把好的说成坏的,把坏的说成好的?

原来,即墨大夫为人很正直,一心为人民办事,不善结纳朝廷的左右近臣,所以大官们都说即墨大夫不好。而阿大夫善于用贿赂手段买动人情,巴结朝廷左右大臣,因此朝廷大官们都说阿大夫是好官。

由古及今,孟子这一用人标准至今被许多企事业单位延用。一个单位或企业的兴盛与否,与其用人标准有很大的关系,如何用对人,用好人,得广泛听取大家的意见。只有公论的能人派上用场,这个单位或企业才会事业如日中天,芝麻开花节节高。

不做万夫所指的人

【原典】

齐宣王问曰："汤放桀，武王伐纣，有诸？"

子对曰："于传有之。"

曰："臣弑其君，可乎？"

曰："贼仁者谓之贼，贼义者谓之残；残贼之人，谓之一夫[①]。闻诛一夫纣矣。未闻弑君也。"

【注释】

① 一夫：残害人民的人。

【译文】

齐宣王问孟子："商汤王流放夏桀王，周武王讨伐商纣王，有这样的事吗？"

孟子回答说："在古代文献上有这样的记载。"

齐宣王说："为臣的杀掉君主，可以吗？"

孟子说："毁灭仁爱的人叫贼，毁灭最佳行为方式的人叫残。伤害和毁灭这两者都具有的人叫独夫。我只听说周武王诛杀了独夫纣王，没有听说杀过君王。"

解读

宠信"残贼"有时反受其害

孟子在这里所提出的，是一种评价历史人物的标准，这个标准就是一个统治者是否施行仁政，是否爱民。凡是不爱民的，伤仁害义的，就是"残贼之人"，就是"一夫"，就是民贼！就是人民应该揭竿起义诛伐的对象！同样，一个君王虽不直接做"残贼之人"，但宠幸"残贼之人"，也会得到应有的下场，也等同于"残贼之人"。

后唐庄宗李存勖，是晋王李克用的儿子，李克用死的时候赐给庄宗三把箭要他为父报仇,说:"梁,吾仇也;燕王,吾所立;契丹,与吾约为兄弟。而皆背晋以归梁。此三者,吾遗恨也。与尔三矢,尔其无忘乃父之志!"庄宗把箭藏在太庙,每出征都背负在锦囊中前往,励精图治,终于报了父仇。

但后来李存瑁自认为功业已就,开始宠幸伶人和后宫刘皇后,贪图享乐。渐渐地,贤臣受到了疏远和排挤,国势日下,民心皆失。突然有一天夜里,有一个人大呼造反,而应者云集。等到人们出来看时,未见作乱者而士兵已四处逃散,君臣相顾而黯然泪下,不知道应该怎么办。再后来他宠幸过的一个伶人发动政变,将庄宗烧死在了宫中。

不能凡事以我为中心

【原典】

孟子见齐宣王,曰:"为巨室,则必使工师①求大木。工师得大木,则王喜,以为能胜其任也。匠人斫而小之,则王怒,以为不胜其任矣。夫人幼而学之,壮而欲行之,王曰:'姑舍女所学而从我',则何如?今有璞玉②于此,虽万镒③,必使玉人雕琢之。至于治国家,则曰:'姑舍女所学而从我',则何以异于教玉人雕琢玉哉?"

【注释】

①工师:管理各种工匠的官员。②璞玉:未雕琢加工过的玉。③镒(yì):古代重量单位,二十两(一说二十四两)为一镒。

【译文】

孟子谒见齐宣王,说:"建造大房子,就一定要叫工师去寻找大木料。工师找到了大木料,大王就高兴,认为工师是称职的。木匠砍削木料,把木料砍小了,大王就发怒,认为木匠是不称职的。一个人从小学到了一种本领,长大了想运用它,大王却说:'暂且放弃你所学的本领来听我的',那样行吗?设想现在有块璞玉在这里,虽然价值万金,也必定要叫玉人来雕琢加工。至于治理国家,却说:'暂且放弃你所学的本领来听我的',那么,这和非要玉匠按您的办法去雕琢玉石不可,有什么不同呢?"

解读

刚愎自用相当于自断生路

盖大房子一定要用大木头,如果工匠把它削得太小,木头就不可用了。孟子的意思是,国家需要的是栋梁,而不是只会讨得国君高兴的宠臣。他委婉地批评了齐宣王不用人才之长、珍爱国家不如珍爱玉石的糊涂思想,强调治国要依靠贤人,君主不宜一任己意,瞎指挥。

像齐宣王式的瞎指挥,自古大有人在。有一位叫高阳应的宋国人,打算盖一座房子。

他请来了很多的工人去砍树,刚砍回来的树木堆在院子里,他就对木匠说:"现在要用的木材已经齐了,你可以动工了。"

木匠说:"不行啊!这些木材都是刚刚伐回来的,还没有干,如果把泥抹上去,一定会被压弯,房子会垮的。"

高阳应听了工匠话后说:"照你所说,不就是存在一个湿木料承重以后容易弯曲的问题吗?然而你并没有想到湿木料干了会变硬,稀泥巴干了会变轻的道理。

"等房屋盖好以后,过不了多久,木料和泥土都会变干。那时的房屋是用变硬的木料支撑着变轻的泥土,怎么会被压垮呢?"

工匠们无话可答,只好遵照高阳应的吩咐去做。很快一幢新房就造好了。

高阳应的新屋子刚建造好的那段日子看起来很好,可是没过多久,高阳应的这幢新屋越来越往一边倾斜。高阳应一家怕出事故,从这幢房屋搬了出去。没几天,这座房子出现裂缝,又过了一段时间倒塌了。

这则故事与齐宣王的故事如出一辙,同样是说对某方面专业技术不懂却瞎指挥的人,结果使得事与愿违。

得人心者得天下

【原典】

齐人伐燕，胜之。宣王问曰："或谓寡人勿取，或谓寡人取之。以万乘之国伐万乘之国，五旬而举之，人力不至于此。不取，必有天殃。取之，何如？"

孟子对曰："取之而燕民悦，则取之。古之人有行之者，武王是也。取之而燕民不悦，则勿取，古之人有行之者，文王是也。以万乘之国伐万乘之国，箪食壶浆①以迎王师，岂有它哉？避水火也。如水益深，如火益热，亦运而已矣。"

【注释】

①箪食壶浆：用箪装着食物用壶装着酒浆。箪：古代盛饭的圆形竹器。

【译文】

齐国人攻打燕国，大获全胜。齐宣王问道："有人劝我不要占领燕国，有人又劝我占领它。我觉得，以一个拥有万辆兵车的大国去攻打一个同样拥有万辆兵车的大国，只用了五十天就打下来了，光凭人力是做不到的呀。如果我们不占领它，一定会遭到天灾吧。占领它，怎么样？"

孟子回答说："占领它而使燕国的老百姓高兴，那就占领它。古人有这样做的，周武王便是。占领它而使燕国的老百姓不高兴，那就不要占领它。古人有这样做的，周文王便是。以齐国这样一个拥有万辆兵车的大国去攻打燕国这样一个同样拥有万辆兵车的大国，燕国的老百姓却用饭筐装着饭，用酒壶盛着酒浆来欢迎大王您的军队，难道有别的什么原因吗？不过是想摆脱他们那水深火热的日子罢了。如果您让他们的水更深，火更热，那他们也就会转而去求其他的出路了。"

解读

人心向背是失败的"晴雨表"

孟子认为，齐国仅仅用了五十天就打败燕国，这不是天意，而是民心，齐国取胜，是因为客观上顺应了燕民之心。可见，孟子并不是一味地反对战争，只要是正义的，符合人民利益和愿望的战争，他也是支持的。

"人心"看似缥缈，难以计量，却又无处不在，影响深远。

在著名的淮海战役上，"人心向背"更是有着淋漓尽致的展现。淮海战役地涉广阔，战事波及数万平方公里，时间长达2个月，参战部队数十万。战前，国民党方面以为，大规模会战绝不是没有后方补给线的解放军所能胜任的。但现实情况却是，华东、中原、华北地区的500多万民工，克服道路河川阻隔、飞机轰炸等自然或人为的困难，利用20多万副担架，80多万辆大小车，70多万头牲畜，8500余艘民船，运送了大量粮食和军需物资，并将前线10多万名伤员转运后方。

淮海战役领导人之一的陈毅曾经感叹，淮海战役的胜利是人民群众用小车推出来的。当数百万人手推肩扛踊跃支前、数十万辆人力车穿行于尘土飞扬的淮北大地时，还有什么会比如此壮观的场景更能说明"人心向背"。

战争胜负取决于民心所向

【原典】

齐人伐燕，取之。诸侯将谋救燕。宣王曰："诸侯多谋伐寡人者，何以待之？"

孟子对曰："臣闻七十里为政于天下者，汤是也。未闻以千里畏人者也。《书》曰：'汤一征，自葛始。'天下信之，东面而征，西夷怨；南面而征，北狄怨曰：'奚为后我？'民望之，若大旱之望云霓也。归市者不止，耕者不变。诛其君而吊其民，若时雨降。民大悦。《书》曰：'徯我后，后来其苏。'今燕虐其民，王往而征之，民以为将拯己于水火之中也，箪食壶浆以迎王师。若杀其兄父，系累其子弟，毁其宗庙①，迁其重器②，如之何其可也？天下固畏齐之强也，今又倍地而不行仁政，是动天下之兵也。王速出令，反其旄倪③，止其重器，谋于燕众，置君而后去之，则犹可及止也。"

【注释】

①毁其宗庙：意味着灭其国家。②迁其重器：意味着灭亡其国家。③旄倪：旄：同"耄"，古时八十至九十岁称耄，这里泛指老人。倪：儿童。

【译文】

齐国人攻打燕国，占领了它。一些诸侯国在谋划着要救助燕国。齐宣王说："不少诸侯在谋划着要来攻打我，该怎么办呢？"

孟子回答说："我听说过，有凭借着方圆七十里的国土就统一天下的，商汤就是。却没有听说过拥有方圆千里的国土而害怕别国的。《尚书》说：'商汤征伐，从葛国开始。'天下人都相信了。所以，当他向东方进军时，西边国家的老百姓便抱怨；当他向南方进军时，北边国家的老百姓便抱怨。都说：'为什么把我们放到后面呢？'老百姓盼望他，就像久旱盼乌云和虹霓一样。这是因为汤的征伐一点也不惊扰百姓。做生意的照常做生意，种地的照常种地。只是诛杀暴虐的国君来抚慰那些受害的老百姓。就像天上下了及时雨一样，老百姓非常高兴。《尚书》说：'等待我们的王，他来了，我们也就复活了！'如今，燕国的国君虐待老百姓，大王您的军队去征伐他，燕国的老百姓以为您是要把他们从水深火热中拯救出来，所以用饭筐装着饭，用酒壶盛着酒浆来欢迎您的军队。可您却杀死他们的父兄，抓走他们的子弟，毁坏他们的宗庙，抢走他们宝器，这怎么能够使他们容忍呢？天下各国本来就害怕齐国强大，现在齐国的土地又扩大了一倍，而且还不施行仁政，这就必然会激起天下各国兴兵。大王您赶快发出命令，放回燕国老老少少的俘虏，停止搬运燕国的宝器，再和燕国的各界人士商议，为他们选立一位国君，然后从燕国撤回齐国的军队。这样做，还可以来得及制止各国兴兵。"

解读

收民心不能靠军事手段

打天下易，收民心难。这也正是孟子"民为贵"思想的指导核心。在此篇中，孟子劝导齐宣王首要的办法就是赶快收复人心，以防诸侯群起而攻之。固国重在人心，是孟子亮出的观点。

历史上，不少帝王打天下时很得民心，然而一旦取得胜利，就容易被胜利冲昏头脑。闯王李自成就是一个典型的例子。

李自成进北京后，接手的是个烂摊子。明朝国库空虚，财政入不敷出，他为了更好地筹集军饷解决财政，做了一个情绪化的决定：追饷。

派饷的具体数目，按等追缴：中堂官即原明首辅、大学士一级的官，须出白银十万两，各部院、京堂、锦衣官为七万两或五万两、三万两，科道吏部官为五万两、三万两，翰林官多则为三万两、二万两，少则为一万两，各部属员以下的，均以千计。至于皇室勋戚之家，"无定数，人财两尽而已"。

这些人中，真正的有钱阶层只占十分之一二，大多数还是一些低级官员和小吏，还有一些商人，他们身受酷刑，惨状令人不忍目睹，而当天过后，据说这几百人无一生还。

后来，吴三桂带领清军进关作战，以前勇不可当的大顺军，却溃不成军。李自成兵败后，撤离京城，向南溃逃，被清朝大军追到湖北九宫山时为地主武装所杀。

如果李自成能够纵观大局，不纵兵抢掠，不贪眼前的财货，严明军纪，顺应民心，那么便可以扭转局势，真正地称王于整个天下，而不是命丧黄泉。

关注民生才能凝聚民心

【原典】

邹与鲁閧①。穆公问曰："吾有司死者三十三人，而民莫之死也。诛之，则不可胜诛；不诛，则疾视其长上之死而不救，如之何则可也？"

孟子对曰："凶年饥岁，君之民老弱转乎沟壑，壮者散而之四方者，几②千人矣；而君之仓廪实，府库充，有司莫以告，是上慢而残下也。曾子③曰：'戒之戒之！出乎尔者，反乎尔者也。'夫民今而后得反之也。君无尤焉！君行仁政，斯民亲其上，死其长矣。"

【注释】

①邹与鲁閧（hòng）：邹：国名，其地在今山东省西南，国都在邹（今邹县），后为楚所灭。鲁：国名，其地在今山东省西南部，国都在曲阜，公元前256年为楚所灭。閧：争斗。②几：将近，几乎。③曾子：即曾参，字子舆，孔子弟子。

【译文】

邹国与鲁国交战。邹穆公对孟子说："我的官吏死了三十三个，百姓却没有一个为他们而牺牲的。杀他们吧，杀不了那么多；不杀他们吧，又实在恨他们眼睁睁地看着长官被杀而不去营救。到底怎么办才好呢？"

孟子回答说："灾荒年岁，您的老百姓，年老体弱的弃尸于山沟，年轻力壮的四处逃荒，差不多有上千人吧；而您的粮仓里堆满粮食，国库里装满财宝，官吏们却从来不向您报告老百姓的情况，这是他们不关心老百姓并且还残害老百姓的表现。曾子说：'小心啊，小心啊！你怎样对待别人，别人也会怎样对待你。'现在就是老百姓报复他们的时候了。您不要归罪于老百姓吧！只要您施行仁政，老百姓自然就会亲近他们的领导人，肯为他们的长官而牺牲了。"

解读

种瓜得瓜，种豆得豆

孟子在这里谈的是君与民、官与民的关系问题，说得透彻些，就是君王对臣民好，臣民也会对君王好。君王对臣民不好，臣民当然也对君王不好。同时，君主与大臣之间也是如此。

北周武帝宇文邕对太子的要求十分严格，夏练三伏、冬练三九，逼得太子宇文赟每天早起上朝。他还命令东宫的官员记录太子的一言一行。

王轨看出太子实在是没有做皇帝的天赋，就和好朋友贺若弼私下里商量，想把太子宇文赟撤下来，换一个德才兼备的人，并商定两个人同心协力促成此事。于是王轨趁着陪周武帝批文书的间隙说起了未来的皇帝的坏话："虽然太子最近没有犯什么错误，但是从来就没有听到过太子有仁孝的事迹，以后恐怕难以继承您的伟大事业。如果您以为我目光短浅没有什么见识，陛下一直欣赏贺若弼的文武奇才，今天他也在这儿，您可以问问他的看法。"

周武帝转头问贺若弼是不是这样，贺若弼却吞吞吐吐地说："太子养德春宫，未闻有过。"意思是自打皇太子在东宫里修身养性，诚如王轨所言，没有听过有什么过失。至于其他的，就不清楚了。

王轨本来打算把皇太子宇文赟打倒在地，不得翻身的，谁料贺若弼居然临阵倒戈，不温不火地来了个"没有听过"，周武帝都没话可说了。

后来太子即位，胡乱找了个理由将王轨杀掉了。

王轨咎由自取的故事启示我们，不仅君民与大臣之间如此，现实生活中与同事、朋友、上下级之间的关系也是如此，你对别人好，别人也会对你好；反之，别人会以其人之道还治其人之身。

仁政最能感化百姓

【原典】

滕文公问曰:"滕,小国也,间于齐、楚。事齐乎?事楚乎?"

孟子对曰:"是谋非吾所能及也。无已,则有一焉:凿斯池也,筑斯城也,与民守之,效死而民弗去,则是可为也。"

【译文】

滕文公问道:"腾国是一个小国,处在齐国和楚国两个大国之间。是归服齐国好呢,还是归服楚国好呢?"

孟子回答说:"到底归服哪个国家好我也说不清。如果您一定要我谈谈看法,那倒是另有一个办法:把护城河挖深,把城墙筑坚固,与老百姓一起坚守它,宁可献出生命,老百姓也不退去。做到了这样,那就可以有所作为了。"

解 读

施仁政者得天下

敌国来攻,并不是要杀滕国的百姓,百姓为什么宁死不走呢?孟子认为,就是因为国君实行仁政。只有施行仁政的国君,百姓才会以死效忠。

西汉时鲁王"效死弗去"的故事就是对此最好的诠释。

项羽兵败后自刎乌江,士兵取其人头献给刘邦,此时全国的诸侯国大都归顺了刘邦。

刘邦携项羽人头北伐鲁国,大兵压境来到城门前,当时的鲁国为楚霸王所封,鲁王忠于项羽,拒不投降,刘邦十分生气,遂下令大举攻城。以当时的情景城破后接着就是屠城,因此情况十分危急,然而恰在此时,城内传来朗朗的读书声,孔子后人及学子正教学诗书礼仪,一副视死如归"效死而民弗去"的景象。刘邦及将士不觉为其感染。这时有大臣进谏刘邦,鲁国乃是礼仪之邦,儒家文化发源地,万不可屠城,其不降更能说明鲁国忠于先主,实乃可嘉可敬。

于是刘邦再次派谋士携项羽人头,细述项羽已亡,天下已定,刘邦乃如今天子,其宅心仁厚,愿以仁政安抚四海黎民,于是鲁国开门投降。刘邦以鲁国礼仪将项羽人头葬于东平县,今称项王墓。

从表面上看,鲁王愿为项羽而死,可细细品之,却是愿为仁政而死,因为鲁王虽然曾誓死与城共存亡,却最终归顺了刘邦,而打动鲁王心的,并不是刘邦此人,而是仁政二字。由此可见,仁政对一个国家的重要性。

多做善事,积德积福

【原典】

滕文公问曰:"齐人将筑薛①,吾甚恐;如之何则可?"

孟子对曰:"昔者大王居邠②,狄人侵之,去之岐山之下居焉。非择而取之,不得已也。苟为善,后世子孙必有王者矣。君子创业垂统③,为可继也。若夫成功,则天也。君如彼何哉!强为善而已矣。"

【注释】

①薛:古国名。战国时是齐国田婴的封邑,在今山东滕县。②邠(bīn):同"豳"(bīn),西周时期的一个诸侯国。③垂统:指把皇位和基业传给子孙后代。

【译文】

滕文公问:"齐国人正准备加强薛地的城池修筑,我甚是恐慌,怎么办才好呢?"

孟子回答说:"从前周国的大王居住在邠地,狄族人来侵犯,他就率族人迁离邠地到岐山下居住。当时他并不是要选择适宜的地方来居住,他是不得已的。如果一个人多做善事,他的后世子孙必然能够成为君王。君子开创基业传给子孙后代,正是为了能得到继承。至于成就功业与否,则是天意了。现在您对齐国能怎么办呢?只好自己努力多做善事吧!"

解读

上行下效取决于"上"

一个国家的君主言行,如果是善的、好的,百姓也就是善的、好的;如果是恶的、狠的,老百姓也就跟着学习恶的、狠的。这正是孟子所谓的积善以贻子孙,才是国家的长远之计的说法。

春秋时,自宰相晏婴死了之后,一直没有人当面指摘齐景公的过失,相反奉承者却与日俱增。

有一天,齐景公欢宴文武百官,席散以后,一起到广场上射箭取乐。每当齐景公射一支箭,即使没有射中箭靶子的中心,文武百官也高声喝彩。

事后,齐景公把这件事情对他的臣子弦章说了一番。弦章对景公说:"这件事情不能全怪那些臣子,古人有话说:'上行而后下效。'国王喜欢吃什么,群臣也就喜欢吃什么;国王喜欢穿什么,群臣也就喜欢穿什么;国王喜欢人家奉承,自然,群臣也就常向大王奉承了。"

景公听了弦章的话,觉得很惭愧。

后人便用"上行下效"来形容上面的人喜欢怎么做,下面的人便也跟着怎么做。

以仁义之心赢得忠诚与敬畏

【原典】

滕文公问曰:"滕,小国也;竭力以事大国,则不得免焉。如之何则可?"

孟子对曰:"昔者大王居邠,狄人侵之;事之以皮币①,不得免焉;事之以犬马,不得免焉;事之以珠玉,不得免焉。乃属其耆老而告之曰:'狄人之所欲者,吾土地也。吾闻之也:君子不以其所以养人者害人。二三子何患乎无君?我将去之。'去邠,逾梁山,邑于岐山之下居焉。邠人曰:'仁人也,不可失也。'从之者如归市。"

"或曰:'世守也,非身之所能为也,效死勿去。'"

"君请择于斯二者。"

【注释】

①皮币：动物毛皮和丝绸布帛。

【译文】

滕文公问："滕国，是个小国，即使尽心尽力侍奉大国，也不免受到压迫。怎么办才好呢？"

孟子回答说："从前周太王居住在邠地，狄族人来侵犯，侍奉他们以动物皮毛和丝绸布帛，都还免不了被侵犯；侍奉他们以狗和马，也免不了被侵犯；侍奉他们以珠玉宝贝，也免不了被侵犯。乃召集属下年纪大的人说：'狄族人想要的，是我们的土地。我曾听说过：君子不会拿用来养活人民的东西去害人。你们不要担心没有君王，我将要离开这里。'于是离开邠地，越过梁山，在岐山下筑城定居。邠地的人民都说：'古公是爱民的人，不能失去他。'跟从他迁徙的人如同赶集一样多。

"也有人说：'祖宗留下来的基业应世代相守，不能因自身的原因而放弃，宁可牺牲性命也不离去。'

"大王请在这两种做法中选择吧。"

解 读

舍身成仁往往会流芳百世

这段话虽然很委婉，但主旨不外乎要滕君施行仁政。孟子想表达的意思是，只有心怀与臣民和土地共存亡的想法，人民才会忠诚于他。

战国时，因为秦王想用五十里的土地换安陵一事，安陵君派唐雎（jū）出使秦国。

秦王对唐雎说："我用方圆五百里的土地交换安陵，安陵君不听从我，这是为什么呢？况且秦国已经灭了韩国，亡了魏国，而安陵君却凭借方圆五十里的土地幸存下来，是因为我把安陵君当作忠厚的长者，所以才不打他的主意。现在我用十倍于安陵的土地，让安陵君扩大领土，但是他违背我的意愿，难道不是轻视我吗？"

唐雎回答说："不，不是像你说的这样。安陵君从先王那里接受了封地并且保卫它，即使是方圆千里的土地也不敢交换，何况仅仅五百里呢？"

秦王勃然大怒，对唐雎说："你曾听说过天子发怒吗？"唐雎回答说："我未曾听说过。"秦王说："天子发怒，百万具尸体倒下，使血流千里。"唐雎说："你曾经听说过普通平民发怒吗？"秦王说："普通平民发怒，也不过是摘掉帽子赤着脚，用头撞地罢了。"唐雎说："这是平庸无能的人发怒，不是有才能、有胆识的人发怒。有才能和胆识的人要发怒的话，就要使两具尸体倒下，使血只流五步远，天下百姓都要穿孝服。"于是拔出宝剑起身做要同归于尽状。

秦王变了脸色，直身而坐向唐雎道歉说："先生请坐？何必如此呢？我明白了：为什么韩国、魏国灭亡，而安陵却凭借五十里的土地幸存下来，只是因为有先生啊！"

一国帝王都解决不了的事情，一个小小的唐雎却迎刃而解。联系我们的现实生活也是如此，一个企业或单位要想兴盛，必须让每一个员工都有主人翁责任感，让他们以主人的姿态投入工作中，这样企业才有竞争力。

小人主宰不了世事发展

【原典】

鲁平公①将出，嬖②人臧仓者请曰："他日君出，则必命有司所之；今乘舆已驾矣，有司未知所之，敢请。"

公曰："将见孟子。"

曰："何哉，君所为轻身以先于匹夫者！以为贤乎？礼义由贤者出，而孟子之后丧逾前丧；君无见焉。"

公曰："诺。"

乐正子入见，曰："君奚为不见孟轲也？"

曰："或告寡人曰：'孟子之后丧逾前丧。'是以不往见也。"

曰："何哉？君所谓逾者，前以士，后以大夫，前以三鼎，而后以五鼎与？"

曰："否。谓棺椁衣衾之美也。"

曰："非所谓逾也，贫富不同也。"

乐正子见孟子，曰："克告于君，君为来见也，嬖人有臧仓者沮君，君是以不果来也。"

曰："行或使之，止或尼之，行止非人所能也。吾之不遇鲁侯，天也。臧氏之子，焉能使予不遇哉！"

【注释】

①鲁平公：名叔，鲁景公的儿子。公元前314—前294年在位。

②嬖（bì）：这里为宠爱之意。

【译文】

鲁平公将要外出，他宠爱的近臣臧仓请示说："往日君王外出，都要令有关官员知道。今天车马已经备好，有关官员还不知道要去哪里，胆敢请君王示下。"鲁平公说："要去见孟子。"臧仓说："这是为什么呀？您为什么要降低身份去见一个读书人呢？您以为他贤能吗？礼义是贤者所提倡的，而孟子后来为母亲操办的丧事超过先前为父亲操办的丧事。君王还是不要见他的好。"

鲁平公说："好吧。"

乐正子入宫见鲁平公，说："君王为什么不去见孟轲呢？"

鲁平公说："有人告诉寡人说：'孟子后来为母亲操办的丧事超过先前为父亲操办的丧事。'所以我不去见他。"

乐正子说："这是为什么呀？君王所谓的超过，是前面用士的丧礼，后面以大夫的丧礼？还是前面用三鼎礼，后面用五鼎礼？"

鲁平公说："不是，我所说的是棺椁和寿衣的精美不同。"

乐正子说："这不叫超过，这是前后家境贫富不同而已。"

后来乐正子见到孟子时说："我告诉了君王，君王本来要来见你的，但有一个他宠爱的近臣臧仓阻止了他，鲁君因此没有来。"

孟子说："一个人有所行动，或许有人促进它；停止了，或许有人制止它。行动和停止，不是一个人所能左右的。我之所以不能与鲁君相见，天意呀！臧仓那小子怎么能使我们不能相见呢？"

解读

想人民之所想，急人民之所急

本章是全篇的总结。所谓与鲁平公见不见的问题只是一个引子，本章的重点在于孟子的那句话："行或使之，止或尼之，行止非人所能也。"这句话其实就是针对梁惠王、梁襄王、齐宣王、邹穆公、滕文公、鲁平公等这些君王的所作所为而言的。他们的一言一行、一举一动，都关乎广大百姓的生活安危。如何施仁政？如何爱民？如何选择一种最佳行为方式？是任何一个统治者都应该考虑到的，都应该做到的。

而孟子几次提到的"天",其实并不是后来的儒学家们所说的"天命论"和"宿命论",而是孟子根据周文王、老子、孔子等人所揭示的"天"的运行变化规律而认识到人类发展的规律。现代人称它为"时代的趋势"。

本篇所谈到的爱民、与民同乐等问题,是统治者、为政者的行为方式问题,选择什么样的行为方式,就能导致什么样的后果。因为"爱民",不能仅仅是在口头上说一说,或者是玩弄一下权术,像齐宣王一样"爱牛"就意味着"爱民"。爱民是要有一种踏踏实实的精神,与民同乐、与民同忧,想人民之所想,急人民之所急,忧人民之所忧,一切行为方式都是为了人民,只有这样才能取得人民的信任。人民得到踏踏实实的爱护,才会信任统治者。

卷三 公孙丑(上)

本卷着重阐述了"四端说"和"浩然正气说"。

孟子认为,仁政的基础在于"仁心"。为政者所以应该施行仁政,就在于"人皆有不忍人之心","先王有不忍人之心,斯有不忍人之政矣"。孟子还进一步地论证了"不忍人之心"的产生和形成,他认为是自然产生的,不是为了某种目的故意做作出来的。

本卷从内容上可以大致分为两组。其中一组论述仁政的问题。这部分对于当时各诸侯国的暴政有所揭露,并认为这样的形势正是推行仁政的大好时机;与此相反的"霸道",则是靠武力征服,那是不能使人心悦诚服的。至于仁政的具体措施,具体提出了五项政策,大意是尊贤使能、减免赋税、实行井田制。

另一组则论及个人修养以及人性方面的问题,集中概括了孟子在人性问题上的主张。

实行仁政，顺应发展

【原典】

公孙丑问曰："夫子当路于齐，管仲、晏子之功，可复许乎？"

孟子曰："子诚齐人也，知管仲、晏子而已矣！或问乎曾西曰：'吾子与子路孰贤？'曾西蹴然曰：'吾先子之所畏也。'曰：'然则吾子与管仲孰贤？'曾西艴然不悦，曰：'尔何曾比予于管仲！管仲得君如彼其专也，行乎国政如彼其久也，功烈如彼其卑也；尔何曾比予于是？'"曰："管仲，曾西之所不为也，而子为我愿之乎？"

曰："管仲以其君霸，晏子以其君显；管仲、晏子犹不足为与？"

曰："以齐王由反手也。"

曰："若是，则弟子之惑滋甚！且以文王之德，百年而后崩，犹未洽于天下。武王、周公继之，然后大行。今言王若易然，则文王不足法与？"

曰："文王何可当也！由汤至于武丁，贤圣之君六七作，天下归殷久矣，久则难变也。武丁朝诸侯，有天下，犹运之掌也。纣之去武丁，未久也，其故家遗俗，流风善政，犹有存者；又有微子、微仲、王子比干、箕子、胶鬲，皆贤人也，相与辅相之，故久而后失之也。尺地莫非其有也，一民莫非其臣也。然而文王犹方百里起，是以难也。"

"齐人有言曰：'虽有智慧，不如乘势；虽有镃基，不如待时。'今时则易然也。夏后、殷、周之盛，地未有过千者也，而齐有其地矣；鸡鸣狗吠相闻，而达乎四境，而齐有其民矣。地不改辟矣，民不改聚矣，行仁政而王，莫之能御也！且王者之不作，未有疏于此时者也；民之憔悴于虐政，未有甚于此时者也。饥者易为食，渴者易为饮。孔子曰：'德之流行，速于置邮①而传命。'当今之时，万乘之国行仁政，民之悦之，犹解倒悬也。故事半古之倍之人，功必倍之，惟此时为然。"

【注释】

①置邮：驿站。

【译文】

公孙丑问道："如果您在齐国掌权，管仲、晏子那样的功业，能再次建立起来吗？"

孟子说："你真是个齐国人啊，只知道管仲、晏子罢了。有人问曾西说：'你和子路相比，谁贤？'曾西不安地说：'子路是我的先人所敬畏的人。'那人又问：

'那么你和管仲相比谁贤?'曾西顿时很不高兴地说:'你为什么竟拿我同管仲相比?管仲得到齐桓公的信任是那样专一,执掌国政是那样长久,而功业却是那样卑微。你为什么竟拿我同这个人相比?'"孟子接着说:"管仲那样的人是曾西不愿做的,而你以为我会愿意吗?"

公孙丑说:"管仲使他的君主称霸,晏子使他的君主扬名,管仲、晏子还不值得效仿吗?"孟子说:"凭齐国的条件称王天下,真是易如反掌。"公孙丑说:"如果是这样,我这个学生就更糊涂了。凭文王的德行,寿近百岁才去世,尚且没能使仁政遍及天下;武王、周公继承他的事业,这才使仁政遍及天下。现在您说起称王天下,似乎很容易的样子,那么文王也不值得效法了吗?"

孟子说:"哪可以同文王相比呢!从商汤到武丁,贤圣的君主出了六七个,天下归顺殷朝很久了,久了就难改变了。武丁使诸侯来朝拜,统治天下,就像将它放在手掌中转动一样容易。商纣距武丁的时代不算长,武丁时代勋旧世家遗留的习俗,及当时流行的良好风气和仁惠的政教措施,仍然有影响;又有微子、微仲、王子比干、箕子、胶鬲,这些贤德的人一起辅佐他,所以过了很长的时间才失掉天下。那时,没有一尺土地不是他的疆土,没有一个人不是他的臣民。然而文王还是在百里见方的地方兴起,所以是很困难的。

"齐国人有俗谚说:'虽然有智慧,不如趁形势;虽然有锄头,不如等农时。'现在要称王天下是很容易的。夏、殷、周三朝兴盛时,土地没有超过纵横一千里的,而现在齐国有如此辽阔的土地;而且人烟稠密,鸡鸣狗叫之声,一直传到四周的国境,处处相闻,齐国已经有那么多的百姓了。国土不必再扩大,百姓不必再招聚,施行仁政称王天下,没有人能阻挡得了的。况且,仁德的君王不出现的时间,没有比现在隔得更长的了;百姓受暴政折磨的痛苦,没有比现在更厉害的了。饥饿的人什么都吃不挑拣,干渴的人什么都喝不挑拣。孔子说:'德政的流行,比驿站传递政令还要快。'当今这个时候,拥有万辆兵车的大国施行仁政,百姓对此感到喜悦,就像在倒悬着时被解救下来一样。所以,事情只要做古人的一半,功效必定是古人的一倍,这只有现在这个时候才能办到。"

解读

顺应社会发展是智者的选择

孟子对包括齐桓公在内的春秋五霸是颇有微词的,并且对齐国两位有着贤相之称的管子和晏子也有所批评，认为他们应当引导齐王效圣人之风，实行仁政，而不应当一心谋求称霸。

孟子认为，他们应当向周文王学习，学习他的圣人之风。在孟子看来，周文王仅凭方圆百里的土地，且在殷纣王初期，似乎难以有很大作为的时候，仍然促成了通过实行仁政，而使周国日益强大的形势，为日后武王伐纣奠定了基础。因此，孟子认为文王是真正的圣人，文王的政治是真正的仁政，而春秋五霸以及管子、晏子都无法与文王相提并论。孟子认为，只有真正实行仁政，才能顺应社会的发展，使天下归心，从而使九州之内都归于仁，以达到国强民富。

做人要培养浩然之气

【原典】

公孙丑问曰："夫子加齐之卿相，得行道焉，虽由此霸王不异矣。如此，则动心否乎？"孟子曰："否。我四十不动心。"曰："若是，则夫子过孟贲①远矣？"曰："是不难，告子②先我不动心。"曰："不动心有道乎？"曰："有。北宫黝③之养勇也：不肤挠，不目逃；思以一毫挫于人，若挞之于市朝；不受于褐宽博，亦不受于万乘之君；视刺万乘之君，若刺褐夫；无严诸侯，恶声至，必反之。孟施舍④之所养勇也，曰：'视不胜犹胜也；量敌而后进，虑胜而后会，是畏三军者也。舍岂能为必胜哉，能无惧而已矣！'孟施舍似曾子，北宫黝似子夏⑤；夫二子之勇，未知其孰贤；然而孟施舍守约也。昔者曾子谓子襄子曰：'子好勇乎？吾尝闻大勇于夫子矣：自反而不缩，虽褐宽博，吾不惴焉。自反而缩，虽千万人吾往矣。'孟施舍之守气，又不如曾子之守约也。"曰："敢问夫子之动心，与告子之不动心，可得闻与？"告子曰："不得于言，勿求于心；不得于心，勿求于气。不得于心，勿求于气，可；不得于言，勿求于心，不可。夫志、气之帅也；气，体之充也。夫志至焉，气次焉。"故曰："持其志，无暴其气。"既曰："志至焉，气次焉。"又曰："持其志，无暴其气"者，何也？曰："志壹则动气，气壹则动志也。今有蹶者趋者，是气也，而反动其心。""敢问夫子恶乎长？"

曰："我知言，我善养吾浩然之气。"

"敢问何谓浩然之气？"

曰："难言也。其为气也，至大至刚，以直养而无害，则塞于天地之间。其为气也，配义与道；无是，馁也。是集义所生者，非义袭而取之也。行有不慊于心，则馁矣。我故曰，告子未尝知义，以其外之也。必有事焉，而勿正，心勿忘，勿助长也。无若宋人然：宋人有闵其苗之不长而揠之者，芒芒然归，谓其人曰：'今日病矣！予助苗长矣！'其子趋而往视之，苗则槁矣。天下之不助苗长者寡矣。以为无益而舍之者，不耘苗者也；助之长者，揠苗者也——非徒无益，而又害之。"

【注释】

①孟贲：古代著名勇士。②告子：战国时人，名不详。③北宫黝：姓北宫，名黝，齐国人，事迹不详。④孟施舍：姓孟，名施舍；一说姓孟施，名舍。事迹不详。⑤子夏：孔子弟子。

【译文】

公孙丑问道："先生如果做了齐国的卿相，得以推行自己的主张，即使成就了霸王的事业，也是不奇怪的。如果这样，您会动心吗？"孟子答道："不会。我四十岁以后就不会动心了。"公孙丑说："如果这样，老师就远远超过孟贲了。"孟子说："做到这点不难，告子在我之前就做到不动心了。"公孙丑问："做到不动心有什么方法吗？"

孟子说："有。北宫黝这样培养勇气：肌肤被刺不退缩，双目被刺不转睛；但他觉得，受了他人一点小委屈，就像在大庭广众之下被人鞭打了一般；既不受平民百姓的羞辱，也不受大国君主的羞辱；把行刺大国君主看得跟行刺普通百姓一样；毫不畏惧诸侯，听了恶言，一定回击。孟施舍这样培养勇气，他说：'把不能取胜看作能够取胜；估量了势力相当才前进，考虑到能够取胜再交战，这是畏惧强大的敌人。我哪能做到必胜呢？能无所畏惧罢了。'培养勇气的方法，孟施舍像曾子，北宫黝像子夏。这两人的勇气，不知道谁强些，但孟施舍是把握住了要领。从前，曾子对子襄说：'你喜欢勇敢吗？我曾经在孔子那里听到过关于大勇的道理：反省自己觉得理亏，那么即使对普通百姓，我也不去恐吓；反省自己觉得理直，纵然面对千万人，我也勇往直前。'孟施舍的保持勇气，又不如曾子能把握住要领。"公孙丑说："请问先生的不动心，和告子的不动心，可以说给我听吗？"孟子说："告子曾说：'言论上有所不通，心里不必去寻求道理；心里有所不安，不必求助于意气。'心里有所不安，不必求助意气，这是可以的；言论上有所不通，心里不寻求道理，这不可以。心志是意气的主帅，意气是充满体内的。心志关注到哪里，意气就停留到哪里。所以说：'要把握住心志，不要妄动意气。'"

公孙丑问:"既说'心志关注到哪里,意气就停留到哪里',又说'要把握住心志,不要妄动意气',这是为什么呢?"孟子说:"心志专一就能调动意气,意气专一也能触动心志。譬如跌倒和奔跑,这是意气专注的结果,反过来也使他的心志受到触动。"公孙丑问:"请问,老师擅长哪方面?"

孟子说:"我善于分析别人的言辞,也善于培养我的浩然之气。"

公孙丑说:"请问什么叫浩然之气?"

孟子说:"难说清楚啊。它作为一种气,最为盛大,最为刚强,靠正直去培养它而不伤害它,就会充塞天地之间。它作为一种气,要和义与道配合;没有这些,它就会萎缩。它是不断积累义而产生的,不是偶然地有过正义的举动就取得的。如果行为有愧于心,气就萎缩了。因此我说,告子不曾懂得义,因为他把义看作是外在的东西。对浩然之气,一定要培养它,不能停止下来;心里不能忘记它,也不妄自助长它。不要像宋国人那样:宋国有个担心他的禾苗不长而去拔高它的人,昏昏沉沉地回到家中,对家里人说:'今天累极了,我帮助禾苗长高啦!'他的儿子赶忙跑到田里去看,禾苗已经枯死了。天下不助苗生长的人实在很少啊。以为培养浩然之气没有用处而放弃的人,就像是不给禾苗锄草的懒汉;妄自帮助它生长的,就像拔苗助长的人,非但没有好处,反而危害了它。"

解读

浩然正气会驱除邪气

孟子所阐释的浩然之气,对培养中华民族的民族正气和民族气节,产生了积极而深远的影响。

唐代泾州节刺史段秀实的挺身而出管郭家人,就属孟子所提的"浩然正气"之列。

唐代宗时,郭子仪的儿子郭晞率兵协助邠州节度使白孝德,以防外蕃入侵。但是郭旗下的兵士大都纪律松弛,大白天成群结队在街上为非作歹,抢掠街上的商铺。邠州节度使白孝德是郭子仪的老部下,不愿去管郭家的人。泾州刺史段秀实听到后,自愿前来担任都虞侯,管理地方治安。

不久,郭晞军中的兵士在街上酒店里酗酒闹事,刺伤主人。段秀实不徇情面,立即把十七名酗酒闹事的人统统就地正法。消息传到郭晞军营,兵士们都穿戴好盔甲,准备去找段秀实算账。段秀实解下佩刀,选了一个跛脚的老兵替他拉着马,一起到了郭晞军营中。郭晞的卫士们杀气腾腾地拦住段秀实，但看到段秀实一身浩然正气，谁也不敢轻举妄动，于是报告郭晞。郭晞连忙请段秀实进来。

段秀实见了郭晞，说："郭令公立了那么大的功劳，大伙都敬仰他。现在您却纵容兵士横行不法。这样不大乱才怪呢！如果国家再发生大乱，你们郭家的功名也就完了。"

郭晞猛然惊醒，回过头对左右兵士说："快去传我的命令，全军兵士一律卸下盔甲，回自己营里休息。再敢胡闹的一律处死！"

以上故事告诉我们，做人要保持浩然正气，要有不失节、不折腰的骨气，正气生则立于天地间，邪气生则祸患无穷。

学者要坚持"不动心"的研学精神

【原典】

"何谓知言？"

曰："诐辞知其所蔽，淫辞知其所陷，邪辞知其所离，遁辞知其所穷。生于其心，害于其政；发于其政，害于其事。圣人复起，必从吾言矣。"

"宰我、子贡①善为说辞，冉牛、闵子、颜渊②善言德行。孔子兼之，曰：'我于辞命，则不能也。'然则夫子既圣矣乎？"

曰："恶！是何言也！昔者子贡问于孔子曰：'夫子圣矣乎？'孔子曰：'圣则吾不能，我学不厌而教不倦也。'子贡曰：'学不厌，智也；教不倦，仁也。仁且智，夫子既圣矣。'夫圣，孔子不居——是何言也？"

"昔者窃闻之：子夏、子游、子张③皆有圣人之一体，冉牛、闵子、颜渊则具体而微。敢问所安。"

曰："姑舍是。"

曰："伯夷、伊尹④何如？"

曰："不同道。非其君不事，非其民不使；治则进，乱则退，伯夷也。何⑤事非君，何使非民；治亦进，乱亦进，伊尹也。可以仕则仕，可以止则止，可以久则久，可以速则速，孔子也。皆古圣人也，吾未能有行焉；乃所愿，则学孔子也。"

"伯夷、伊尹于孔子，若是班乎？"

曰:"否。自有生民以来,未有孔子也。"

曰:"然则有同与?"

曰:"有。得百里之地而君之,皆得以朝诸侯,有天下;行一不义,杀一不辜而得天下,皆不为也。是则同。"

曰:"敢问其所以异。"

曰:"宰我、子贡、有若⑥,智足以知圣人,污不至阿其所好。宰我曰:'以予观于夫子,贤于尧、舜远矣。'子贡曰:'见其礼而知其政,闻其乐而知其德;由百世之后,等百世之王,莫之能违也。自生民以来,未有夫子也。'有若曰:'岂惟民哉!麒麟之于走兽,凤凰之于飞鸟,太山之于丘垤,河海之于行潦,类也;圣人之于民,亦类也。出于其类,拔乎其萃。自生民以来,未有盛于孔子也。'"

【注释】

①宰我、子贡:都是孔子弟子。②冉牛、闵子、颜渊:都是孔子弟子。③子夏、子游、子张:都是孔子弟子。④伯夷、伊尹:伯夷:商末孤竹国君的长子。伊尹:商汤之相,曾辅汤灭夏。⑤何:同"可"。⑥有若:姓有,名若,孔子弟子。

【译文】

公孙丑问:"什么叫能识别各种言论?"孟子说:"偏颇的言论,知道它不全面的地方;过激的言论,知道它陷入错误的地方;邪曲的言论,知道它背离正道的地方;躲闪的言论,知道它理屈词穷的地方。这些言论从心里产生出来,会危害政治;从政治上表现出来,会危害各种事业。如果有圣人再次出现,一定会赞成我所说的。"公孙丑说:"宰我、子贡擅长言谈辞令,冉牛、闵子、颜渊擅长阐述德行。孔子兼有这两方面的特长,却还说:'我对于辞令,是不擅长的。'老师既然说擅长识别言论,那么老师已经是圣人了吧?"孟子说:"哎呀!这是什么话!从前子贡问孔子道:'老师是圣人了吧?'孔子说:'圣人,我不能做到,我只是学习不觉满足,教人不知疲倦。'子贡说:'学习不觉满足,这样就有智慧;教人不知疲倦,这是实践仁德。既有仁德又有智慧,老师已经是圣人了。'圣人,孔子尚且不敢自居——你说我是圣人了,这是什么话呀?"

公孙丑说:"以前我听说过这样的话:子夏、子游、子张都有圣人的一部分特点,冉牛、闵子、颜渊具备了圣人所有的特点,只是还嫌微浅。请问您处于哪种情况?"

孟子说:"暂且不谈这个问题。"

公孙丑问:"伯夷、伊尹又怎样呢?"

孟子说:"处世的方法不同。不是理想的君主不去侍奉,不是理想的百姓不去使唤;天下安定就入朝做官,天下动乱就辞官隐居,这是伯夷的处世方法。可以侍奉不好的君主,可以使唤不好的百姓,天下安定去做官,天下动乱也去做官,这是伊尹的处世方法。该做官就做官,该辞官就辞官,该任职长一些就任职长一些,该赶快辞职就赶快辞职,这是孔子的处世方法。他们都是古代的圣人,我还做不到他们这样;至于我所希望的,那就是学习孔子。"

公孙丑问:"伯夷、伊尹相对于孔子来说,是同等的吗?"

孟子说:"不。自有人类以来,没有比得上孔子的。"公孙丑问:"那么他们有共同之处吗?"孟子说:"有。如果能有方圆百里的一块地方而由他们做君主,他们都能使诸侯来朝见而拥有天下;如果要他们干一件不义的事情,杀一个无辜的人而让他们得到天下,他们都是不愿去干的。这些是共同的。"

公孙丑说:"请问孔子和他们不同的地方。"孟子说:"宰我、子贡、有若,他们的智慧足以了解孔子,即使有所夸大,也不至于阿谀吹捧他们所敬爱的人。宰我说:'根据我对老师的观察,老师远远超过尧、舜了。'子贡说:'见了一国礼制,就能知道一国的政治;听了一国的音乐,就能了解一国的德教;即使从一百代以后来评价这一百代的君主,也没有谁能违背孔子这个道理的。自有人类以来,没有比得上孔子的。'有若说:'岂止是人类有这样的不同!麒麟对于走兽,凤凰对于飞鸟,泰山对于土丘,河海对于水沟,都是同类的;圣人对于一般的人,也是同类的。这些都高出了同类,超出了同群。自有人类以来,没有比孔子更伟大的了。'"

解 读

谈知言

孟子的"不动心",是由于养气知言。养气已经说到,本部分主要谈知言的问题。怎么知言,孟子举了诐辞、淫辞、邪辞和遁辞四种言论。他认为,知言,就要知道这四种言论的病根,也就是知道其"所蔽、所陷、所离和所穷",这才是真正的知言。孟子认为这四种言论的危害,不仅有害人心,动摇"不动心"的修养,也有害于施政,伤害政事的预期目标。

这一块还讨论了孔孟不敢以圣人自居的问题,反映了古代圣贤谦虚好学、永不知足的道德精神。并由知言转入对圣贤的评价,确定研学方向,最终归于修养和保持"不动心"。

以德服人，教化天下

【原典】

孟子曰："以力假仁者霸，霸必有大国。以德行仁者王，王不待大——汤以七十里，文王以百里。以力服人者，非心服也，力不赡也；以德服人者，中心悦而诚服也，如七十子之服孔子也。《诗》云：'自西自东，自南自北，无思不服。'此之谓也。"

【译文】

孟子说："凭借武力假托仁义的可以称霸，称霸必须具备大国的条件；依靠道德施行仁义的可以称王，称王不必要有大国的条件——商汤凭七十里见方的地方，文王凭百里见方的地方就称王了。靠武力使人服从，不是真心服从，只是力量不够无法反抗罢了；靠道德使人服从，是心里高兴，真心服从，就像七十位弟子敬服孔子那样。《诗经》上说：'从西从东，从南从北，无不心悦诚服。'就是说的这种情况。"

解读

让人心服口服才算服人

孟子主张以德服人，反对以武力压人。以暴力压服人者，人家并非心服，只是实力不足，难以反抗罢了。以仁德服人者，人家才会心悦诚服。

三国时蜀国的丞相诸葛亮在收服孟获上就很好地运用了孟子仁德服人的思想。

蜀丞相诸葛亮受先帝刘备托孤遗诏，立志北伐，以重兴汉室。就在这时，蜀南方之南蛮又来犯蜀，诸葛亮当即点兵南征。到了南蛮之地，双方首战诸葛亮就大获全胜，擒住了南蛮的首领孟获。但孟获却不服气，说什么胜败乃兵家常事。诸葛亮得知一笑下令放了孟获。放走孟获后，诸葛亮找来他的副将，故意说孟获将此次叛乱的罪名都推到了他的头上。副将听了十分生气，大声喊冤，于是诸葛亮将他也放了回去。副将回营后，心里一直愤愤不平。一天，他将孟获请入自己帐内，将孟获捆绑后送至汉营。诸葛亮用计二次擒获了孟获，孟获却还是不服，诸葛亮便又放了他。这次，汉营大将们都有些想不通。诸葛亮却自有道理：只有以德服人才能真的让人心服；以力服人必有后患。

如此一共捉放了七次。

等第七次再放时，孟获忙跪下起誓：以后将永不再谋反。

可见要想真正服人，必须以德服人，而武力服人只是暂时的，一旦人家缓过劲来，又会兵戎相见的！

居安思危，防患于未然

【原典】

孟子曰："仁则荣，不仁则辱；今恶辱而居不仁，是犹恶湿而居下也。如恶之，莫如贵德而尊士，贤者在位，能者在职；国家闲暇，及是时，明其政刑。虽大国，必畏之矣。《诗》云：'迨天之未阴雨，彻彼桑土，绸缪牖户。今此下民，或敢侮予？'孔子曰：'为此诗者，其知道乎！能治其国家，谁敢侮之。'今国家闲暇，及是时，般乐怠敖，是自求祸也。祸福无不自己求之者。《诗》云：'永言配命民自求多福。'《太甲》曰：'天作孽，犹可违；自作孽，不可活。'此之谓也。"

【译文】

孟子说："仁就获得尊荣，不仁就招来耻辱。如今有人厌恶耻辱却又安于不仁，这就像厌恶潮湿却又安于居住在低洼的地方一样。如果真的厌恶耻辱，就不如崇尚道德、尊重士人，让贤人在位做官，让能人在职办事。国家太平无事，趁这时候修明政教刑法，这样，即使大国也必然会怕它。《诗经》上说：'赶上天气没阴雨，取来桑皮拌上泥，窗洞门户细修葺。从今下边的人，有谁再敢把我欺？'孔子说：'做这篇诗的人，真懂得道啊！能治理好他的国家，谁还敢欺侮他？'如果国家太平无事，趁这时候寻欢作乐，怠惰傲慢，这是自找灾祸啊。祸与福，没有不是自己找来的。《诗经》上说：'永远配合天命，自己求来众多的幸福。'《太甲》说：'上天降下灾祸，还有办法可躲；自己造下罪孽，那就别想再活。'就是说的这个道理。"

63

解读

人做错了事就等于自取灭亡

本章论及一个国家要免除内忧外患，就必须实施仁政，尊重人才，尤其要居安思危，防患于未然。国家大治，谁也不敢欺负。然而，历史上好多王朝的兴衰都与此提法背道而驰。

南北朝时期，宋国有位大将名叫檀道济，他曾跟随宋武帝刘裕北伐，屡建战功。官至太尉参军。

宋文帝刘义隆即位后，因为檀道济名声太高，左右部将又都骁勇善战，他的几个儿子也都掌管兵权，所以皇帝很不放心。加上朝中一些大臣的挑拨，宋文帝遂起了除掉檀道济的心思。

宋文帝把他捕捉下狱并处决，罪名是图谋造反。接着他的儿子和部将也全部被杀戮。

檀道济被杀是宋朝皇帝自求祸也，临刑前檀道济又气又恨，说："乃坏汝万里长城。"

后来，北魏人听说檀道济等几位能征善战的名将都被杀了，便无所畏惧地进攻宋国，直到宋都建康。

此时宋文帝才后悔杀了檀道济等几位名将，意识到军队确实犹如长城般重要。他登城叹曰："假若檀道济在的话，何至于此呀！"

宋文帝猜忌大臣导致亡国的事，正应了"天作孽，尤可违；人作孽，不可活"之说，可谓是自取灭亡。

政德贤明，仁慈爱民

【原典】

孟子曰："尊贤使能，俊杰在位，则天下之士皆悦，而愿立于其朝矣；市，廛①而不征，法而不廛，则天下之商皆悦，而愿藏于其市矣；关，讥而不征，则天下之旅皆悦，而愿出于其路矣；耕者，助而不税，则天下之农皆悦，而愿耕于其野矣；廛，无夫里之布，则天下之民皆悦，而愿为之氓矣。信能行此五者，则邻国之民仰之若父母矣。率其子弟，攻其父母，自有生民以来未有能济者也。如此，则无敌于天下。无敌于天下者，天吏也。然而不王者，未之有也。"

【注释】
①廛（chán）：古代指一户平民所住的房屋和宅院，泛指城邑居民。

【译文】
孟子说："尊重贤人，任用能人，杰出的人在位，那么天下的士人都会高兴，而且愿意到那个朝廷去做官；市场，提供场地存放货物而不征租赁税，依照规定价格收购滞销货物，不使货物积压在货场，那么天下的商人都会高兴，愿意把货物存放在那个市场上了；关卡，只检查不征税，那么天下的旅客都会高兴，愿意经过那条道路了；对于种田的人，只要他们助耕公田，不征收私田的赋税，那么天下的农夫都会高兴，愿意在那样的田野里耕种了；人们居住的地方，没有劳役税和额外的地税，那么天下的人都会高兴，愿意来做那里的百姓了。真能做到这五个方面，那么邻国的百姓就会像敬仰父母一样敬仰他了。邻国要想率领这样的百姓来攻打他，那正像是率领子弟去攻打他们的父母，自有人类以来，没有能成功的。像这样就能无敌于天下。无敌于天下的人，是奉了上天使命的人。这样还不能称王的，是从来没有过的事。"

解读

养民爱民人民必追随

这段话，孟子从五个方面详细谈了他的"仁政"构想，合起来看，就是任贤使能，宽厚民生，老百姓有归属感。如果有人要毁掉这样的政权，破坏老百姓的日子，老百姓就会拼命。反之，国则亡也。

越王勾践正是看到了吴国毁其仁政，国怒人怨，才举全国之力灭掉该国的。

战国混战时，勾践曾被吴王夫差所败。在会稽山上面会群臣后，勾践被迫率领三百多人去服侍夫差。

几年后，勾践被吴国放回，实行了一系列养民爱民的政策，深得人民的爱戴。

于是，国之父兄请战说："昔者夫差耻吾君于诸侯之国，今越国亦节矣，请报之！"

后来发兵出征，国人都互相劝勉。父亲鼓励儿子，兄长鼓励弟弟，妻子鼓励丈夫，可谓天下之民皆悦，而愿为之氓。勾践先后在囿地和吴国首都的郊外打败吴国。最终夫差自杀，吴国灭亡。

人都有不忍伤害别人的心

【原典】

孟子曰:"人皆有不忍人之心。先王有不忍人之心,斯有不忍之政矣。以不忍人之心,行不忍人之政,治天下可运之掌上。所以谓人皆有不忍人之心者,今人乍见孺子将入于井,皆有怵惕恻隐之心。非所以内交于孺子之父母也,非所以要誉于乡党朋友也,非恶其声而然也。由是观之,无恻隐之心,非人也;无羞恶之心,非人也;无辞让之心,非人也;无是非之心,非人也。恻隐之心,仁之端也;羞恶之心,义之端也;辞让之心,礼之端也;是非之心,智之端也。人之有是四端也,犹其有四体也。有是四端而自谓不能者,自贼者也;谓其君不能者,贼其君者也。凡有四端于我者,知皆扩而充之矣,若火之始然,泉之始达。苟能充之,足以保四海;苟不充之,不足以事父母。"

【译文】

孟子说:"人都有不忍伤害别人的心。先王有不忍伤害别人的心,才有不忍伤害别人的政治。用不忍伤害别人的心,施行不忍伤害别人的政治,那么治理天下就会像在手掌中转动它那么容易。之所以说人都有不忍伤害别人的心,根据在于,假如现在有人忽然看到一个孩子要掉到井里去了,都会有惊恐同情的心情——不是想借此同孩子的父母攀交情,不是要在乡邻朋友中博取名声,也不是讨厌那孩子惊恐的哭叫声才这么做的。由此看来,没有同情心的,不是人;没有羞耻心的,不是人;没有谦让心的,不是人;没有是非心的,不是人。同情心是仁的开端,羞耻心是义的开端,谦让心是礼的开端,是非心是智的开端。人有这四种开端,就像他有四肢一样。有这四种开端却说自己不行,这是自己害自己;说他的君主不行,这是害他的君主。凡自身保有这四种开端的,就懂得扩大充实它们,它们就会像火刚刚燃起,泉水刚刚涌出一样,不可遏止。如果能扩充它们,就足以安定天下;如果不扩充它们,那就连侍奉父母都做不到。"

解读

人之初，性本善

本章的中心意思是"人皆有不忍之心"。孟子把"人"分为"先王"和一般人，从两个方面进行了论证。论证"先王"有"不忍人之心"，用了根据结果推定原因的方法。论证一般人有"不忍人之心"，用了假设例证法。

孟子主张性善说，由"人皆有不忍人之心"，即"仁"，孟子推论每个人都有恻隐之心、羞恶之心、辞让之心、是非之心，这四种道德心理是与生俱来的。人既然具有良知，在道德修养中就更具有自觉性，而不至于自暴自弃。并认为，如果把它们发扬光大就可以做保有四海的圣王，反之则连服侍父母都不行，甚至连一个人都算不上。

儒家认为，"人之初，性本善"，又认为人人都可以成为尧舜。孟子的这段话集中地反映了这一思想。"性善"是孟子仁学的重要组成部分，对我们理解其人其书意义重大。

善于反省，多从自身找原因

【原典】

孟子曰："矢人岂不仁于函人哉？矢人唯恐不伤人，函人唯恐伤人。巫匠亦然。故术不可不慎也。孔子曰：'里仁为美，择不处仁，焉得智？'夫仁，天之尊爵也，人之安宅也。莫之御而不仁，是不智也。不仁、不智，无礼、无义，人役也。人役而耻为役，由弓人而耻为弓，矢人而耻为矢也。如耻之，莫如为仁。仁者如射：射者正己而后发；发而不中，不怨胜己者，反求诸己而已矣。"

【译文】

孟子说："造箭的人难道比造铠甲的人不仁吗？造箭的唯恐造的箭不尖利不能射伤人，造铠甲的唯恐铠甲不坚硬使人被射伤。求神治病的巫医和做棺材的木匠之间的关系也是这样。所以谋生的职业不能不慎重选择啊。孔子说：'住在有仁德的地方才好。经过选择却不住在有仁德的地方，哪能算聪明？'仁，是天赋予人的最尊贵的爵位，是人最安定的住所。没有谁阻挡他行仁，他却不仁，这是不明智。不仁、不智，无礼、无义，只配当别人的仆役。当了仆役而觉得当仆役羞耻，就像造弓的觉得造弓可耻，造箭的觉得造箭可耻一样。果真觉得可耻，不如就行仁。行仁的人就如比赛射箭：射箭手先要端正自己的姿势，然后放箭；射不中，不怨恨赢了自己的人，只有反过来在自己身上找原因罢了。"

解读

想问题从反面出发往往有助成功

孟子认为，实行"仁"好比射箭，射箭的人先端正自己的姿势然后才发射；发射而没有射中，不埋怨胜过自己的人，只要反过来找自己的问题就行了。

相传四千多年前，正是历史上的夏朝，当时的君王就是赫赫有名的大禹。

有一次，诸侯有扈氏起兵入侵，夏禹派伯启前去迎击，结果伯启战败。部下们很不甘心，一致要求再打一仗。伯启说："不必再战了。我的兵马、地盘都不小，结果反倒吃了败仗，可见这是我的德行比他差，教育部下的方法不如他的缘故。所以我得先检讨自己，努力改正自己的毛病才行。"从此，伯启发愤图强，每天天刚亮就起来工作，生活俭朴，爱民如子，尊重有品德的人。这样经过了一年，有扈氏知道后，不但不敢来侵犯，反而心甘情愿地降服归顺了。

此例说明，人应该善于反省自我，从自身的不足中找到通向胜利的正确方法，才能达到当初的既定目标。

闻过则喜的人进步会很快

【原典】

孟子曰："子路，人告之以有过，则喜。禹闻善言，则拜。大舜有大焉，善与人同，舍己从人，乐取于人以为善。自耕稼、陶、渔以至为帝，无非取于人者。取诸人以为善，是与人为善者也故君于莫大乎与人为善。"

【译文】

孟子说："子路，别人指出他的过错，他就高兴。禹，听到善言，就拜谢。伟大的舜又超过了他，好品德愿和别人共有，抛弃缺点，学人长处，乐于吸取别人的优点来培养自己的品德。舜从当农夫、陶工、渔夫，直到成为天子，没有哪一点长处不是从别人那里学来的。吸取众人的长处来修炼自己的品德，这又有助于别人培养品德。所以，君子最高的德行就是偕同别人一道行善。"

解读

虚怀若谷利于工作大局

虚怀若谷，善于看到别人的优点，正视自己的缺点并努力改正。这就是孟子眼中圣贤的思想境界。

三国时期，蜀汉丞相诸葛亮去世，蒋琬接掌大局。

蒋琬个性温和，思考冷静，从不情绪化，协调能力极佳。东曹掾杨戏不喜辩论，蒋琬向他问话时，常静默不答。因此有人向蒋琬表示："公与杨戏问话，杨戏默而不答，这样傲慢，是不是太过分了？"蒋琬却笑着回答道："人心不同，各如其面；表面遵从而背后却有意见，才是古人最不耻的行为。杨戏大概是认为赞成我的意见，可能非其本意，当场反驳我的看法，又显出是我错了，所以他才静默不答，这不正是杨戏的可贵之处吗？"

有一次，督农杨敏在背后批评蒋琬道："做事没有把握，一点也比不上前任。"有人以此向蒋琬打小报告，请处治杨敏不敬之罪。但是蒋琬却表现出闻过则喜的君子之风，坦然地承认道："他说得一点没错。我的确不如前任，所以做起事来比较没有把握啊！"

后来，杨敏犯刑事系狱，大家都认为他死定了。但蒋琬反而免其重罪，只处以轻刑。

可见，一个领导人，只要具备虚怀若谷的心境，与人为善，就能团结带领所有的下级共同把工作做好，得到上级的肯定和表扬。

不要固执己见，学会灵活处理

【原典】

孟子曰："伯夷，非其君，不事；非其友，不友。不立于恶人之朝，不与恶人言；立于恶人之朝，与恶人言，如以朝衣朝冠，坐于涂炭。推恶恶之心，思与乡人立，其冠不正，望望然去之，若将焉。是故，诸侯虽有善其辞命而至者，不受也；

不受也者，是亦不屑就已。柳下惠不羞污君，不卑小官；进不隐贤，必以其道，遗佚而不怨，厄穷而不悯。故曰：'尔为尔，我为我；虽袒裼裸裎于我侧，尔焉能浼我哉！'故由由然与之偕而不自失焉。援而止之而止；援而止之而止者，是亦不屑去已。"

孟子曰："伯夷隘，柳下惠不恭，隘与不恭，君子不由也。"

【译文】

孟子说："伯夷，不是他理想的君主就不去侍奉，不是他中意的朋友就不去结交。不在恶人的朝廷里做官，不同恶人交谈。在恶人的朝廷里做官，同恶人交谈，就觉得像是穿戴着上朝的衣帽坐在泥土炭灰上一样。把这种厌恶恶人的心情推广开去，他就会想，如果同一个乡下人站在一起，那人帽子戴得不正，就该生气地离开他，就像会被他玷污似的。因此，诸侯即使用动听的言辞来请他，他也不接受。不接受，就是不屑于接近他们。柳下惠不认为侍奉坏君主是羞耻的事，也不因为官职小而瞧不上；到朝廷做官，不掩藏自己的贤能，必定按自己的原则行事；被国君遗弃而不怨恨，处境穷困而不忧伤。所以他说：'你是你，我是我，即使你赤身裸体地在我身旁，你又哪能玷污我呢？'所以他能高高兴兴地同这样的人处在一起而不失去自己的风度，拉他留下，他就留下。拉他留下他就留下，也就是不屑于离开罢了。"

孟子又说："伯夷狭隘，柳下惠不严肃。狭隘与不严肃，君子是不效仿的。"

解读

固执己见也是一种错误

真正的君子应该既讲原则性，也讲灵活性，二者不可偏废。这是本章中孟子想亮明的主要观点。

三千年前，秦皇岛一带是孤竹国管辖的区域。到了商朝后期，在这个国家出现了伯夷、叔齐让国的美谈。

当时孤竹国王想立儿子叔齐为继承人，可是他还没有立下继承人就死了。伯夷是孤竹国的国王的长子，他想遵从国王的愿望，就放弃君位逃到国外去了，弟弟叔齐由于不愿违背礼法，陷兄弟于不义，也逃到国外和伯夷一起流亡。

商朝灭亡以后，他们不接受周朝的俸禄，逃到了首阳山上，不食周粟，后来饿死在首阳山上。

如伯夷不食周粟的现象在现实生活中也有，这样的气节是很令人佩服的。然而，在应对复杂多变的局面时真正的智者应顺应时代潮流，不是一成守旧不变。

卷四 公孙丑(下)

　　本卷主要记述了孟子在齐国的言论和活动,反映了孟子的思想品德和政治主张。

　　在前半部分,他论述了对战争胜负起决定作用的因素不是天时、地利,而是人和。并提炼出一个主题:"得道多助,失道寡助。"表现出孟子民本思想的一个侧面。

　　在后半部分,多记述孟子在进退去就方面的言行,以及待人接物的事迹。孟子到齐国活动,不仅是为了宣传自己的学说和主张,同时也是极力想找一个能够重用自己,施展自己抱负的地方。但齐国的统治者不能礼贤下士,对老百姓横征暴敛,且不断地发动战争,施行兼并和征伐。这和孟子的学说、主张背道而驰,于是孟子终于离开了齐国。

得道多助，失道寡助

【原典】

孟子曰："天时不如地利，地利不如人和。三里之城，七里之郭，环而攻之而不胜。夫环而攻之，必有得天时者矣，然而不胜者，是天时不如地利也。城非不高也，池非不深也，兵革非不坚利也，米粟非不多也，委而去之，是地利不如人和也。故曰：域民不以封疆之界，固国不以山溪之险，威天下不以兵革之利。得道者多助，失道者寡助。寡助之至，亲戚畔①之；多助之至，天下顺之。以天下之所顺，攻亲戚之所畔，故君子有不战，战必胜矣。"

【注释】

①畔（pàn）：同"叛"，叛变。

【译文】

孟子说："有利的天时不如有利的地势，有利的地势不如人心的团结。三里的内城，七里的外城，包围起来攻打它，却不能取胜。包围起来攻打它，必定有得天时的战机，然而却不能取胜，这是有利的天时不如有利的地势。城墙不是不高，护城河不是不深，兵器铠甲不是不坚利，粮食不是不多，可是敌人一来却弃城逃离，这便是有利的地势不如人心的团结。所以说，控制人民不迁逃，不靠国家的疆界，巩固国家不靠山川的险阻，威服天下不靠兵器铠甲的坚利。得到仁义的人，帮助他的就多；失掉仁义的人，帮助他的就少。帮助他的人少到极点，连家里人都背叛他；帮助他的人多到极点，天下的人都归顺他。让天下人都归顺他的人去攻打连家里人都背叛他的人，其结果可想而知。所以君子不战则罢，战则必胜。"

解读

人和是天地人三者关系中最重要的

天、地、人三者的关系问题古往今来都是人们所关注的。

孟子在这里主要是从军事方面来分析论述天时、地利、人和之间的关系，而且是观点鲜明："天时不如地利，地利不如人和。"三者之中，"人和"是最重要的，是起决定作用的因素，"地利"次之，"天时"又次之。这是与他重视人的主观能动性的一贯思想分不开的。正是从强调"人和"的重要性出发，他得出了"得道者多助，失道者寡助"的结论。这就把问题从军事引向了政治，实际上又回到"仁政"话题。

春秋初年，郑武公去世后，太子寤生即位，就是郑庄公。但他的地位却受到生母和胞弟的威胁。郑庄公的母亲武姜偏爱郑庄公的胞弟共叔段，要求郑庄公把制邑封给共叔段。制邑是军事要塞，郑庄公没有同意，武姜又替共叔段要求易守难攻的京城，郑庄公答应了。

共叔段一到京城，就加高加宽城墙。郑国大臣们对此议论纷纷，对郑庄公说："各种等级都邑城墙的高度，先王都立有规定。如今共叔段不按规定修城墙，您应及时阻止他，以免后果难以收拾。"

郑庄公说："我母亲希望这样，我又有什么办法呢？"

共叔段看哥哥没有对自己采取限制措施，便更加放肆起来，下令让西部、北部的军队听命于自己，并私自接收了周围的城邑来作为自己的封地。公子吕对郑庄公说："应及早下手制止他，否则周围的战略要地都会慢慢被他掌握！"郑庄公还是不紧不慢地说："用不着。得道多助，失道寡助，他对君不义，对兄不亲，这样不仁不义的事做多了，即使占据再多的地方，也会自取灭亡。"

共叔段看到哥哥没有其他动静，更加放手聚集粮草，聚敛钱财，扩充部队，准备攻打郑庄公。共叔段的百姓对此都十分不满，纷纷跑到郑庄公的地盘上。

这时，郑庄公说："时机到了！"他派人探听到共叔段起兵的日期后，派公子吕率领两百辆战车攻打共叔段，共叔段只好逃亡。

得道多助，失道寡助，至今仍有不可低估的现实意义，对国家、集体、个人都有其永恒的真理性。

对有气节的人不要随便待之

【原典】

孟子将朝王，王使人来曰："寡人如就见者也，有寒疾，不可以风。朝①，将视朝，不识可使寡人得见乎？"

对曰："不幸而有疾，不能造朝。"

明日，出吊于东郭氏②。公孙丑曰："昔者辞以病，今日吊，或者不可乎？"曰："昔者疾，今日愈，如之何不吊？"王使人问疾，医来。

孟仲子③对曰："昔者有王命，有采薪之忧，不能造朝。今病小愈，趋造于朝，我不识能至否乎？"使数人要于路，曰："请必无归，而造于朝！"不得已而之景丑氏④宿焉。景子曰："内则父子，外则君臣，人之大伦也。父子主恩，君臣主敬。丑见王之敬子也，未见所以敬王也。"

曰："恶！是何言也！齐人无以仁义与王言者，岂以仁义为不美也？其心曰，'是何足与言仁义也'云尔，则不敬莫大乎是。我非尧舜之道，不敢以陈于王前，故齐人莫如我敬王也。"景子曰："否非此之谓也。礼曰：父召，无诺；君命召，不俟驾。固将朝也，闻王命而遂不果，宜与夫礼若不相似然。"

曰："岂谓是与？曾子曰：'晋楚之富，不可及也。彼以其富，我以吾仁；彼以其爵，我以吾义，吾何慊乎哉？'夫岂不义而曾子言之？是或一道也。天下有达尊三：爵一，齿一，德一。朝廷莫如爵，乡党莫如齿，辅世长民莫如德。恶得有其一以慢其二哉？故将大有为之君，必有所不召之臣，欲有谋焉，则就之。其尊德乐道，不如是，不足与有为也。故汤之于伊尹，学焉而后臣之，故不劳而王；桓公之于管仲，学焉而后臣之，故不劳而霸。今天下地丑德齐，莫能相尚，无他，好臣其所教，而不好臣其所受教。汤之于伊尹，桓公之于管仲，则不敢召。管仲且犹不可召，而况不为管仲者乎？"

【注释】

①朝（zhāo）：早晨。②东郭氏：齐国的一个姓东郭的大夫。③孟仲子：孟子的堂弟，又是他的学生。④景丑氏：齐国大夫景丑。

【译文】

孟子正要去朝见齐王，齐王派人来说："我本该来看望您的，但是有畏寒的病，不能吹风。明天早晨，我将临朝听政，不知您是否肯来让我见见您？"

孟子回话道："我不幸生了病，不能到朝廷上去。"第二天，孟子出门到东郭氏家去吊丧。公孙丑说："昨天推说有病，今日却去吊丧，也许不合适吧？"齐王派人来询问病情，医生也来了。

孟仲子应付来人说："昨天有王的召令，他不巧有点小病，不能到朝廷去。今天病好了点，急匆匆赶赴朝廷去了，不知道现在到了没有？"孟仲子随即派了几个人到路上去拦截孟子，告诉他："请您一定不要回家，赶快到朝廷去！"

孟子不得已，就到景丑氏家去歇宿。景子说："在家有父子，在外有君臣，这是人世间最重大的伦理关系。父子关系以慈爱为主，君臣关系以恭敬为主。我看到了齐王对您敬重，却没看到您怎么敬重齐王。"

孟子说："咳！这是什么话！齐国人没有一个拿仁义的道理去说给齐王听的，难道是认为仁义不好吗？只是他们心里在想：'这个君王哪值得同他去谈仁义！'那么，对齐王的不恭敬就没有比这更大的了。至于我，不是尧、舜之道不敢在齐王面前陈述，所以齐国人没有一个像我这样敬重齐王的。"景子说："不，不是说的这个。礼的规定说：父亲召唤，儿子不能用'诺'应答（而要恭敬地用'唯'应答）；君王宣召，臣子不等车子驾好就动身。您本来准备去朝见，听了君王的召令却不去了，这恐怕与礼的规定不大符合吧。"

孟子说："难道能这么说吗？曾子说过：'晋国、楚国的财富，没法比得上。不过，它们凭借财富，我凭借我的仁德；它们凭借爵位，我凭借我的道义，我欠缺什么呢？'难道这话没有道理而是曾子随便说说的么？这或许是另有一种道理。天下普遍看重的东西有三样：爵位、年纪、道德。在朝廷里，没有比爵位更尊贵的，在乡里，没有比年龄更尊贵的，辅助君主、管理百姓，没有比道德更尊贵的。哪能因为有了其中一种（爵位）而轻视另两种（年龄、道德）呢？所以想要有大作为的君主，必定有他不能召见的臣子，要有事情商议，那就亲自前去请教。如果他不像这样诚心实意地崇尚道德、喜爱仁义，就不值得同他一起干事。所以汤王对于伊尹，首先是向他学习，然后才把他当作臣子，所以不费力气就统一了天下；桓公对于管仲，首先也是向他学习；然后才把他当作臣子，所以不费力气就称霸诸侯。现在天下大的诸侯国土地相等，德行相似，谁也超不过谁，之所以如此没有别的原因，是因为君主喜欢任用听从他们使唤的人为臣，而不喜欢任用教导他们的人为臣。汤王对于伊尹，桓公对于管仲，就不敢随意召见。管仲尚且不能随意召见，何况不愿做管仲的人呢？"

解读

清高与不可召是两回事

孟子曾说过，自己根本不屑于与管仲相比。比都不愿意比，当然就更不愿意做了。

可见孟子是有自己独特的士人气节的，所以就不愿意被呼来唤去的。自己主动要去朝见是一回事，被召唤去朝见又是另一回事。这种行为，孔孟皆有。

此做法，在民间的看法褒贬不一，说得好听一点是"清高"，说得不好听一点是"拿架子"，再说得难听一点那可就是"迂腐"了。或许正是因为这样，因为他们清高（或迂腐）而不肯苟且，所以无论是孔子还是孟子周游列国都不被重用，空有满腹经纶和济世良方。

回到对用人一方面的要求来看，孟子要求君王尊贤使能、尊德乐道、礼贤下士，像商汤王对待伊尹，齐桓公对待管仲那样。这也是儒学在用人问题上的基本观点。虽然孔、孟本人一生宣扬这种观点而自身并没有受到过这种待遇，但他们的思想却对后世的用人之道产生了极其深远的影响。事实上，孔、孟的思想永远都给我们以理想主义的感觉，他们所提出的一些思想观点，就是在两千多年后的今天，也仍然使人感到有很多理想的成分。

从用人和被用的问题上来看，既然当政者多半"好臣其所教，而不好臣其所受教"，既然任人唯贤、礼贤下士是如此困难、如此难遇，作为被用的人，有一点"不可召"的清高和骨气，也属自然所使。

所以，我们还不能简单地认为孟子"不能造朝"是故作姿态，是迂腐，而应该肯定他的清高和骨气。不然的话，"亚圣"之名从何得来呢？

君子不会被金钱收买

【原典】

陈臻①问曰："前日于齐，王馈兼金②一百而不受；于宋，馈七十镒③而受；于薛，馈五十镒而受。前日之不受是，则今日之受非也；今日之受是，则前日之不受非也。夫子必居一于此矣。"

孟子曰："皆是也。当在宋也，予将有远行，行者必以赆，辞曰：'馈赆④。'予何为不受？当在薛也，予有戒心，辞曰：'闻戒，故为兵馈之。'予何为不受？若于齐，则未有处也。无处而馈之，是货之也。焉有君子而可以货取乎？"

【注释】

①陈臻：孟子弟子。②金：古代所说的金，多是指黄铜。③镒（yì）：古代的重量单位之一，二十两为一镒。④馈赆（jìn）：赠给行者的旅费。

【译文】

陈臻说:"以前在齐国,齐王送您一百镒好金您不接受;在宋国,送您七十镒,您接受了;在薛,送您五十镒,您接受了。如果以前不接受是对的,那么后来接受就是错的;后来接受如果是对的,那么以前不接受就是不对的。在这两种情况中,您必定处于其中的一种了。"孟子说:"都是对的。当在宋国的时候,我将要远行,远行的人必然要用些路费,宋君说:'送点路费给你。'我为什么不接受?当在薛地的时候,我有防备在路上遇害的打算,主人说:'听说需要防备,所以送点钱给你买兵器。'我为什么不接受?至于在齐国,就没有送钱的理由。没有理由而赠送,这是收买我啊。哪有君子可以用钱收买的呢?"

解读

"货取"也得看当与不当

陈臻的推论看起来似乎有道理,二者必居其一,但实际上却局限于形式逻辑的范畴,是就是,不是就不是,缺乏辩证逻辑的灵活性,不能解决特殊性问题。

孟子的回答则是跳出了"两难推论"的藩篱,具体问题具体分析,不同情况不同对待,辩证解决。用孔子、孟子等人的话说,这就叫通权达变。

今天我们面临市场经济的时代,金钱的受与不受、辞与不辞问题也时常摆在人们的面前。孟子的基本作则是"焉有君子而可以货取乎?"不拿不明不白的钱。在这样的原则前提下,当受则受,当辞则辞。这种处理态度,对我们很有借鉴意义。

当然,关键是在对"当"的理解上。理解错误,或者是故意理解错误,把不当接受的作为了当接受的统统接受了下来,那就要出问题,要被人"货取"了。所以,君子不可不当心啊!

下级犯错上级有责

【原典】

孟子之平陆①,谓其大夫②曰:"子之持戟之士,一日而三失伍,则去之否乎?"曰:"不待三。""然则子之失伍也亦多矣。凶年饥岁,子之民,老羸转于沟壑,壮者散而之四方者,几千人矣。"曰:"此非距心之所得为也。"曰:"今有受人之牛羊而为之牧之者，则必为之求牧与刍矣。求牧与刍而不得，则反诸其人乎？抑亦立而视其死与？"曰："此则距心之罪也。"他日，见于王，曰："王之为都者，臣知五人焉。知其罪者，惟孔距心。"为王诵之。王曰："此则寡人之罪也。"

【注释】

①平陆：齐国边境的邑，在今山东汶上县北。②大夫：这里指地方上的行政长官。

【译文】

孟子到了平陆，对那里的长官孔距心说："如果你的卫士一天三次擅离职守，开除不开除他呢？"孔距心说："不必等三次。"孟子说："那么您失职的地方也够多的了。荒年饥岁，您的百姓，年老体弱抛尸露骨在山沟的，年轻力壮逃荒到四方的，将近一千人了。"孔距心说："这个问题不是我能够解决的。"

孟子说："假如现在有个人，接受了别人的牛羊而替他放牧，那么必定要为牛羊寻找牧场和草料了。如果找不到牧场和草料，那么是把牛羊还给那个人呢，还是就站在那儿眼看着牛羊饿死呢？"孔距心说："这是我的罪过。"往后的某一天，孟子朝见齐王说："大王的地方长官我认识五个，能认识自己罪过的，只有孔距心。"孟子给齐王复述了一遍他与孔距心的谈话。齐王说："这是我的罪过啊。"

解 读

"牧羊人"的责任感

一代大儒孟子，走到哪儿，说到哪儿。在边城平陆，孟子又拿曾经对付过梁惠王的老方法给平陆长官孔距心下套了。随之引中到齐王，不过齐工和孔距心为人还算厚道，能知错，能认错。

孟子这个"牧羊人"的比喻有点儿现代职业经理人的意思，但平陆到底是孔距心的个人采邑还是齐国的直辖郡县却还不大好说，毕竟战国时代早已经开始有了郡县制的苗头。

五位地方官似乎最下意识的反应就是推卸责任，看来要不搞官员责任费还真是没办法了！孔距心大可以直截了当地回答孟子："把平陆的国有股都变成我的个人股，这样我才能有干劲，要不然，我是小车不倒只管推，平陆爱垮不垮，老百姓爱死不死，我还是官照做，钱照拿！"

齐王似乎并不认为自己就是齐国的所有者，而仅仅是个被委托者，就像孟子比喻里的那位牧羊人一样——这大概就是周朝前期贵族民主政治的遗风吧！

身在其位当谋其政

【原典】

孟子谓蚳蛙①曰:"子之辞灵丘②而请士师③,似也,为其可以言也。今既数月矣,未可以言与?"

蚳蛙谏于王而不用,致为臣而去。

齐人曰:"所以为蚳蛙则善矣,所以自为,则吾不知也。"公都子以告。曰:"吾闻之也:有官守者,不得其职则去;有言责者,不得其言则去。我无官守,我无言责也,则吾进退,岂不绰绰然有余裕哉?"

【注释】

①蚳(chí)蛙:齐国大夫。②灵丘:齐国邑名。③士师:官名,掌禁令、狱讼、刑罚,为古代法官之通称。

【译文】

孟子对蚳蛙说:"你辞去灵丘地方长官的职务,请求担任法官,似乎是有道理的,因为可以接近齐王向他进谏了。现在已经几个月了,还不可以进谏吗?"

蚳蛙向齐王进谏而不被采纳,便辞官而去。齐国有人议论说:"孟子替蚳蛙出的主意倒是很好,他怎么为自己考虑,我就不知道了。"公都子把这话告诉了孟子。

孟子说:"我听说过这样的话:有官职的人,如果无法行使他的职责就辞职;有进谏责任的,无法尽到进谏的责任就辞职。我既没有官职,又没有进谏的责任,那么我的行动进退,难道不是宽宽绰绰大有回旋余地了吗?"

解读

无官进退有余地

不能尽职,不能尽责,当什么官呢?难免失落,难免苦闷与烦恼。

可是,要尽职、要尽责,又免不了争斗,免不了权术,依然是苦闷与烦恼。

进退维谷。身不由己啊!只有无官一身轻,进退都有余地。但对很多人来说,

这种"轻"是"人生不能承受之轻",真正"轻"下来了反而过得很沉重。

倒是孟子看得很清楚:

"我无官守,我无言责也,则吾进与退,岂不绰绰然有余裕哉?"

对于要想潇洒走一回,轻轻松松过一生的人来说,还是听听孟老夫子的话有好处。

独断专行害处多

【原典】

孟子为卿于齐,出吊于滕,王使盖大夫王驩为辅行①。王驩朝暮见,反齐滕之路,未尝与之言行事也。公孙丑曰:"齐卿之位,不为小矣;齐滕之路,不为近矣,反之而未尝与言行事,何也?"

曰:"夫既或治之,予何言哉?"

【注释】

①盖大夫王驩为辅行:盖(gě):齐国邑名,在今山东沂水县西北。王驩:盖邑的地方长官,齐王的宠臣。

【译文】

孟子在齐国担任卿,奉命到滕国去吊丧,齐王派盖地的大夫王驩作为副使与孟子同行。王驩同孟子朝夕相见,但在从齐国到滕国的来回路上,孟子不曾同他谈起出使的事情。公孙丑说:"齐国卿的职位不算小了,齐国与滕国之间,路不算近,往返途中不曾同他谈起出使的事情,为什么呢?"孟子说:"那个人既然独自包办了,我还说什么呢?"

解读

一意孤行坏大事

孟子认为,既然一个人独断专行了,他也就没有什么可说的了。可见,孟子对专横独断的官员作风是很不满意的。

古代帝王，十有八九都是如此，刘备虽然在历史上被人们称赞多，诋毁少，但也有急功近利、一意孤行的时候，那实际上也是独断专行。

刘备是汉末帝汉献帝的族叔，经过群雄逐鹿后与曹操、孙权三分天下。

后来刘备的义弟关羽，大意失荆州后送了性命。刘备为了给关羽报仇，不从众愿，不听从赵云等多位将士及手下重要谋臣诸葛亮的劝告。诸葛亮劝不住刘备后，唯有长叹一句：若法孝直不死，定能阻。而后不能劝阻。

于是，刘备一意孤行，兴七十五万人马大举伐吴。结果被陆逊火烧七百里连营。最后落得剩下百余名败军逃到了白帝城。此战蜀国元气大伤，国力也大不如前。

独断专行者，其后果可想而知！古代如此，现代也是！

孝敬是做人的重要德行

【原典】

孟子自齐葬于鲁，反于齐，止于嬴①。

充虞②请曰："前日不知虞之不肖，使虞敦匠事，严，虞不敢请。今愿窃有请也：木若以美然。"

曰："古者棺椁无度，中古棺七寸，椁称之。自天子达于庶人，非直为观美也，然后尽于人心。不得，不可以为悦；无财，不可以为悦。得之为有财，古之人皆用之，吾何为独不然？且比化者无使土亲肤，于人心独无恔乎？吾闻之也：君子不以天下俭其亲。"

【注释】

①嬴：齐国南部邑名，在今山东莱芜县西北。②充虞：孟子弟子。

【译文】

孟子从齐国到鲁国去安葬母亲，返回齐国时，在嬴地停留。

充虞请问道："前些日子您不知道我缺乏能力，派我监理打造棺椁的事，当时事情匆迫，我不敢请教。现在想冒昧地问一下：那棺椁似乎太华美了吧？"

孟子说："上古时候，棺椁没有规定的厚度，中古时候，棺厚七寸，椁的厚度同棺相称。从天子到平民百姓，棺椁讲究不只是为了好看，而是这样才称尽了孝心。由于等级的限制不能用好的棺椁，就不会称心；没有钱财用好的棺椁，也不会称心。既有资格又有钱财，古人就都用好棺椁，为什么偏我不能这样？而且为了避免泥土挨近死者的肌肤而用厚棺椁，对于孝子之心岂不是一件感到慰藉的事吗？我听说过这样的话：君子是不会因为爱惜天下财物而从俭办父母的丧事的。"

解读

丧事是孝心的重要体现

　　孟子认为，在安葬父母的问题上，只要是礼制和财力两方面许可，就要尽力做得好一些。尤其是本章最后的一句话——"君子不以天下俭其亲"，更是格言似的表达了孟子关于"孝"的看法。

　　我们已经知道，《论语》里有不少孔子及其弟子关于"孝"、"丧"问题的论述。其中比较重要而又与本章所论问题关系密切的如孔子在《八佾》篇里的说法："与其易也，宁戚。"意思是说，丧礼与其铺张浪费，宁可悲哀可度。所以，孔子其实更重视的是内在情感方面，而要求在物质方面节俭办事，反对丧事过分大办，铺张浪费。这一点，在孟子这里显然已发生了变化。时代不同，个人所处地位不同，财力状况不同都导致了这种变化。但万变不离其宗，有一点是肯定的，就是强调丧事是孝心的重要体现，必须引起我们的高度重视。

以暴制暴不是解决问题的良策

【原典】

　　沈同①以其私问曰："燕可伐与？"孟子曰："可。子哙不得与人燕，子之不得受燕于子哙。有仕②于此，而子悦之，不告于王而私与之吾子之禄爵，夫士也，亦无王命而私受之于子，则可乎？何以异于是？"齐人伐燕。

　　或问曰："劝齐伐燕，有诸？"

　　曰："未也。沈同问'燕可伐与'，吾应之曰，'可'，彼然而伐之也。彼如曰：'孰可以伐之？'则将应之曰：'为天吏，则可以伐之。'今有杀人者，或问之曰：

'人可杀与？'则将应之曰：'可。'彼如曰：'孰可以杀之？'则将应之曰：'为士师，则可以杀之。'今以燕伐燕，何为劝之哉？"

【注释】
①沈同：齐国大臣。②仕：同"士"。

【译文】

沈同以个人名义问道："燕国可以讨伐吗？"

孟子说："可以。子哙不得把燕国让给别人，子之不得从子哙那里接受燕国。比方说，这里有个士人，您喜欢他，就不禀告君王而私自把自己的俸禄、爵位让给他，那个士人也不经君王同意，私自从您那里接受俸禄和爵位，这样行吗？子哙让君位的事，同这有什么两样？"

齐国攻打燕国，有人问道："您鼓励齐国攻打燕国，有这回事吗？"

孟子说："没有。沈同问'燕国可以征伐吗？'我答复他说'可以'，他们认为这个说法对，便去征伐燕国。他如果问'谁能去征伐燕国？'那我将答复他说：'奉了上天使命的人才可以去征伐。'就好比这里有个杀人犯，如果有人问我：'这个人该杀吗？'我会回答说：'可以。'他如果再问：'谁可以去杀这个杀人犯？'那我就会回答他：'做法官的才可以杀他。'现在，让一个跟燕国一样无道的国家去征伐燕国，我为什么要鼓励它呢？"

解读

宽容大度才能团结人心

从本章来看，孟子当初同意出兵伐燕，除了救燕民的考虑外，还有维护周礼之意：燕为姬姓，乃周家天下，燕王私授于人，违反了周礼。但齐国出兵后，没有在平定燕乱后即刻扶立新的燕君，然后退兵，那么齐国也成了暴乱之国，是以燕伐燕，以暴伐暴。

然而齐国却曲解了孟子的意思，以暴制暴，落了个可悲的下场。

与齐国做法相反，魏武帝曹操的做法却流芳百世，令世人称赞。

官渡之战结束，曹操得到了一份在战前通敌的名册，他取出来连封条也没有打开就付之一炬。这显然是团结人心之举，也为巩固自己的势力起了非同小可的作用。试想，敌人已经攻破，知道这个名单已经没有了作用。如果因为一时愤怒而把所有通敌的人都抓起来，那会弄得人心惶惶，军队分崩离析；而曹操这招不以暴制暴的做法，让那些通袁绍的部下都如释重负，放下心来。之后，他们能不一心一意为曹操所用吗？曹操这一招不但使得魏国一时人才济济，也为日后夺取整个天下打下了坚实的基础。

由此可见，以暴还暴往往会把事情弄得更糟，冤冤相报何时了？只有施行孟子式的"仁政"才是最佳的处世之道。

见善则迁，有过则改

【原典】

燕人畔。王曰："吾甚惭于孟子[①]。"

陈贾[②]曰："王无患焉。王自以为与周公孰仁且智？"

王曰："恶！是何言也！"

曰："周公使管叔监殷，管叔以殷畔[③]。知而使之，是不仁也；不知而使之，是不智也。仁智，周公未之尽也，而况于王乎？贾请见而解之。"

见孟子，问曰："周公何人也？"

曰："古圣人也。"

曰："使管叔监殷，管叔以殷畔也，有诸？"

曰："然。"曰："周公知其将畔而使之与？"

曰："不知也。""然则圣人且有过与？"

曰："周公，弟也；管叔，兄也。周公之过，不亦宜乎？且古之君子，过则改之；今之君子，过则顺之。古之君子，其过也，如日月之食，民皆见之；及其更也，民皆仰之。今之君子，岂徒顺之，又从为之辞。"

【注释】

①吾甚惭于孟子：这里指的是齐国占领燕国时，孟子曾向齐宣王提出，为燕立一君主而后撤离。齐王不听。两年内，燕人不服，赵国等诸侯国也反对齐吞并燕，怕齐国因此而变得更强大，于是立燕昭王，燕人拥护，迫使齐军败退撤回。②陈贾：齐国大夫。③周公使管叔监殷，管叔以殷畔：周武王灭商后，封纣王之子武庚于其旧都，派其弟管叔、蔡叔、霍叔去监视殷的遗民。武王死后，成王幼，周公执政，管叔等和武庚反叛，后周公平定了叛乱。

【译文】

燕国人反抗齐国的占领。齐王说:"对孟子我感到很惭愧。"

陈贾说:"大王不必犯愁。大王如果在仁和智方面同周公相比较,自己觉得谁强一些?"

齐王说:"咳!这是什么话!"

陈贾说:"周公派管叔去监察殷人,管叔却带着殷人叛乱。如果周公知道他会反叛还派他去,这是不仁;如果不知道他会反叛而派他去,这是不智。仁和智,周公还未能完全具备,何况大王您呢?请允许我见到孟子时向他做些解释。"

陈贾见到孟子,问道:"周公是怎样一个人?"孟子说:"古代的圣人。"

陈贾说:"他派管叔监察殷人,管叔却带着殷人叛乱,有这回事吗?"孟子说:"是这样。"

陈贾说:"周公是知道他会反叛而派他去的吗?"孟子说:"周公不知道。"陈贾说:"既然这样,那么岂不是圣人也会有过错吗?"孟子说:"周公是弟弟,管叔是哥哥(谁能料到哥哥会背叛呢),周公的过错,不也是情有可原的吗?况且,古代的君子,犯了过错就改正;现在的君子,犯了过错却照样犯下去。古代的君子,他的过错就像日食月食一样,人民都能看到;等他改正后,人民都仰望着他。现在的君子,岂止是坚持错误,竟还为错误做辩解。"

解读

善于纳谏方能政治清明

善于纳谏,也就善于听取臣下的不同意见,明辨是非,然后采纳正确的意见。即过则改之,是孟子一贯坚持的君王理政方式。

这一点,在历代帝王中唐太宗李世民做得最好:当政期间,明令大小官员都可以积极进谏。

李世民下令修复洛阳宫,以备他去游玩。给事中张玄素劝谏说:"如今战争刚结束,社会还未恢复元气,陛下却先下令修缮洛阳宫,如果不停止,一定会招致隋炀帝、夏桀、商纣王一样的下场。"李世民听了这一席意见,下令停止修复洛阳宫,并且赏赐了张玄素。

某次,李世民下诏征兵,规定不满18岁而个头高大的男子,也可以征。魏征却扣住了这道诏书不发,太宗连催几次,他都不理。李世民大怒,召来魏征训斥他大胆抗旨。魏征镇静地说："臣听说竭泽而渔，就无鱼可捕了。陛下将不满 18 岁但身强力壮的男子征来当兵，以后再到哪里去征兵呢？再说，国家的赋税让谁来负担呢？并且陛下以前宣布 18 岁以上的男子才征，现在的诏书一下，你不是失言于天下吗？"李世民听了，哑口无言，良久，才承认自己错了，撤销了这道诏书。

正是因为李世民善于纳谏，有过则改之，才开创了"贞观之治"的繁荣局面。

真正的商人不会做垄断市场的事

【原典】

孟子致为臣而归。王就见孟子，曰："前日愿见而不可得，得待同朝，甚喜；今又弃寡人而归，不识可以继此而得见乎？"

对曰："不敢请耳，固所愿也。"

他日，王谓时子①曰："我欲中国而授孟子室，养弟子以万钟②，使诸大夫国人皆有所矜式。子盍为我言之？"时子因陈子③而以告孟子，陈子以时子之言告孟子。

孟子曰："然，夫时子恶知其不可也？如使予欲富，辞十万而受万，是为欲富乎？季孙④曰：'异哉子叔疑⑤！使己为政，不用，则亦已矣，又使其子弟为卿。人亦孰不欲富贵？而独于富贵之中有私龙断焉。'古之为市也，以其所有易其所无者，有司者治之耳。有贱丈夫焉，必求龙断而登之，以左右望，而罔市利⑥。人皆以为贱，故从而征之。征商自此贱丈夫始矣。"

【注释】

①时子：齐国大夫。②钟：古代容量单位，一钟合古代的六石四斗。③陈子：即陈臻，孟子弟子。④季孙：人名，事迹不详。⑤子叔疑：人名，事迹不详。⑥罔市利：罔：网罗，搜寻。

【译文】

孟子辞掉齐国的官职要回乡。齐王到孟子住处去见他，说："过去想见您而不可能，后来能在一个朝廷里共事，我非常高兴；现在您要撇下我回去了，不知今后还能见到您不？"

孟子回答道："我不敢要求同大王相见了，这本来就是我所希望的。"

之后的某一天，齐王对时子说："我打算在都城里给孟子一所房屋，用一万钟粮食供养他的弟子，让大夫和百姓都有个效法的榜样。你何不替我去对孟子谈谈这件事呢？"

时子通过陈子把齐王的打算告诉给孟子，陈子就把时子的话告诉了孟子。

孟子说："是啊，时子哪知道这件事是不能做的呢？如果我想富，辞掉了十万钟的俸禄却来接受这一万钟的赏赐，这是想要富吗？季孙说：'子叔疑这个人，真奇怪啊！想让自己做官，没被任用，那也就算了，却又叫他的子弟去做卿。人们谁个不想富贵？而偏偏在富贵之中有人想独自垄断。'古时候做买卖，是拿自己所有的东西交换所没有的东西，有关部门的官吏负责管理这种事。有个下贱的汉子，总要找块高地登上去，用来左右张望，企图把集市贸易的好处都捞到。人人都认为他卑鄙，于是就对他征税。对商人征税就是从这个下贱的汉子开始的。"

解 读

不做"贱丈夫"

孟子在齐宣王那里虽然受到比较好的接待，甚至做了客卿，在不少问题上（例如是否攻打燕国，是否占领燕国等）齐宣王也征求他的意见。但齐宣王却始终不愿意实施孟子所提出的"仁政"方案，所以，孟子还是只有"致为臣而归"，辞职归家了。

当齐宣王通过臣下来转达留住孟子的愿望时，孟子以"辞十万而受万，是为欲富乎"作为答语，表明了自己做官绝对不是为了个人发财致富，而是为实现政治抱负，济世救民。接着，孟子便说了一段寓言式的话，指出了官场和商场都有人想进行垄断的现象。

之所以说孟子的这段话像寓言，是因为它的含义极其深刻而具有哲理。

官场的垄断现象不用多说大家也很清楚，自古便有裙带关系，就像孟子这里所指出的子叔疑，自己做官不成，又让自己的子弟都去做官。尤其具有超前意义的是，孟子在指出官场垄断现象的同时，还指出了市场垄断现象的起源。

就我们今天而言，市场竞争已愈来愈激烈。"赚进每一分可能赚到的钱"，已成为很多经商者的心愿。但是，如果只图自己赚钱而"罔市利"，不顾别人利益，则很可能成为孟子笔下的"贱丈夫"，成为大家群起而攻之的对象。结果很可能会事与愿违，不仅不能"罔市利"，反而还会被"市利"所罔，走投无路。所以，还是不要做"贱丈夫"的好。

爱惜人才不是做表面文章

【原典】

孟子去齐,宿于昼①。有欲为王留行者,坐而言;不应,隐几而卧。

客不悦曰:"弟子齐②宿而后敢言,夫子卧而不听,请勿复敢见矣。"

曰:"坐。我明语子。昔者鲁缪公无人乎子思之侧③,则不能安子思;泄柳申详④,无人乎缪公之侧,则不能安其身。子为长者虑,而不及子思;子绝长者乎?长者绝子乎?"

【注释】

①昼:齐国邑名,在今山东临淄附近。②齐:同"斋",斋戒。③鲁缪公无人乎子思之侧:鲁缪公是鲁国国君,名显,公元前409—前377年在位。子思,名孔伋,孔子之孙。鲁缪公尊敬子思,常派人在子思身边伺候致意,使子思安心。④泄柳申详:同为鲁缪公时贤人。泄柳亦称子柳。申详:孔子弟子子张之子。

【译文】

孟子离开齐国,在昼邑宿夜。有个想为齐王挽留孟子的人,恭敬地坐着跟孟子说话。孟子不答理他,靠着小桌子打盹。

客人不高兴地说:"我先斋戒了一天,然后才敢来同您说话,您却睡觉不听我说,今后再不敢来见您了。"(说完,起身要走。)

孟子说:"坐下,我明白地告诉你,从前,鲁缪公要是没有人在子思身边伺候致意,就不能使子思安心留下;要是没有贤人在鲁缪公身边,就不能使泄柳、申详在鲁国安身。你替我这个长辈着想,却想不到鲁缪公怎样地对待子思;光劝我留下而不去劝齐王改变态度,这是你跟我这个长辈搞僵了呢,还是我这个长辈跟你搞僵了呢?"

> 解 读

礼贤下士才会揽来人才

　　孟子认为，礼贤下士是对待贤才的基本态度，每个人都有自己的人格，人人都渴望被别人理解、尊重，那些出类拔萃的人才，在这方面的要求就更为强烈。曹操善于用真情招揽贤才为己所用，曹操两哭典韦，三哭郭嘉就是很好的例子。同时，还重用许攸、关羽、陈琳、董昭等人。

　　许攸少时曾与曹操为友，后为袁绍谋士，其向袁绍献奇计，未被采纳，又受审问迫害，投往曹操。曹操对许攸的态度与袁绍有所不同，对之倒屣相迎。许攸很感恩，向曹操献计先断袁绍乌巢之粮，致使袁绍败绩。许攸在官渡之战中为曹操立下了大功劳。

　　曹操东征刘备，刘备兵败投奔袁绍，曹操在下邳俘虏了关羽和刘备的夫人。曹操先拜关羽为偏将军，后封为汉寿亭侯。上马金，下马银。应该没有人做得比这更好了，可惜，关羽还是千里走单骑，离开了。

　　陈琳曾替袁绍起草檄文笔伐曹操，辱及曹操祖先。曹操攻破冀州后俘获陈琳，身边人劝曹操杀了他，曹操怜其文才，赦其不死，命为从事。

曹操与董昭相见一席话，就拉着他的手说："凡操有所图，惟公教之。"曹操夺取冀州后，就让人遍访当地贤士。

总之，曹操爱才，礼贤下士，是他领导观的一大特色。

真诚坦率是君子的作风

【原典】

孟子去齐，尹士①语人曰："不识王之不可以为汤武，则是不明也；识其不可，然且至，则是干②泽也；千里而见王，不遇故去，三宿而后出昼，是何濡滞也！士则兹不悦。"

高子③以告。

曰："夫尹士恶知予哉！千里而见王，是予所欲也；不遇故去，岂予所欲哉！予不得已也。予三宿而出昼，于予心犹以为速。王庶几改之；王如改诸则必反予。夫出昼而王不予追也，予然后浩然有归志。予虽然，岂舍王哉！王由足用为善；王如用予，则岂徒齐民安，天下之民举安。王庶几改之，予日望之。予岂若是小丈夫然哉！谏于其君而不受，则怒，悻悻然见于其面，去则穷日之力而后宿哉！"

尹士闻之曰："士诚小人也。"

【注释】

①尹士：齐国人。②干：求得。③高子：齐国人，孟子弟子。

【译文】

孟子离开齐国。尹士对人说："不知道齐王不能成为商汤、周武王那样的君主，那就是不明智；知道齐王不可能，然而还是到齐国来，那就是为了得到好处。不远千里地来见齐王，不相投合而离开，在昼邑住了三夜才走，为什么这样滞留迟缓呢？我对孟子这一点很不满意。"

高子把这些话告诉了孟子。

孟子说："那尹士哪会懂得我的想法呢？千里迢迢来见齐王，这是我自己愿意的；不相投合而离开，难道也是我愿意的吗？我是不得已罢了。住了三夜才离开昼邑，在我心里还觉得太快了，心想齐王或许会改变态度，齐王如果改变了态度，一定会召我回去。等到离开了昼邑，齐王没有派人追我回去，我这才毅然下定决心回老家去。我虽然这么做了，难道肯舍弃齐王吗？齐王还是完全可以行善政的。齐王如果任用我，那岂止是齐国的百姓得到安宁，天下的百姓都能得到安宁。齐王或许会改变态度的！我天天期望着他能改变！我难道像那种气度狭小的人吗？向君主进谏不被接受，就怒气冲冲，脸上显露出不满的表情，离开时就非得拼尽一天的气力赶路，然后才歇宿吗？"

尹士听了这话，说："我真是个小人啊。"

解读

留住人才靠心诚

看来孟子辞职和我们一般人辞职还真不一样，而且一点儿也不掩饰还希望被老板挽留的意思，真是"君子坦荡荡"啊。

然而，可叹鲁穆公没有留住人才。这一点根本比不上后世之相萧何。

秦末农民战争中，韩信归附于刘邦。有一天，韩信违反军纪，按规定应当斩首，临刑时看见汉将夏侯婴，就问到："难道汉王不想得到天下吗，为什么要斩杀壮士？"夏侯婴以韩信所说不凡、相貌威武而下令释放，并将韩信推荐给刘邦，但未被重用。后韩信多次与萧何谈论，为萧何所赏识。

刘邦至南郑途中，韩信思量自己难以受到刘邦的重用，中途离去，被萧何发现后追回，这就是小说和戏剧中的"萧何月下追韩信"。此时，刘邦正准备收复关中。萧何就向刘邦推荐韩信，称他是汉王争夺天下不能缺少的大将之才，应重用韩信。刘邦采纳萧何建议，择选吉日，斋戒，设坛场，拜韩信为大将。从此，刘邦文依萧何，武靠韩信，挥兵东举，最终成就大汉朝。

当今之世弃我其谁

【原典】

孟子去齐。充虞[①]路问曰："夫子若有不豫色然。前日虞闻诸夫子曰：'君子不怨天，不尤人②。'"

曰："彼一时，此一时也。五百年必有王者兴，其间必有名世者。由周而来，七百有余岁矣。以其数则过矣；以其时考之，则可矣。夫天未欲平治天下也；如欲平治天下，当今之世，舍我其谁也？吾何为不豫哉？"

【注释】

①充虞：孟子弟子。②此句是孔子之语，见《论语·宪问》。

【译文】

孟子离开齐国，充虞在路上问道："老师似乎有些不愉快的样子。以前我听您说过：'君子不抱怨天，不责怪人。'"

孟子说："那时是那时，现在是现在。每五百年必定会有圣王出现，这期间也必定会有闻名于世的贤才。从周以来，已经七百多年了。按年数说，已经超过了；按时势来考察，该出现圣君贤臣了。上天还不想让天下太平罢了，如果想让天下太平，在当今这个时代，除了我，还有谁能担当这个重任呢？我为什么不愉快呢？"

解读

培养"以天下为己任"的精神

这段话包含的名句很多，它所表达的孟子的思想感情是极复杂的。有些像告老还乡歌，又有些像解甲归田赋。

孟子的学生是很不错的，在这时深知老师的心情，于是引用了孔子平时所说的"不怨天，不尤人"来加以劝慰。老师也是很不错的，坦率承认"彼一时，此一时也"。人非圣贤，怎么可能没有自己的情绪呢？

"五百年必有王者兴，其间必有名世者。"这是孟子的政治历史观，成为名言，对后世发生着深刻影响。按照这个观点推算，孟子的时代正应该有"王者"兴起了，可孟子周游列国，居然没有发现这样的"王者"，好不容易遇到齐宣王，看来还有些眉目，可最终还是斗不过那些"贱丈夫"，自己没有能够说服齐宣王实施"王天下"的一套治国平天下方案。没有"王者"，"名世者"又怎么显现出来呢？而孟子分明觉得自己正应该是那"名世者"，所以才有如许惆怅。

"当今之世，舍我其谁也？"细想来，其底蕴是一种"以天下为己任"的社会责任感和使命感。当然，孟子的表达是有愤激情绪的。要说狂妄，伟大的人物从内心来说总是有那么一点点的。不过要考虑到当时的语言环境，那孟子此说也属正常不过的了。

良禽择木而栖，贤臣择主而侍

【原典】

孟子去齐，居休①。公孙丑问曰："仕而不受禄，古之道乎？"

曰："非也。于崇②吾得见王，退而有去志；不欲变，故不受也。继而有师命，不可以请，久于齐，非我志也。"

【注释】

①休：地名，在今山东滕县北，距孟子家约百里。②崇：地名，不可考。

【译文】

孟子离开齐国，停住在休地。公孙丑问道："做了官却不接受俸禄，这是古代的规矩吗？"孟子回答道："不是的。在崇地，我见到了齐王，回来后就有了离开齐国的想法，我不想改变这个想法，所以不接受俸禄。接着齐国有战事，不便申请离开。长时间待在齐国，不是我的意愿。"

解读

做人要有责任感

公孙丑为什么问了这么个古怪的问题呢？原来，孟子在齐国这一段时间虽然做了大官，却闷头工作而不拿薪水。其实这里是有原因的。

孟子说："当初我在崇地和齐王见过之后，左思右想，觉得齐王恐怕不是我心目中的理想国君，于是当时就有了离开的念头。后来我到底还是在齐国做了官，可虽然做官，当初离去的念头却始终未变。既然脑子里成天都惦记着辞职回家，那还是不要领人家的薪水好了。本来我早就要走，可谁想到后来又爆发了战争，在这种紧要关头我要是递交辞呈好像有点儿说不过去，所以我就又在齐国待了一段时间。从本心来讲，我是不愿意久在齐国耗下去的。"

按如今的现实逻辑来想想，孟老师还真是个好员工：做事敢于负责，没有任何借口；任你怎么动他的奶酪他也不急，背包走人而已……

卷五 滕文公(上)

本卷包括四个方面的内容：第一，孟子"道性善"，言必称尧舜。孟子向为政者宣扬儒家的道统，认为为政者应该向尧、舜、禹、汤学习，只有遵循尧、舜、禹、汤、文、武、周公的遗训，才能振兴国家，治理天下。第二，孟子反对墨家倡导的"爱无差等"和薄葬的主张，强调要注重尊卑、亲疏的分别，孝敬父母应该守"三年之丧"。第三，孟子主张，治理国家要注重农事，要发展生产。他说，老百姓"有恒产者，有恒心也"，"无恒产者，无恒心"，因此，为政者要注意"治民之产"。第四，孟子主张，一个社会、一个国家，应该有"劳心者"和"劳力者"的差别，"劳心者治人，劳力者治于人"。

大国与小国行仁政的道理是一样的

【原典】

滕文公为世子①,将之楚,过宋而见孟子。孟子道性善,言必称尧舜。

世子自楚反,复见孟子。孟子曰:"世子疑吾言乎?夫道一而已矣。成见②谓齐景公曰:'彼,丈夫也;我,丈夫也;吾何畏彼哉?'颜渊曰:'舜,何人也?予,何人也?有为者亦若是。'公明仪③曰:'文王,我师也;周公岂欺我哉?'今滕,绝长补短,将五十里也,犹可以为善国。《书》曰:'若药不瞑眩④,厥疾不瘳⑤。'"

【注释】

①世子:即太子。"世"和"太"古音相同,古书常通用。②成见:齐国的勇士。③公明仪:人名,复姓公明,名仪,鲁国贤人,曾子学生。④瞑眩:眼睛昏花看不清楚。⑤瘳(chōu):病愈。

【译文】

滕文公还是太子的时候,要到楚国去,经过宋国时拜访了孟子。孟子给他讲善良是人的本性的道理,话题不离尧舜。

太子从楚国回来,又来拜访孟子。孟子说:"太子不相信我的话吗?道理都是一致的啊。成见对齐景公说:'他是一个男子汉,我也是一个男子汉,我为什么怕他呢?'颜渊说:'舜是什么人,我是什么人,有作为的人也会像他那样。'公明仪说:'文王是我的老师,周公难道会欺骗我吗?'现在的滕国,假如把疆土截长补短也有将近方圆五十里吧。还可以治理成一个好国家。《尚书》说:'如果药不能使人头昏眼花,那病是不会痊愈的。'"

解读

大国小国都可施仁政

"道性善"和"称尧舜"是孟子思想中的两条纲,而这两方面又是密切联系在一起的。

"道性善"就是宣扬"性善论"。"性善"的正式说法，最早就见于这里。所以，本章还有重要的思想史资料价值。当然，从"性善"的内容来看，在"人皆有不忍人之心"（《公孙丑（上）》）的论述中就已经展开了。

"称尧舜"就是宣扬唐尧虞舜的"王道"政治，也就是孟子所说的"仁政"。所谓"先王有不忍人之心，斯有不忍人之政矣"。

"不忍人之心"的善良本性是"不忍人之政"的仁政的基础，二者的关系是密不可分的。所以，孟子"道性善"要"言必称尧舜"，这是非常清楚的了。

至于滕文公再次拜访时孟子所引述的那些话，不外乎鼓励他要有实施仁政的勇气罢了。因为，古往今来，不论是圣贤还是普通人，本性都是善良的，圣贤能做到的，普通人经过努力也能做得到。何况，滕国虽然小，但折算起来也有方圆五十里国土嘛，只要是实施仁政，照样可以治理成一个好的国家。

这就是孟子的苦心，无论大国小国，只要有机会就抓住不放，宣扬自己的政治学说和治国方案。

上级的做事风格对下级有直接影响

【原典】

滕定公①薨②，世子谓然友③曰："昔者孟子尝与我言于宋，于心终不忘，今也不幸至于大故④，吾欲使子问于孟子，然后行事。"

然友之邹问于孟子。

孟子曰："不亦善乎！亲丧，固所自尽也。曾子曰：'生，事之以礼；死，葬之以礼，祭之以礼，可谓孝矣。'诸侯之礼，吾未之学也；虽然，吾尝闻之矣。三年之丧，齐疏之服，飦粥之食，自天子达于庶人，三代共之。"

然友反命，定为三年之丧。父兄百官皆不欲，曰："吾宗国鲁先君莫之行，吾先君亦莫之行也，至于子之身而反之，不可，且《志》曰：'丧祭从先祖。'曰：'吾有所受之也。'"

谓然友曰："吾他日未尝学问，好驰马试剑。今也父兄百官不我足也，恐其不能尽于大事，子为我问孟子！"

然友复之邹问孟子。

孟子曰："然，不可以他求者也。孔子曰：'君薨，听于冢宰，歠粥⑤，面深墨，即位而哭，百官有司莫敢不哀，先之也。'上有好者，下必有甚焉者矣。君子之德，风也；小人之德，草也。草尚之风，必偃。是在世子。"

然友反命。

世子曰："然；是诚在我。"

五月居庐，未有命戒。百官族人可，谓曰知。及至葬，四方来观之，颜色之戚，哭泣之哀，吊者大悦。

【注释】

①滕定公：滕文公的父亲。②薨（hōng）：死。古代称侯王死叫"薨"，唐代以后用于二品以上官员死。③然友：人名，太子的老师。④大故：重大的事故，指大丧、凶灾之类。⑤歠（chuò）粥：自己每天喝稀粥。

【译文】

滕定公死了，太子对老师然友说："上次在宋国的时候孟子和我谈了许多，我记在心里久久不忘。今天不幸父亲去世，我想请您先去请教孟子，然后才办丧事。"

然友便到邹国去向孟子请教。

孟子说："好得很啊！父母的丧事本来就应该尽心竭力。曾子说：'父母活着的时候，依照礼节侍奉他们；父母去世，依照礼节安葬他们，依照礼节祭奠他们，就可以称为孝了。'诸侯的礼节，我不曾专门学过，但却也听说过。三年的丧期，穿着粗布做的孝服，喝稀粥。从天子一直到老百姓，夏、商、周三代都是这样的。"

然友回国报告了太子，太子便决定实行三年的丧礼。滕国的父老官吏都不愿意。他们说："我们的宗国鲁国的历代君主没有这样实行过，我们自己的历代祖先也没有这样实行过，到了您这一代便改变祖先的做法，这是不应该的。而且《志》上说过：'丧礼祭祖一律依照祖先的规矩。'还说：'道理就在于我们有所继承。'"

太子对然友说："我过去不曾做过什么学问，只喜欢跑马舞剑。现在父老官吏们都对我实行三年丧礼不满，恐怕我处理不好这件大事，请您再去替我问问孟子吧！"

然友再次到邹国请教孟子。

孟子说："要坚持这样做，不可以改变。孔子说过：'君王死了，太子把一切政务都交给家臣代理，自己每天喝稀粥，脸色深黑，就临孝子之位便哭泣，大小官吏没有谁敢不悲哀，这是因为太子亲自带头的缘故。'在上位的人有什么喜好，下面的人一定就会喜好得更厉害。领导人的德行是风，老百姓的德行是草。草受风吹，必然随风倒。所以，这件事完全取决于太子。"

然友回国报告了太子。

太子说："是啊，这件事确实取决于我。"

于是太子在丧庐中住了五个月，没有颁布过任何命令和禁令。大小官吏和同族的人都很赞成，认为太子知礼。等到下葬的那一天，四面八方的人都来观看，太子面容的悲伤，哭泣的哀痛，使前来吊丧的人都非常满意。

解读

领导以身作则非常重要

领导人以身作则，上行下效是孔子反复申说的一个话题，孟子也同样继承了孔子的思想。他在本章里所说的"君子之德，风也；小人之德，草也。草尚之风，必偃"，正是孔子在《论语·颜渊》里面说的"君子之德风，小人之德草，草上之风，必偃"的翻版。

由此可见，以身作则、上行下效是孔子、孟子都非常重视的政治领导原则。而本章正是这样一个上行下效的实例。滕国的太子（也就是后来的滕文公）死了父亲，由于他上一次在宋国听了孟子"道性善，言必称尧舜"，给他留下了很深刻很听得进去的印象，所以这一次遇事，他就托自己的老师去向孟子请教如何办丧事。孟子的意见回来以后，太子发出了实施三年丧礼的命令，结果遭到了大家的反对，"虽令不从"。太子于是再次请老师去问计于孟子，这一次孟子讲了上行下效、以身作则的道理，希望太子亲自带头这样做。结果，丧事办得非常成功，大家都很满意，"不令而行"。

从这件事上，我们固然可以看到儒家对于丧礼的观点，但对我们更有启发意义的，还是领导人以身作则的问题，正如我们在《论语·颜渊》的读解中所知的，这是一种"风吹草动"的统治术。风不吹，草怎么会动起来呢？反过来说，要草动，风就得不断地吹啊！

老百姓有饭吃有衣穿心里就有盼头

【原典】

滕文公问为国①。

孟子曰:"民事②不可缓也。《诗》云:'昼尔于茅③,宵尔索绹④,亟其乘屋⑤,其始播百谷⑥。'民之为道也,有恒产者有恒心,无恒产者无恒心。苟无恒心、放辟邪侈,无不为已。及陷乎罪;然后从而刑之,是罔民也。焉有仁人在位罔民而可为也?是故贤君必恭俭礼下⑦,取于民有制。阳虎⑧曰:'为富不仁矣,为仁不富矣。'"

"夏后氏五十而贡⑨,殷人七十而助,周人百亩而彻,其实皆什一也。彻者彻也,助者藉也。龙子曰:'治地莫善于助,莫不善于贡。'贡者,校数岁之中以为常。乐岁粒米狼戾,多取之而不为虐,则寡取之;凶年粪其田而不足,则必取盈焉。为民父母,使民盼盼然,将终岁勤动,不得以养其父母,又称贷而益之,使老稚转乎沟壑,恶在其为民父母也,夫世禄,滕固行之矣。《诗》云:'雨我公田,遂及我私。'惟助为有公田。由此观之,虽周亦助也。"

"设为庠、序、学、校以教之,庠者养也,校者教也。序者射也。夏曰校、殷曰序、周曰庠,学则三代共之,皆所以明人伦也。人伦明于上,小民亲于下。有王者起。必来取法,是为王昔师也。《诗》云'周虽旧邦,其命惟新',文王之谓也。子力行之,亦以新子之国。"

使毕战问井地。

孟子曰:"子之君将行仁政,选择而使子,子必勉之!夫仁政,必自经界始。经界不正,井地不钧,谷禄不平,是故暴君汗吏必慢其经界。经界既正,分田制禄可坐而定也。"

"夫滕壤地褊小,将为君子焉,将为野人焉。无君子莫治野人,无野人莫养君子。肩野九一而助,国中什一使自赋。卿以下必有圭田,圭田五十亩。余夫二十五亩。死徙无出乡,乡田同井,出入相友,守望相助,疾病相扶持,则百姓亲睦。方里而井,井九百亩,其中为公田,八家皆私百亩,同养公田,公事毕,然后敢治私事,所以别野人也。此其大略也,若夫润泽之则在君与子矣。"

【注释】

①问为国：朱熹《集注》云："文公以礼聘孟子，故孟子至滕而文公问之。"②民事：指与民众有关的事务，朱熹则释为"农事"。③昼尔于茅：此处诸句引自《诗·豳风·七月》，这是一首描写农事的诗篇。于：朱熹《集注》云："往取也。"茅：茅草，用来盖屋顶。古代的茅草屋，一般每年必须加盖一层茅草，以防渗漏。④宵尔索绹（táo）：宵：晚上。索绹：绞绳索。⑤亟其乘屋：郑笺云："亟，急；乘，治也。"亦有人释乘为"升"，即爬上屋顶，亦通。⑥百谷：泛指各种粮食作物。⑦恭俭礼下：朱熹《集注》云："恭则能以礼接下，俭则能取民以制。"⑧阳虎：鲁国执政大夫季孙氏的家臣人曾挟持季桓子，操纵国政。鲁定公八年（公元前502年），他因废除三桓势力失败而逃奔他国。⑨五十而贡：贡就是贡纳的意思。至于五十、七十、百亩的差异，体味孟子的意思，应该是反映了不同时代生产力的发展。

【译文】

滕文公询问治理国家，孟子说："与民众有关的事务不能放松。《诗》说：'白天取茅草，晚上把绳绞，房屋赶快修整好，来年庄稼种得早。'民众的一般规律，有固定产业的有恒心，没有固定产业的没有恒心。一旦没有恒心，就会放荡胡来，无所不为。等到陷入罪网，然后跟着惩治他们，这是欺罔民众。哪有仁人当政而去欺罔民众的呢？因此，贤明的君主必定谦恭俭朴，对待臣仆有礼，向民众征税有定规。阳虎说：'致力于发财就不会仁爱，致力于仁爱就不会发财。'

"夏族以五十亩为单位贡，商族以七十亩为单位助，周族以一百亩为单位彻，其实质都是十分取一。彻是抽取的意思，助是借助的意思。龙子说：'管理土地没有比助更好的，没有比贡更不好的。'贡是核定了几年收成的平均数作为常度。丰收之年谷物充溢，多收取些不算暴虐，却少收取；歉收之年给田上了肥料还收不上庄稼，却必定要取满足数。作为民众的父母，却使子民忧怨勤苦，即使终年辛劳也不足以赡养自己的父母，还要靠借贷来凑满租税，致使老人小孩在山沟荒野奄奄一息，哪里还算得上是民众的父母呢？世代承袭俸禄的制度，滕国原本已经实行。《诗》说：'雨水浇灌我们的公田，然后泽及我的私田。'助才会要有公田。由此看来，即使周代也施行助。

"设置庠、序、学、校来教育民众，庠是教养的意思，校是教导的意思，序是训导的意思。夏代称校，商代称序，周代称庠，学是三代都有的，都是用来使人们懂得人与人的伦常关系。在上者懂得了人与人的伦常关系，庶民们就会在下面拥护亲附。若有圣王兴起，必定会来仿效取法，这样就做了圣王的老师了。《诗》所谓的'姬周虽旧国，天命却新受'，是指周文王。你努力实行吧，也使你的国家气象一新。"

滕文公派毕战来询问井田，孟子说："你的国君要施行仁政，经过挑选才派你来。你一定要努力啊！施行仁政，必定要从田地的分界开始。田地的分界不规整，井田块就不均衡，作为俸禄所分的谷物就不公平，因此暴君和贪官污吏必定不会重视他们的田地分界。田地的分界规整了，分配田地、制定俸禄就能毫不费力地做出决定。

"滕国的疆土虽然狭小，一样要有执政的君子，要有耕田的农民。没有执政的君子就无法管理耕田的农民，没有耕田的农民就无法供养执政的君子。希望滕君在郊野施行九分取一的助，在都城中十分取一而让国民自行交纳。国卿以下的官员必定要有用于祭祀的圭田，圭田是五十亩。每户的多余人口给田二十五亩。丧葬、迁居都不出乡里，每个乡里同耕一块井田，出入劳作时相互伴随，抵御寇盗时相互帮助，有病痛意外相互照顾，这样百姓就友爱和睦了。一里见方作为一块井田，一块井田有九百亩，中央的一百亩是公田，八家各以一百亩为私田，共同料理公田。公田上的事情做完了，才可以做私田上的事情，是为了使耕田的农民有所区分。这是井田的大概，至于调整完善就靠国君和你了。"

解 读

有恒产者有恒心

这一章，孟子较详细地论述了他的"仁政"思想。他认为，"有恒产者有恒心，无恒产者无恒心"，要治理国家，首先得要让老百姓都有"恒产"，让他们都过上丰衣足食的好日子，为此，必须要降低税率，藏富于民。为了合理征税，他批评夏代的"贡"法，而比较赞成"助"法——让农民出力气耕作公田，公田所产归官府，这就是纳税了。人民富裕后，要兴办学校，教育人民。这些思想在当时都有一定的进步意义。

孟子讲，"无君子、莫治野人、无野人莫养君子"。从管理学上讲，就是管理者管理劳动者，劳动者养活管理者。过去这几句话常遭批评。其实，孟子只不过客观地概括了那时的社会现实罢了。他的本意还是在于均田低赋。

孟子想恢复井田制，这在战国时代已经很困难了。因此，我们也看到他迂腐的一面。

劳心者治人，劳力者治于人

【原典】

有为神农之言①者许行②，自楚之滕，踵③门而告文公曰："远方之人闻君行仁政，愿受一廛而为氓④。"

文公与之处。

其徒数十人，皆衣褐，捆屦，织席以为食⑤。

陈良之徒陈相与其弟辛⑥，负耒耜而自宋之滕，曰："闻君行圣人之政，是亦圣人也，愿为圣人氓。"

陈相见许行而大悦，尽弃其学而学焉。

陈相见孟子，道许行之言曰："滕君则诚贤君也；虽然，未闻道也。贤者与民并耕而食，饔飧⑦而治。今也滕有仓廪府库，则是厉⑧民而以自养也，恶得贤？"

孟子曰："许子必种粟而后食乎？"

曰："然。"

"许子必织布而后衣乎？"

曰："否，许子衣褐。"

"许子冠乎？"

曰："冠。"

曰："奚冠？"

曰："冠素。"

曰："自织之与？"

曰："否，以粟易之。"

曰："许子奚为不自织？"

曰："害于耕。"

曰："许子以釜甑爨，以铁耕乎⑨？"

曰："然。"

"自为之与？"

曰："否，以粟易之。"

"以粟易械器者，不为厉陶冶；陶冶亦以其诚器易粟者，岂为厉农夫哉？且许子何不为陶冶，舍皆取诸其宫中而用之？何为纷纷然与百工交易？何许子之不惮烦？"

曰："百工之事固不可耕且为也。"

"然则治天下独可耕且为与？有大人之事，有小人之事。且一人之身，而百工之所为备，如必自为而后用之，是率天下而路也。故曰，或劳心，或劳力；劳心者治人，劳力者治于人；治于人者食人，治人者食于人；天下之通义也。"

【注释】

①神农之言：神农氏的学说。神农是上古传说中的人物，常与伏羲氏、燧人氏一道被称为"三皇"。神农氏主要的功绩是教人从事农业生产，所以叫"神农"。春秋战国时期诸子百家多托古圣贤之名而标榜自己的学说。"农家"就假托为"神农之言"。②许行：农家代表人物之一，生平不详。③踵（zhǒng）：至，到。④一廛而为氓：廛：住房。氓：移民。⑤衣褐（yì hè），捆屦（jù），织席以为食：穿粗麻衣，靠编草鞋、织草席谋生。衣：动词，穿。褐：粗麻短衣。屦：草鞋。⑥陈良之徒陈相与其弟辛：陈良：楚国的儒士。陈相、陈辛：都是陈良的学生。⑦饔飧（yōng sūn）：饔：早餐；飧：晚餐。⑧厉：病。⑨釜甑爨（zèng cuàn），以铁耕乎：釜：金属制的锅。甑：用瓦做的茶饭器。爨：烧火做饭。铁：指用铁做的农具。

【译文】

有一个奉行神农氏学说，名叫许行的人从楚国到滕国进见滕文公说："我这个从远方来的人听说您施行仁政，希望得到一所住处，成为您的百姓。"

滕文公给了他住处。

许行的门徒有几十个人，都穿着粗麻衣服，靠打草鞋织席子谋生。

陈良的门徒陈相和他弟弟陈辛背着农具从宋国来到滕国，也进见滕文公说："听说您施行圣人的政治，那么，您也是圣人了，我们都愿意做圣人的百姓。"

陈相见到许行后非常高兴，完全抛弃了自己以前所学的而改学许行的学说。

陈相有一天去拜访孟子，转述许行的话说："滕君的确是个贤明的君主，不过，他还没有掌握真正的治国之道。贤人治国应该和老百姓一道耕种而食，一道亲自做饭。现在滕国却有储藏粮食的仓库，存放财物的仓库，这是损害老百姓来奉养自己，怎么能够叫贤明呢？"

孟子说："许先生一定要自己种庄稼才吃饭吗？"

陈相回答说："对。"

"许先生一定要自己织布然后才穿衣吗？"

陈相回答说："不，许先生只穿粗麻衣服。"

"许先生戴帽子吗？"

陈相回答说："戴。"

孟子问："戴什么帽子呢？"

陈相回答说："戴白帽子。"

孟子问："他自己织的吗？"

陈相回答说："不是，是用粮食换来的。"

孟子问："许先生为什么不自己织呢？"

陈相回答说："因为怕误了农活。"

孟子问："许先生用锅和甑子做饭，用铁器耕种吗？"

陈相回答说："是的。"

孟子问："他自己做的吗？"

陈相回答说："不是，是用粮食换的。"

孟子于是说："农夫用粮食换取锅、甑和农具，不能说是损害了瓦匠铁匠。那么，瓦匠和铁匠用锅、甑和农具换取粮食，难道就能够说是损害了农夫吗？而且，许先生为什么不自己烧窑冶铁做成锅、甑和各种农具，什么东西都放在家里随时取用呢？为什么要一件一件地去和各种工匠交换呢？为什么许先生这样不怕麻烦呢？"

陈相回答说："各种工匠的事情当然不是可以一边耕种一边同时干得了的。"

"那么治理国家就偏偏可以一边耕种一边治理了吗？官吏有官吏的事，百姓有百姓的事。况且，每一个人所需要的生活资料都要靠各种工匠的产品才能齐备，如果都一定要自己亲手做成才能使用，那就是率领天下的人疲于奔命。所以说：有的人脑力劳动，有的人体力劳动；脑力劳动者统治人，体力劳动者被人统治；统治者靠别人养活，被统治者养活别人，这是通行天下的原则。"

解读

孟子的"社会分工"观

这一章文字很长，内容却并不算太复杂。既可以把它看作是孟子对当时流行的农家学说的有力批驳，又可以把它看作是孟子对于社会分工问题的系统论述。

随着人类由原始社会向文明社会过渡，脑力劳动和体力劳动之间，管理者与被管理者之间的分工也不可避免地出现了。而这种分工的出现，必然导致统治者与被统治者，管理者与被管理者之间的矛盾。于是，当时思想家们提出了各自的观点和解决问题的办法。

许行的农家学说就是这些观点中的一种。他把各种社会问题的出现都归咎于社会分工，认为"贤者与民并耕而食"是解决社会矛盾的最佳办法。

孟子又使出了自己一贯擅长的推谬手法对许行的学说展开批驳，一问一答，把许行及其门徒的做法推到了极其荒唐的程度，迫使陈相承认"百工之事固不可耕且为也"。实际上就承认了社会分工的合理性。

"劳心者治人，劳力者治于人。"实际上，体力劳动与脑力劳动的差别，在孟子的时代早已是一个普遍存在的社会现实，他不过是对这种现象加以概括，而在"或劳心，或劳力"的基础上进一步发挥为"劳心者治人，劳力者治于人"的著名"公式"而已。

从总体和全程的角度来看，"劳心者治人，劳力者治于人"就是人类社会发展阶段中的现象概括。如果我们还历史背景以真实，从孟子说这话的具体情况来理解，也就是从社会分工问题的角度来理解，那就没有什么可怪的了。

除旧革新才能进步

【原典】

"当尧之时，天下犹未平，洪水横流泛滥于天下，草木畅茂，禽兽繁殖，五谷不登，禽兽逼人，兽蹄鸟迹之道交于中国。尧独忧之，举舜而敷治焉。舜使益掌火，益烈山泽而焚之，禽兽逃匿。禹疏九河，瀹济漯而注诸海，决汝汉，排淮泗而注之江，然后中国得而食也。当是时也，禹八年于外，三过其门而不入，虽欲耕，得乎？"

"后稷教民稼穑，树艺五谷；五谷熟而民人育。人之内道也，饱食、暖衣、逸居而无教，则近于禽兽。圣人有忧之，使契为司徒，教以人伦——父子有亲，君臣有义，夫妇有别，长幼有叙，朋友有信。放勋曰：'劳之来之，匡之直之，辅之翼之，使自得之，又从而振德之。'圣人之忧民如此，而暇耕乎？"

"尧以不得舜为己忧，舜以不得禹、皋陶为己忧。夫以百亩之不易为己忧者，农夫也。分人以财谓之惠，教人以善谓之忠，为天下得人者谓之仁。是故以天下与人易，为天下得人难。孔子曰：'大哉尧之为君！惟天为大，惟尧则之，荡荡乎民无能名焉！君哉舜也！巍巍乎有天下而不与焉！'尧舜之治天下，岂无所用其心哉？

亦不用于耕耳。"

"吾闻用夏变夷者，未闻变于夷者也。陈良，楚产也，悦周公、仲尼之道，北学于中国。北方之学者，未能或之先也。彼所谓豪杰之士也。子之兄弟事之数十年，师死而遂倍之！昔者孔子没，三年之外，门人治任将归，入揖于子贡，相向而哭，皆失声，然后归。子贡反，筑室于场，独居三年，然后归。他日，子夏、子张、子游以有若似圣人，欲以所事孔子事之，强曾子。曾子曰：'不可；江汉以濯之，秋阳以暴之，皜皜乎不可尚已。'今也南蛮䴂舌之人，非先王之道，子倍子之师而学之，亦异于曾子矣。吾闻出于幽谷迁于乔木者，未闻下乔木而人于幽谷者。《鲁颂》曰：'戎狄是膺，荆舒是惩。'周公方且膺之，子是之学，亦为不善变矣。"

"从许子之道，则市贾不贰，国中无伪，虽使五尺之童运市，莫之或欺。布帛长短同，则贾相若；麻缕丝絮轻重同，则贾相若；五谷多寡同，则贾相若；屦大小同，则贾相若。"

曰："夫物之不齐，物之情也；或相倍蓰，或相什百，或相千万。子比而同之，是乱天下也。巨屦小屦同贾，人岂为之哉？从许子之道，相率而为伪者也，恶能治国家？"

【译文】

孟子说："在尧那个时代，天下还未太平，洪水成灾，四处泛滥；草木无限制生长，禽兽大量繁殖，谷物没有收成，飞禽走兽危害人类，到处都是它们的踪迹。尧为此而非常担忧，选拔舜出来全面治理。舜派伯益掌管火政，伯益使用烈火焚烧山野沼泽的草木，飞禽走兽于是四散而逃。大禹疏通九条河道，治理济水、漯水，引流入海；挖掘汝水、汉水，疏通淮水、泗水，引流进入长江。这样人们才可以进行农业耕种。当时，禹八年在外，三次经过自己的家门前都不进去，即便他想亲自种地，行吗？

"后稷教老百姓耕种收获，栽培五谷，五谷成熟了才能够养育百姓。人之所以为人，吃饱了，穿暖了，住得安逸了，如果没有教养，那就和禽兽差不多。圣人又为此而担忧，派契做司徒，用人与人之间应有的伦常关系和道理来教育百姓——父子之间有骨肉之亲，君臣之间有礼义之道，夫妻之间有内外之别，老少之间有尊卑之序，朋友之间有诚信之德。尧说道：'慰劳他们，安抚他们，开导他们，纠正他们，辅助他们，保护他们，使他们各得其所，再进一步提高他们的品德。'圣人为老百姓考虑得如此详细，难道还有时间来亲自耕种吗？

"尧把得不到舜这样的人作为自己的忧虑，舜把得不到禹和陶这样的人作为自己的忧虑。那些把耕种不好田地作为自己忧虑的，是农夫。把钱财分给别人称为惠，把好的道理教给别人称为忠，为天下发现人才称为仁。所以把天下让给人容

107

易，为天下发现人才却很难。孔子说：'尧做天子真是伟大！只有天最伟大，只有尧能够效法天，他的圣德无边无际，老百姓找不到恰当的词语来赞美他！舜也是了不得的天子！虽然有了这样广阔的天下，自己却并不占有它！'尧和舜治理天下，难道不用心思吗？只不过没用在耕田种地上罢了。

"我只听说过用中原的一切来改变边远落后地区的，没有听说过用边远落后地区的一切来改变中原的。陈良本来是楚国的人，喜爱周公、孔子的学说，由南而北来到中原学习。北方的学者还没有人能够超过他。他可以称得上是豪杰之士了。你们兄弟跟随他学习几十年，他一死，你们就背叛了他！这是不义的。以前孔子死的时候，门徒们都为他守孝三年，三年以后，大家才收拾行李准备回家。临走的时候，都去向子贡行礼告别，相对而哭，泣不成声，然后才离开。子贡又回到孔子的墓地重新筑屋，独自守墓三年，然后才离开。后来，子夏、子张、子游认为有若有点像孔子，便想用尊敬孔子的礼来尊敬他，他们希望曾子也同意。曾子说：'不可以，就像曾经用江汉的水清洗过，又在夏天的太阳下暴晒过，洁白无瑕。我们的老师是没有谁能够相比的。'如今这个怪腔怪调的南方蛮夷，说话诽谤先王的圣贤之道，你们却背叛自己的老师而向他学习，这和曾子的态度恰恰相反。我只听说过从幽暗的山沟飞出来迁往高大的树木的，从没听说过从高大的树木飞下来迁往幽暗的山沟的。《鲁颂》说：'攻击北方的戎狄，惩罚南方的荆舒。'周公尚且要攻击楚国这样的南方蛮夷，你们却去向他学习，这简直是越变越坏了啊。"

陈相说："如果听从许先生的学说，市场价格就会统一，人人没有欺诈，就是打发一个小孩子去市场，也不会被欺骗。布匹丝绸的长短一样，价格也就一样；麻线丝绵的轻重一样，价格也就一样；五谷的多少一样，价格也就一样；鞋子的大小一样，价格也就一样。"

孟子说："各种东西的质量和价格不一样，这是很自然的，有的相差一倍五倍，有的相差十倍百倍，有的甚至相差千倍万倍。你想让它们完全一样，只是搞乱天下罢了。一双粗糙的鞋子与一双精致的鞋子价格完全一样，人们难道会同意吗？听从许先生的学说，是率领大家走向虚伪，怎么能够治理好国家呢？"

解读

文明代替野蛮是大势所趋

最后三段，论证应"用夏变夷"，即用先进的华夏文化改变野蛮人的文化，孟子认为许行等人的小农思想是南方未开化的野蛮人愚昧可笑的想法。

孟子肯定社会分工和商品交易的思想，至今仍有重要意义。

对待父母丧事反映一个人的孝顺程度

【原典】

墨者夷之①因徐辟②而求见孟子，孟子曰："吾固愿见，今吾尚病，病愈我且往见。"夷子不来。他日，又求见孟子，孟子曰："吾今则可以见矣。不直则道不见③，我且直之。吾闻夷子墨者，墨之治丧也以薄为其道④也。夷子思以易⑤天下，岂以为非是而不贵也，然而夷子葬其亲厚⑥，则是以所贱事亲也。"徐子以告夷子，夷子曰："儒者之道，古之人'若保赤子⑦'，此言何谓也？之则以为爱无差等，施由亲始。"徐子以告孟子，孟子曰："夫夷子信以为人之亲其兄之子为若亲其邻之赤子乎？彼有取尔也，赤子匍匐将入井，非赤子之罪也。且天之生物也，使之一本，而夷子二本故也。盖上世尝有不葬其亲者，其亲死则举而委之于壑。他日过之，狐狸食之，蝇蚋姑嘬之。其颡有泚，睨而不视。夫泚也非为人泚，中心达于面目，盖归反藁梩而掩之。掩之诚是也，则孝子仁人之掩其亲亦必有道矣。"

徐子以告夷子，夷子怃然，为间曰："命之矣！"

【注释】

①夷之：生平无考，赵注云："治墨家之道者。"②徐辟：赵注云："孟子弟子也。"③见：同"现"。④墨之治丧也以薄为其道：薄葬是墨家的基本观点之一，《墨子》书中有《节葬》篇专言此事。⑤易：改易。⑥葬其亲厚：赵注以为这是孟子的假设之言，焦循《正义》谓"近时通解以夷子葬其亲厚乃是夷子实事"。⑦若保赤子：语出《书·康诰》，这是周公据成王的命令告诫康叔的话。

【译文】

墨家信徒夷之通过徐辟求见孟子，孟子说："我本来愿意见，但现在还在病中，等病好了我去见他。"夷之就没有来。

过了些日子，夷之又通过徐辟求见孟子，孟子说："我现在可以见他了。话不直截了当地说便讲不清道理，我就直截了当地说吧！我听说夷子是墨家的信徒，墨家办理丧事以俭约作为他们的准则。夷子想用它来改易天下的礼俗，难道以为不这样就不足贵吗？但夷子安葬他的父母亲却很丰厚，那是拿自己看不起的东西来事奉父母亲。"

徐辟把这些话告诉夷之，夷之说："按儒家信徒的说法，古时候对待民众'如同爱护婴儿一般'，这话是什么意思呢？我认为它是指爱没有等级区分，只是从父母亲开始实施罢了。"

徐辟把这些话告诉孟子，孟子说："夷子真的认为人们爱护自己侄儿等同于爱护邻居的婴儿吗？他是有依据的，例如婴儿爬着将要掉到井里去时，这当然不能归罪于婴儿。上天生养万物，让他们各有一个本源，而夷子却要他们有两个本源。上古时代曾经有不安葬自己父母亲的人，他的父母亲死了就扛起来丢在山沟里。过了些日子经过那里，只见狐狸在撕食尸体，蚊蝇在叮咬尸体。那人额头流出汗来，避开眼光不敢正视。这汗不是为他人所流的，而是内心的愧疚表露在面目上，于是就回去拿了锄头土畚把尸体掩埋了。如果掩埋尸体确实是对的，那么，孝子仁人安葬自己的父母亲也必定是符合道理的。"

徐辟把这些话告诉夷之，夷之茫然若失，好一会儿才说："他教育了我！"

解读

"薄葬"之风应大力提倡

儒墨两家，当时均为显学，却多有不同。本章涉及两大问题：在对待他人的态度上，儒家主张以仁爱之心推己及人，即"老吾老，以及人之老；幼吾幼，以及人之幼"。墨家主张兼爱；在父母丧事问题上，儒家多主厚葬，而墨家主张从俭。夷子是墨家之徒，孟子是儒家之徒，二人通过孟门弟子徐子，展开了对学理的讨论。

平心而论，儒家推己及人之说，比墨家兼爱之说更近人情，但儒家的厚葬主张却没有墨家的薄葬主张有说服力。孟子反驳夷子时，先把墨家的薄葬主张加以夸大，与上古的"野葬"相提并论，以此论证自家厚葬为正确，这种做法未必值得称道。

魏武帝曹操的做法就证明了此观点的可行性。

东汉末年曹操一反厚葬的传统，推崇薄葬，这是我国君王丧葬历史上的一个重要的转折点，后来他的儿子曹丕也跟随他简葬。这样从魏晋以后，薄葬的君王逐渐多了起来。

卷六　滕文公(下)

　　本卷主要的内容是：孟子强调士大夫要有"大丈夫"的气概，在立身行世方面要注重节操；要做到"富贵不能淫，贫贱不能移，威武不能屈"；孟子认为，士大夫作为一个学人，学有成就，应该为天下、国家贡献力量。即使是急于做官，也是应该的，是无可非议的。但是，官职的取得必依其道。

　　本卷不少章节都涉及对士的出路问题的论述。孟子指出，君子出仕必须走正道。其手段与途径必须讲原则，反对以利益衡量行为的主张，即"非功利的道德观"；君子必须出世而有为，两方互补就是儒家的"中庸"原则在出世问题上的具体表现。

　　另外，还对士之价值与使命、仁政之意义与推行仁政之决心、举贤授能等问题作了论述。

欲想正人必先正己

【原典】

陈代①曰："不见诸侯，宜若小然；今一见之，大则以王，小则以霸。且《志》曰：'枉尺而直寻②'，宜若可为也。"

孟子曰："昔齐景公田③，招虞人以旌④，不至，将杀之。志士不忘⑤在沟壑，勇士不忘丧其元⑥。孔子奚取焉？取非其招不往也。如不待其招而往，何哉？且夫枉尺而直寻者，以利言也。如以利，则枉寻直尺而利，亦可为与？昔者赵简子⑦使王良⑧与嬖奚⑨乘，终日而不获一禽。嬖奚反命⑩曰：'天下之贱工也。'或以告王良。良曰：'请复之。'强而后可，一朝而获十禽。嬖奚反命曰：'天下之良工也。'简子曰：'我使掌与女乘。'谓王良。良不可，曰：'吾为之范我驰驱，终日不获一；为之诡遇，一朝而获十。诗云："不失其驰，舍矢如破。"我不贯小人乘，请辞。'御者且羞与射者比；比而得禽兽，虽若丘陵，弗为也。如枉道而从彼，何也？且子过矣：枉己者，未有能直人者也。"

【注释】

①陈代：孟子的学生。②枉尺而直寻：枉：屈。寻：八尺为一寻。③田：打猎。④招虞人以旌：虞人，狩猎场的小官。古代君王有所召唤，一定要有相应的标志，旌旗是召唤大夫的，弓是召唤士的，若是召唤虞人，只能用皮冠。所以这个虞人不理睬齐景公用旌旗的召唤。⑤不忘：不忘本来是常常想到的意思，虽然常常想到自己"在沟壑"和"丧其元"的结局，但并不因此而贪生怕死。所以，这里的"不忘"也可以直接理解为"不怕"。⑥元：首，脑袋。⑦赵简子：名鞅，晋国大夫。⑧王良：春秋末年著名的善于驾车的人。⑨嬖奚：一个名叫奚的受宠的小臣。⑩反命：复命。反：同"返"。

【译文】

陈代说："不去拜见诸侯，似乎只是拘泥于小节吧。如今一去拜见诸侯，大则可以实施仁政，使天下归服；小则可以称霸诸侯。况且《志》书上说：'弯曲着一尺长，伸展开来八尺长。'似乎是可以这样以屈求伸的吧。"

孟子说："从前齐景公打猎，用旌旗召唤猎场的管理员，那管理员因为他召唤的方式不对而不予理睬。齐景公想杀了他，他却一点也不怕。因而受到孔子的称赞。所以，有志之士不怕弃尸山沟，勇敢的人不怕丢掉脑袋。孔子认为猎场管理员哪一点可取呢？就是取他因召唤不当就不去的精神。如果我不等到诸侯的召唤就自己上门去，是为了什么呢？况且，所谓'弯曲着一尺长，伸展开来八尺长'的说法，是从利益的角度来考虑问题的。如果从利益的角度来考虑问题，就是'弯曲着八尺长，伸展开一尺'，那也是有利益的啊，难道也可以干吗？

"从前赵简子命令王良为他所宠爱的名叫奚的小臣驾车去打猎，整整一天没有打着一只猎物。奚回去后向赵简子报告说：'王良真是天下最不会驾车的人了！'有人把这话告诉了王良。王良便对奚说：'请让我再为您驾一次车。'奚勉强同意了，结果一个清晨就打了十只猎物。奚回去后又向赵简子报告说：'王良真是天下最会驾车的人啊！'赵简子说：'我让他专门为你驾车吧。'当赵简子征求王良的意见时，王良却不干。他说：'我按规范为他驾车，他一整天都打不到一只猎物；我不按规范为他驾车，他却一个清晨就打了十只猎物。《诗经》说："按照规范驾车去，箭一放出就中的。"我不习惯为他这样的小人驾车，请您让我辞去这个差事。'驾车的人尚且羞于与不好的射手合作，即便合作可以打到堆积如山的猎物也不干。如果我现在却扭曲自己去追随那些诸侯，那又是为了什么呢？况且，你的看法是错误的：扭曲自己，是不可能让别人正直的。"

解读

立身处世不能以屈求伸

陈代为孟子所出的是一个以屈求伸的主意。"枉尺而直寻"，先弯曲自己，哪怕显得只有一尺长，有朝一日实现抱负，伸展开来，就可以有八尺长了。

陈代所说的，其实正是苏秦、张仪等纵横家的做法。先顺着诸侯们的胃口来，然后再慢慢实施自己的思想主张。说穿了，有一点机会主义的味道。所以，孟子坚决不同意,而以"志士不忘在沟壑,勇士不忘丧其元"的方正刚直作为行为主张。

同时以齐景公时的猎场管理员和赵简子时的优秀驾车员王良为范例,说明了君子在立身处世上不能苟且,不能搞机会主义的道理。

从这里我们可以看到,虽然孔、孟都很倡导通权达变的思想,但在立身处世的出处方面,却是非常认真而不可苟且的。因为,对他们来说这是一个原则问题。

或许正是因为坚持这个原则而影响了他们的学说为当世所用,使他们在世的时候没有能够"大行其道"。但从另一方面来说,也许正因为坚持了这个原则,才使他们的学说在身后流传下去,历千年而不衰,使他们本身也成为圣人、亚圣人。

节义之人不会为功名利禄所动

【原典】

景春①曰:"公孙衍②、张仪③岂不诚大丈夫哉?一怒而诸侯惧,安居而天下熄④。"

孟子曰:"是焉得为大丈夫乎?子未学礼乎?丈夫之冠也,父命之⑤;女子之嫁也,母命之,往送之门,戒之曰:'往之女家,必敬必戒,无违夫子!'以顺为正者,妾妇之道也。居天下之广居,立天下之正位,行天下之大道⑥;得志,与民由之;不得志,独行其道。富贵不能淫,贫贱不能移,威武不能屈,此之谓大丈夫。"

【注释】

①景春:人名,纵横家的信徒。②公孙衍:人名,即魏国人犀首,著名的说客。③张仪:魏国人,与苏秦同为纵横家的主要代表。致力于"连横"去服从秦国,与苏秦"合纵"相对。④熄:指战火熄灭,天下太平。⑤丈夫之冠也,父命之:古代男子到二十岁称为成年,行加冠礼,父亲开导他。⑥居天下之广居,立天下之正位,行天下之大道:广居、正位、大道:朱熹注释为:广居,仁也;正位,礼也;大道,义也。

【译文】

景春说:"公孙衍和张仪难道不是真正的大丈夫吗?发起怒来,诸侯们都会害怕;安静下来,天下就会平安无事。"

孟子说:"这个怎么能够叫大丈夫呢?你没有学过礼吗?男子举行加冠礼的时

候,父亲给予训导;女子出嫁的时候,母亲给予训导,送她到门口,告诫她说:'到了你丈夫家里,一定要恭敬,一定要谨慎,不要违背你的丈夫!'以顺从为原则的,是妾妇之道。至于大丈夫,则应该住在天下最宽广的住宅里,站在天下最正确的位置上,走着天下最光明的大道。得志的时候,便与老百姓一同前进;不得志的时候,便独自坚持自己的原则。富贵不能使其骄奢淫逸,贫贱不能使其改移节操,威武不能使其屈服意志。这样才叫大丈夫!"

解读

妾妇之道与大丈夫之道

景春认为公孙衍、张仪能够左右诸侯,挑起国与国之间的战争,"一怒而诸侯惧,安居而天下熄",是了不得的男子汉大丈夫。

孟子则认为公孙衍、张仪之流靠摇唇鼓舌、曲意顺从诸侯的意思往上爬,没有仁义道德的原则,因此,不过是小人、女人,奉行的是"妾妇之道",哪里谈得上是大丈夫呢?

孟子的说法含蓄而幽默,只是通过言"礼"来说明女子嫁时母亲的嘱咐,由此得出"以顺为正者,妾妇之道也"。这里值得我们注意的是,古人认为,妻道如臣道。臣对于君,当然也应该顺从,但顺从的原则是以正义为标准,如果君行不义,臣就应该劝谏。妻子对丈夫也是这样,妻子固然应当顺从丈夫,但是,夫君有过,妻也当劝说补正。简言之,应该是"和而不同"。只有太监小老婆婢女之流,才是不问是非,以一味顺从为原则,实际上,也就是没有了任何原则。

可见,"妾妇之道"还不能一般性地理解为妇人之道,而实实在在就是"小老婆之道"。

孟子的挖苦是深刻而尖锐的,对公孙衍、张仪之流可以说是深恶痛绝了。

遗憾的是,虽然孟子对这种"以顺为正"的妾妇之道已如此痛恨,但两千多年来,这样的"妾妇"却一直生生不已,层出不穷。时至今日,一夫一妻已受法律保护,"妾妇"难存,但"妾妇说"却未必不存,甚或还在大行其道呢。怎么办呢?

孟子的办法是针锋相对地提出真正的大丈夫之道。这就是他那流传千古的名言:"富贵不能淫,贫贱不能移,威武不能屈。"

孟子关于"大丈夫"的这段名言,句句闪耀着思想和人格力量的光辉,在历史上曾鼓励了不少志士仁人,成为他们不畏强暴并坚持正义的座右铭。

卷六 滕文公(下)

115

父母之命、媒妁之言

【原典】

周霄①问曰:"古之君子仕乎?"

孟子曰:"仕。传曰:'孔子三月无君,则皇皇如也;出疆必载质。'公明仪②曰:'古之人三月无君,则吊。'"

"三月无君则吊,不以急乎?"

曰:"士之失位也,犹诸侯之失国家也。《礼》曰:'诸侯耕助③,以供粢盛;夫人④蚕缫,以为衣服。牺牲不成,粢盛不洁,衣服不备,不敢以祭。惟士无田,则亦不祭。'牲杀、器皿、衣服不备,不敢以祭,则不敢以宴,亦不足吊乎?""出疆必载质,何也?"

曰:"士之仕也,犹农夫之耕也;农夫岂为出疆舍其耒耜哉?"曰:"晋国亦仕国也,未尝闻仕如此其急。仕如此其急也,君子之难仕,何也?"

曰:"丈夫生而愿为之有室,女子生而愿为之有家;父母之心,人皆有之。不待父母之命、媒妁之言,钻穴隙相窥,逾墙相从,则父母国人皆贱之。古之人未尝不欲仕也,又恶不由其道。不由其道而往者,与钻穴隙之类也。"

【注释】

①周霄:战国时魏国人。②公明仪:鲁国贤人。③耕助:即耕藉。藉:藉田,帝王亲耕之田。古代每到开春,都有耕藉之礼,以示重视农业。其礼先由天子亲耕,然后三公九卿诸侯大夫等依次躬耕。④夫人:诸侯的妻子。

【译文】

周霄问道:"古代的君子做官吗?"

孟子说:"做官。古代的记载说:'孔子三个月没有被君主任用,就惶惶不安;离开这个国家时,必定要带上谒见另一个国家君主的见面礼。'公明仪说过:'古代的人如果三个月不被君主任用,那就要去安慰他。'"

周霄说:"三个月不被君主任用,就要去安慰,不是求官太心切了吗?"

孟子说:"士失掉了官位,就像诸侯失掉了国家。《礼》上说:'诸侯亲自耕种,用来供给祭品;夫人养蚕缫丝,用来供给祭服。用作祭祀的牛羊不肥壮,谷米不洁净,礼服不齐备,就不敢用来祭祀。士失掉了官位就没有田地俸禄,也就不能祭祀。'祭祀用的牲畜、祭器、祭服都不齐备，不敢用来祭祀，也就不敢宴请，还不该去安慰他吗？"周霄问道："离开一国时，定要带上谒见别的国君的礼物，为什么呢？"孟子说："士做官，就像农夫种田；农夫难道会因为离开一个国家就丢弃他的农具吗？"周霄说："我们魏国也是个有官可做的国家，却不曾听说想做官这样急迫的。想做官是这样急迫，君子却又不轻易去做官，为什么呢？"

孟子说："男孩一出生，就愿给他找妻室，女孩一出生，就愿给她找婆家；父母的这种心情，人人都是有的。但是，如果不等父母的同意、媒人的说合，就钻洞扒缝互相偷看，翻过墙头跟人媾和，那么父母和社会上的人都会认为这种人下贱。古代的君子不是不想做官，只是厌恶不从正道求官。不从正道求官，是同钻洞扒缝之类行径一样的。"

解 读

不走"钻穴之道"

孟子以男女苟合偷情为喻，谴责那些不由其道、不择手段去争取做事的人，实际上还是在谴责靠游说君王起家的纵横术士们。

根据孟子的观点，想做官，实现自己的政治抱负和理想是非常正当的。但另一方面，"又恶不由其道"。说穿了，还是立身处世的"出处"问题。其基本观点与"枉己者，未有能直人者"一章是相同的，就是不能靠不正当手段去争取做官，不能扭曲自己的人格。还是光明磊落走正道，不要"钻穴隙之类"的好。

孟子关于男女偷情的比喻是非常生动而深刻的。不过，时代发展到今天，恋爱婚姻一律自由，"父母之命、媒妁之言"早已弱化了。

得之有道是天经地义的事情

【原典】

彭更①问曰："后车数十乘，从者数百人，以传食②于诸侯，不以泰③乎？"

孟子曰："非其道，则一箪食不可受于人；如其道，则舜受尧之天下，不以为泰——子以为泰乎？"

曰："否。士无事而食，不可也。"

曰："子不通功易事④，以羡⑤补不足，则农有余粟，女有余布。子如通之，则梓匠轮舆⑥皆得食于子。于此有人焉，入则孝，出则悌，守先王之道，以待⑦后之学者，而不得食于子。子何尊梓匠轮舆而轻为仁义者哉？"曰："梓匠轮舆，其志将以求食也；君子之为道也，其志亦将以求食与？"

曰："子何以其志为哉？其有功于子，可食而食之矣。且子食志乎？食功乎？"

曰："食志。"

曰："有人于此，毁瓦画墁⑧，其志将以求食也，则子食之乎？"

曰："否"

曰："然则子非食志也，食功也。"

【注释】

①彭更：人名，孟子的学生。②传食：指住在诸侯的驿舍里接受饮食。传：驿舍，相当于今天的宾馆。③泰：同"太"，过分。④通功易事：交流成果，交换物资。⑤羡：余，多余。⑥梓匠轮舆：梓人、匠人指木工；轮人、舆人指制造车轮和车厢的工人。⑦待：同"持"，扶持。⑧墁（màn）：本义为粉刷墙壁的工具，这里指新粉刷过的墙壁。

【译文】

彭更问道："跟在身后的车几十辆，跟随的人几百个，从这个诸侯国吃到那个诸侯国，不是太过分了吗？"

孟子说："如果不正当，就是一篮子饭也不能够接受；如果正当，就是像舜那样接受了尧的天下也不过分——你认为说得过分吗？"

彭更说："不，我不是这个意思。我是觉得，读书人不劳动而白吃饭，是不对的。"

孟子说："你如果不互通有无，交换各行各业的产品，用多余的来补充不足的，就会使农民有多余的粮食没人吃，妇女有多余的布没人穿。如果互通有无，那么，木匠车工都可以从你那里得到吃的。比如说这里有一个人，在家孝顺父母，出门尊敬长辈，奉行先王的圣贤学说，来培养后代的学者，却不能从你那里得到吃的。你怎么可以尊重木匠车工却轻视奉行仁义道德的人呢？"

彭更说："木匠车工，他们干活的动机就是为了求饭吃。读书人研究学问，其动机也是为了求饭吃吗？"

孟子说："你为什么以他们的动机来看问题呢？只要他们对你有帮助，应该给他们吃的，那就给他们吃的罢了。况且，你是论动机给他们吃的呢，还是论功绩给他们吃的？"

彭更说："论动机。"

孟子说:"比如这里有一个人,把屋瓦打碎,在新刷好的墙壁上乱画,但他这样做的动机是为了弄到吃的,你给他吃的吗?"

彭更说:"不。"

孟子说:"那么,你不是论动机,而是论功绩的。"

解读

谋生有道论

这里实际上牵涉两个方面的问题。

一个还是当受不当受的问题。用我们的话来说,只要是正当的,再多也可以接受;如果不正当,再少也不应该接受。这就涉及我们今天一些经济案件的问题了。比如说某项技术发明或新产品开发之类的成果收入问题,新闻媒介时有披露,其症结点就在于当事人的巨额收入是"如其道"还是"非其道"。如果是"如其道",那再多也不应该有问题(当然要按有关规定上税等),如果是"非其道",那就是另外一回事了。这里的界限是很清楚的。

问题倒是在于,谁来认定是"如其道"还是"非其道"呢?混乱也正是出在这里,往往是不同的人有不同的认识。说到底,还是我们今天常说的"君子爱财,取之有道"。"有道"就是"如其道","无道"就是"非其道"。

本章牵涉的另一个方面是动机与效果的关系问题。

在我们今天看来,他们师生之间所谈论的这个问题并不复杂。学生彭更是从动机来看问题、解决问题。孟子则是从实际功绩,也就是效果方面来看问题、解决问题。有点近似于不听大话、空话,只看工作成绩。

现实生活中,不可能事事都能做到二者的统一。在这种情况下,恐怕还是应该主要看实绩,也就是"食功"而"非食志"。

四海归心则战无不胜

【原典】

万章①问曰:"宋,小国也,今将行王政,齐、楚恶而伐之②,则如之何?"

孟子曰:"汤居亳③,与葛为邻。葛伯放而不祀。汤使人问之曰:'何为不祀?'

曰：'无以供牺牲也。'汤使遗之牛羊。葛伯食之，又不以祀。汤又使人问之曰：'何为不祀？'曰：'无以供粢盛也。'汤使亳众往为之耕，老弱馈食。葛伯率其民，要其有酒食黍稻者夺之，不授者杀之。有童子以黍肉饷，杀而夺之。《书》曰：'葛伯仇饷。'此之谓也。为其杀是童子而征之，四海之内皆曰：'非富天下也，为匹夫匹妇复雠也。''汤始征，自葛载。'十一征而无敌于天下。东面而征，西夷怨；南面而征，北狄怨，曰：'奚为后我？'民之望之，若大旱之望雨也。归市者弗止，芸者不变，诛其君，吊其民，如时雨降，民大悦。《书》曰：'徯我后，后来其无罚。''有攸不惟臣，东征，绥厥士女。匪厥玄黄，绍我周王见休，惟臣附于大邑周。'其君子实玄黄于匪以迎其君子，其小人箪食壶浆以迎其小人。救民于水火之中，取其残而已矣。《太誓》曰：'我武惟扬，侵于④之疆，则取于残，杀伐用张，于汤有光。'不行王政云尔，苟行王政，四海之内皆举首而望之，欲以为君；齐、楚虽大，何畏焉？"

【注释】

①万章：孟子弟子。②齐、楚恶而伐之：指宋王偃早期想实行仁政以图强兴国的事，后宋发生内乱，诸大国觊觎，宋为齐所灭。③亳（bó）：邑名，在今河南商丘县境内。④于：陈梦家《尚书通论》认为"于即是邘"，古国名。下"取于残"之"于"同。

【译文】

万章问道："宋国是个小国，现在打算施行仁政，如果齐楚两国憎恨它，出兵攻打，那该怎么办？"

孟子说："从前汤居住在亳地，同葛国是邻国。葛伯放纵无道，不祭祀先祖。汤派人问他：'为什么不祭祀？'葛伯说：'没有供祭祀用的牲畜。'汤就派人送给他牛羊。葛伯把牛羊吃了，并不用来祭祀。汤又派人问他：'为什么不祭祀？'葛伯说：'没有供祭祀用的谷物。'汤就叫亳地的群众去替他耕种，年老体弱的送饭。葛伯带领自己的人拦截带有酒肉饭菜的人进行抢夺，不肯给的就杀掉。有个孩子拿着饭和肉去送给耕种的人，葛伯杀了孩子，抢走了饭和肉。《尚书》上说：'葛伯仇视送饭的人。'就是说的这件事。因为葛伯杀了这个孩子，汤才去征讨他，普天下的人都说：'不是要把天下变为自己的财富，是为了给平民百姓报仇。''汤王征讨，从葛国开始。'征讨十一次，天下无敌。向东征讨，西面的民族就埋怨；向南征讨，北面的民族就埋怨。他们埋怨说：'为什么把我们这里放在后面？'人民盼望他来，就像大旱之年盼望下雨一样。汤所到之处，赶集的人络绎不绝，种田的人照常干活，杀掉那里的暴君，安抚那里的人民，就像及时雨从天而降，人民万分喜悦。《尚书》上又说：'等待我们君王，君王来了我们不再受折磨。'又说：'攸国不称臣，周武王向东征讨它，安抚那里的人们。人们用竹筐装着黑色、黄色的绢帛迎接周王，愿意侍奉周王而受他恩泽，称臣归附大周国。'那里的官吏用筐装满黑色、黄色的绢帛迎接周王的官吏，那里的百姓抬着饭筐提着酒壶迎接周王的百姓。就因为周王把那里的人民从水深火热中拯救出来，除掉他们的暴君罢了。《太誓》上说：'我军威武要发扬，攻到于国疆土上，诛除暴君去凶残，杀伐之功震四方，伟绩辉煌胜成汤。'不行仁政便罢了，如果行仁政，普天下的人都将仰起头来盼望他，要拥护他做自己的君主；齐、楚两国尽管强大，有什么可怕的呢？"

解读

施仁政不分大国小国

万章问老师，宋为小国，若行仁政，齐楚将伐，怎么办？

孟子说，如果行仁政，"四海之内皆举首而望之，欲以为君，齐楚虽大，何畏焉？"他举了几个例子，证明"仁者无敌"，一是商汤征讨葛国等诸侯的例子，二是周王征讨攸国、于国等诸侯的例子，从而说明，诸侯如果实行仁政，则不仅会得到本国人民的拥护，也会得到暴君所在国人民的拥护。因此，君子要么不战，战则必胜。

《孟子》中反复讲过"仁者无敌"，一般包含如下意思：仁者行仁政，则国富民强，人民用命，四海归心；暴君行暴政，则民贫国弱，君臣离心。仁者若征战，暴君之民，必如禾苗盼春雨，所以仁者无敌于天下。可见他的"仁者无敌"思想有其进步意义和合理成分，但也有过于天真的成分。

近朱者赤近墨者黑

【原典】

孟子谓戴不胜①曰："子欲子之王之②善与？我明告子。有楚大夫于此，欲其子之齐语也，则使齐人傅诸？使楚人傅诸？"

曰："使齐人傅之。"

曰："一齐人傅之，众楚人咻③之，虽日挞而求其齐也，不可得矣；引而置之庄岳④之间数年，虽日挞而求其楚，亦不可得矣。子谓薛居州，善士也，使之居于王所。在于王所者，长幼卑尊皆薛居州也，王谁与为不善？在王所者，长幼卑尊皆

121

非薛居州也，王谁与为善？一薛居州，独如宋王何？"

【注释】

①戴不胜：人名，宋国大臣。②之：动词，向，往，到。③咻（xiū）：喧哗干扰。④庄岳：庄街、岳里，均在齐都临淄。

【译文】

孟子对戴不胜说："你希望你的君王向善吗？我明白告诉你吧。比如说有一位楚国的大夫，希望他的儿子学会说齐国话，是找齐国的人来教他好呢？还是找楚国的人来教他好？"戴不胜说："找齐国人来教他好。"

孟子说："如果一个齐国人来教他，却有许多楚国人在他周围用楚国话来干扰他，即使你每天鞭打他，要求他说齐国话，那也是不可能的。反之，如果把他带到齐国去，住在齐国的某个街市比方说名叫庄街、岳里的地方，在那里生活几年，那么，即使你每天鞭打他，要求他说楚国话，那也是不可能的了。你说薛居州是个好人，要他住在王宫中。如果在王宫中的人，无论年龄大小还是地位高低都是像薛居州那样的好人，那君王和谁去做坏事呢？相反，如果在王宫中的人，无论年龄大小还是地位高低都不是像薛居州那样的好人，那君王又和谁去做好事呢？单单一个薛居州能把宋王怎么样呢？"

解读

环境对一个人成长的重要性

孟子的本意还是在政治方面，用"近朱者赤，近墨者黑"的道理说明周围环境对人的影响的重要性，从而说明当政治国的国君应注意对自己身边所用亲信的考查和选择。因为，如果国君周围都是好人，那么国君也就会和大家一起向善做好事。相反，如果国君周围多是坏人，那么国君也就很难做好人了。这里的道理并不深奥。"昔孟母，择邻处"，"孟母三迁"不也就是为了找一个周围环境好一点的地方以利于孩子的教育与成长吗？孟子是从小就受到这方面的熏陶，早有切身体会的了，所以说得非常在理而又举例生动形象。

我们感兴趣的不仅仅在他的政治意图上，而且还在他所举的例子上。这实际上是一个学习他国语言的问题了。不管孟子所举的例子是真实的还是假设的，生活中有这样的现象却是可以肯定的，我们这里研究而加以肯定的是他所强调的语言环境问题。诚如孟子在本章中所论，语言口耳之学，语言环境至关重要。这是凡有过学习外语经历的人都深有体会的。孟子的分析具体而生动，读来很有亲切感。

君子会坚守自己的节操

【原典】

公孙丑问曰:"不见诸侯何义?"

孟子曰:"古者不为臣不见。段干木①逾垣而辟②之,泄柳闭门而不纳③,是皆已甚;迫,斯可以见矣。阳货欲见孔子④而恶无礼,大夫有赐于士,不得受于其家,则往拜其门。阳货瞰⑤孔子之亡也,而馈孔子蒸豚;孔子亦瞰其亡也,而往拜之。当是时,阳货先,岂得不见?曾子曰:'胁肩谄笑,病于夏畦⑥。'子路曰:'未同而言,观其色赧赧然,非由之所知也。'由是观之,则君子之所养,可知已矣。"

【注释】

①段干木:姓段干,名木,晋国人,清高而不屑为官。魏文侯去拜访他,他却翻墙逃走不见。②辟:同"避"。③泄柳闭门而不纳:泄柳:人名,鲁穆公时人。纳:同"纳"。④阳货欲见孔子:事见《论语·阳货》。见:在这里作使动用法,是阳货想让孔子来拜见他的意思。⑤瞰:窥视。⑥胁肩谄笑,病于夏畦:胁肩:耸起肩头,故作恭敬的样子。胁肩谄笑形容逢迎谄媚的丑态。畦:本指菜地间划分的行列,这里作动词用,指在菜地里劳动。

【译文】

公孙丑问道:"不主动去拜见诸侯是什么道理?"

孟子说:"在古代,一个人如果不是诸侯的臣属便不去拜见。段干木跳墙躲避魏文侯,泄柳闭门不接待鲁穆公,这些都做得过分了。迫不得已时,见还是应该见的。从前阳货想要孔子去拜见他,又厌恶别人说他不懂礼仪。大夫如果对士人有所赏赐,士人没有在家亲自接受的话,就得上大夫家去拜谢。于是,阳货便趁孔子不在家的时候,给孔子送去一只蒸乳猪。孔子也打听到阳货不在家时,前去拜谢。当时,要是阳货真心诚意地先去看孔子,孔子难道不去拜见他吗?曾子说:'耸起两个肩头,做出一副讨好人的笑脸,这真比顶着夏天的毒日头在菜地里干活还要令人难受啊!'子路说:'分明不愿意和那人谈话,却要勉强去谈,脸上还做出羞惭的样子,这种人不是我所能够理解的。'从这里看来,君子是怎样修养自己的,就可以知道了。"

解读

不做胁肩谄笑之徒

本章中子路所不理解的那种"未同而言，观其色赧赧然"都是类似的行径。实质上就是"胁肩谄笑"，就是"巧言令色"，说穿了，就是两个字——虚伪！

说到虚伪，那可真就是一个说不清道不明的话题了。一方面，它是"老鼠过街，人人喊打"。世上几乎找不到什么人不深恶痛绝，把它作为人类的恶行败德而加以口诛笔伐。也就是说，似乎是一个无须讨论的问题了。但另一方面，我们又分明感觉到自己随时随地都生活在虚伪的包围之中。所以，这似乎又是一个很有必要深入研究的问题。正是这两个方面的二律背反使"虚伪"突现在我们的生活之中，不仅令我们这些凡夫俗子，而且令圣贤们也困惑不已，所以反复论述。

至于孟子在这里为什么又说到这个话题，则是从"谄媚"引起的。因为学生公孙丑提到为什么不主动去拜见诸侯的问题，孟子在回答时说到两个方面的表现。一方面是像段干木、泄柳那样，过于清高，过于孤芳自赏，似乎也没有必要。因为儒者凡事反对走极端，而主张中正平和、恰如其分。另一方面就说到谄媚的问题了。虽然他这里没有明说，但我们可以揣测到，他所指的"胁肩谄笑"之徒，正是那些逢迎、巴结各国诸侯的纵横术士们。而这些人，因为是他反复鞭挞的对象，这里也就没有明说了。

从谄媚到虚伪，或者换句话说，谄媚本身也就是虚伪。有人说："虚伪及欺诈产生各种罪恶。"有人说得更为干脆："虚伪乃罪恶之源！"

问题还在于，认识到这些以后，我们又拿什么来与之较量，怎样来清除这"罪恶之源"呢？

这恐怕就不是能够"毕其功于一役"，甚而至于"毕其功于一代"的事了吧。

发现错误应及时彻底改正

【原典】

戴盈之①曰："什一，去关市之征，今兹②未能，请轻之，以待来年，然后已，何如？"

孟子曰："今有人日攘③其邻之鸡者，或告之曰：'是非君子之道！'曰：'请损之，月攘一鸡，以待来年，然后已。'如知其非义，斯速已矣，何待来年？"

【注释】
①戴盈之：人名，宋国大夫。②兹：年。③攘：偷。

【译文】
戴盈之说："税率十分抽一，免除关卡和市场的征税，今年内还办不到，请让我们先减轻一些，等到明年再彻底实行，怎么样？"

孟子说："现在有一个人每天偷邻居家的一只鸡，有人告诫他说：'这不是正派人的行为！'他便说：'请让我先减少一些，每月偷一只，等到明年再彻底洗手不干。'如果知道这种行为不合于道义，就应该赶快停止，为什么要等到明年呢？"

解读

荒唐的偷鸡逻辑

本章中，孟子所指出的这条偷鸡贼的逻辑就是改错分步，明明认识到不对，但就是不愿意彻底改正，而以数量减少来遮掩性质不改的问题。

这则偷鸡贼的寓言生动幽默，看似荒唐可笑，实际上是人心写照。在我们的生活中，无论是戒烟、戒赌、戒毒，还是"反腐倡廉"中披露出来的一些案子，其当事人不是多少都有一点这个偷鸡贼的心态和逻辑吗？

改恶从善，痛改前非。好一个"痛"字了得！

主张正义，为真理而辩

【原典】

公都子①曰："外人皆称夫子好辩，敢问何也？"

孟子曰："予岂好辩哉？予不得已也！天下之生久矣，一治一乱。当尧之时，水逆行，泛滥于中国，蛇龙居之，民无所定；下者为巢，上者为营窟。《书》曰：

卷六 滕文公（下）

125

'洚水警余。'洚水者，洪水也。使禹治之。禹掘地而注之海；驱蛇龙而放之菹；水由地中行，江、淮、河、汉是也。险阻既远，鸟兽之害人者消，然后人得平土而居之。"

"尧舜既没，圣人之道衰，暴君代作。坏宫室以为污池，民无所安息；弃田以为园囿，使民不得衣食。邪说暴行又作，园囿、污池、沛泽多而禽兽至。及纣之身，天下又大乱。周公相武王诛纣，伐奄②三年讨其君，驱飞廉③于海隅而戮之。灭国者五十。驱虎、豹、犀、象而远之，天下大悦。《书》曰：'丕显哉，文王谟！丕承者，武王烈！佑启我后人，咸以正无缺。'"

"世衰道微，邪说暴行有作，臣弑其君者有之，子弑其父者有之。孔子惧，作《春秋》④。《春秋》，天子之事也。是故孔子曰：'知我者其惟《春秋》乎！罪我者其惟《春秋》乎！'"

"圣王不作，诸侯放恣，处士横议，杨朱⑤、墨翟之言盈天下。天下之言不归杨，则归墨。杨氏为我，是无君也；墨氏兼爱，是无父也。无父无君，是禽兽也。公明仪曰：'庖有肥肉，厩有肥马，民有饥色，野有饿莩，此率兽而食人也！'杨墨之道不息，孔子之道不著，是邪说诬民，充塞仁义也。仁义充塞，则率兽食人，人将相食。吾为此惧，闲先圣之道，距杨墨，放淫辞，邪说者不得作。作于其心，害于其事；作于其事，害于其政。圣人复起，不易吾言矣。"

"昔者禹抑洪水而天下平，周公兼夷狄，驱猛兽而百姓宁，孔子成《春秋》而乱臣贼子惧。《诗》云：'戎狄是膺，荆舒是惩，则莫我敢承。'无父无君，是周公所膺也。我亦欲正人心，息邪说，距诐行，放淫辞，以承三圣者，岂好辩哉？予不得已也。能言距杨墨者，圣人之徒也。"

【注释】

①公都子：孟子弟子。②奄：国名，原附属商，其地在今山东省曲阜附近。周公伐奄是周成王时的事。③飞廉：商纣王的宠臣。此处所记驱杀飞廉事，与《史记·秦本纪》所记不同。④《春秋》：春秋时期鲁国史官按年记载历史的书，孔子晚年曾对它进行删定。⑤杨朱：战国初期思想家，魏国人，字子居，又称杨子、阳子或阳生。他主张"为我"、"全性葆真"，不拔一毛以利天下，与墨翟的"兼爱"主张相反。

【译文】

公都子说："外面的人都说老师您喜欢辩论，请问，这是为什么呢？"

孟子说："我难道是喜欢辩论吗？我是不得已而辩论啊！天下有人类很久了，

总是一时安定，一时动乱。在尧的时候，水势倒流，在中国泛滥，蛇龙到处盘踞，人们无处居住；地势低的地方，就在树上搭窝栖身，地势高的地方，就打相连的洞穴。《尚书》上说：'洚水警诫我们。'洚水，就是洪水。舜派禹治水。禹开挖河道，让洪水流注进大海；驱逐蛇龙，把它们赶进荒草丛生的沼泽；水都顺着地中间的河道流泄，这就是长江、淮河、黄河和汉水。险阻排除了，危害人类的鸟兽消灭了，然后人们才能够在平地上居住。

"尧舜去世后，圣人之道衰微了，暴君相继出现。毁坏民房开挖成深池，使人民无处安身；废弃农田改作园林，使人民断了衣食来源。荒谬的学说、暴虐的行为纷纷出现，园林、深池、沼泽多了，禽兽又聚集来了。到了商纣时，天下又大乱了。周公辅佐武王杀掉纣王，讨伐奄国，三年后除掉了奄君，把飞廉驱逐到海边杀掉。消灭的国家达五十个。把老虎、豹子、犀牛、大象驱赶到很远的地方，普天之下人心大快。《尚书》上说：'多么辉煌啊，文王的谋略！后继有人啊，武王的功业！扶助、启迪我们后人，都正确完美没有欠缺。'

"太平盛世和圣人之道又一次衰微了，荒谬的学说、暴虐的行为又纷纷出现了，有臣子杀君主的，有儿子杀父亲的。孔子感到忧惧，编写了《春秋》。纠正君臣父子的名分，褒贬诸侯大夫的善恶，这是天子的职权。所以孔子说：'了解我的，恐怕就在于这部《春秋》吧！怪罪我的，恐怕也就在于这部《春秋》吧！'

"如今圣王不出现，诸侯放纵恣肆，隐居不仕的人横发议论，杨朱、墨翟的言论充塞天下。天下的言论，不是归向杨朱一派，就是归向墨翟一派。杨朱宣扬一切为自己，这是心目中没有君王；墨翟宣扬对人一样地爱，这是心目中没有父母。心目中无父无君，这就成了禽兽。公明仪说过：'厨房里有肥肉，马棚里有肥马，而百姓面黄肌瘦，野外有饿死的尸体，这好比率领着野兽来吃人啊！'杨朱、墨翟的学说不灭亡，孔子的学说不光大，这会使邪说蒙骗人民，堵塞仁义。仁义被堵塞了，就导致率领野兽吃人，人与人将互相蚕食的惨状。我为此忧惧，决心捍卫古代圣人的思想，批驳杨朱、墨翟的学说，排斥荒诞的言论，使邪说不能产生。邪说从心里产生，就会危害事业；在事业上起了作用，就会危害政治。如果再有圣人出现，也不会改变我的话。

"从前大禹制服了洪水而使天下太平，周公兼并了夷狄，赶跑了猛兽而使百姓安宁，孔子编写了《春秋》而使犯上作乱的人畏惧。《诗经》上说：'打击戎狄，严惩荆舒，就没有谁敢抗拒我。'目无父母、君主的人，正是周公所要讨伐的。我也想端正人心，扑灭邪说，批判放纵、偏激的行为，排斥荒诞的言论，以此来继承禹、周公、孔子三位圣人的事业，这难道是喜欢辩论吗？我是不得已啊。能够用言论来反对杨子、墨子的，也就是圣人的门徒了。"

解读

好辩是有原因的

读《孟子》，可时刻领略到孟子的确好论辩。孟子虽然也承认自己多论辩，但认为这是不得已而为之。他把自己比作治水的大禹，治水是何等辛苦，但不治水人民不得安居。他把自己比作周公，周公辅佐武王平天下，天下的百姓才安宁，才高兴。他把自己比作孔子，孔子作为一介书生却著《春秋》，做天子做的事，借以宣传自己的政治理想，让"乱臣贼子惧"。

孟子那时，杨子、墨子的学说充满天下。杨子主张"为我"，孟子认为这是"无君"。墨子主张"兼爱"，把天下的父母都当作自己的父母，不分亲疏远近，孟子认为这是"无父"。在这种情况下，孔子的仁义学说就得不到发扬，天下就不可能安宁。万般无奈之下，孟子只有论辩，只有挺身而出反对杨墨学说。

孟子只是一介书生，但是他以大禹、周公、孔子三位圣人的继承者自许，换句话说，是以圣人自许、天子自许。由此，我们不仅可以知道孟子为什么爱论辩，还可以知道孟子为什么伟大。

凡事不能走极端

【原典】

匡章①曰："陈仲子②岂不诚廉士哉？居於陵③，三日不食，耳无闻，目无见也。井上有李，螬④食实者过半矣，匍匐往，将⑤食之三咽，然后耳有闻，目有见。"

孟子曰："于齐国之士，吾必以仲子为巨擘⑥焉。虽然，仲子恶能廉？充仲子之操，则蚓而后可者也。夫蚓，上食槁壤，下饮黄泉。仲子所居之室，伯夷之所筑与？抑亦盗跖⑦之所筑与？所食之粟，伯夷之所树与？抑亦盗跖之所树与？是未可知也。"

曰："是何伤哉？彼身织屦，妻辟垆⑧，以易之也。"

曰："仲子，齐之世家也，兄戴，盖⑨禄万钟。以兄之禄为不义之禄而不食也，以兄之室为不义之室而不居也，辟兄离母，处于於陵。他日归，则有馈其兄生鹅者，己频顣⑩：'恶用是鶂鶂者为哉？'他日，其母杀是鹅也，与之食之。其兄自外至，曰：'是鶂鶂之肉也！'出而哇之。以母则不食，以妻则食之；以兄之室则弗居，以於陵则居之。是尚为能充其类也乎？若仲子者，蚓而后充其操者也。"

【注释】

①匡章：齐国名将。②陈仲子：齐国人，又称田仲、陈仲、於陵仲子等。③於（wū）陵：地名，在今山东长山县南，距临淄约二百里。④螬（cáo）：即蛴螬，俗称"地蚕"、"大蚕"，是金龟子的幼虫。⑤将：拿，取。⑥巨擘（bò）：大拇指，引申为在某一方面杰出的人或事物。⑦盗跖：所说是春秋时有名的大盗，柳下惠的兄弟。⑧辟纑（lú）：绩麻练麻。绩麻为辟，练麻为纑。⑨盖（gě）：地名，是陈戴的封邑。⑩频顣（cù）：即颦蹙，不愉快的样子。

【译文】

匡章说："陈仲子难道不是一个真正廉洁的人吗？住在於陵这个地方，三天没有吃东西，耳朵没有了听觉，眼睛没有了视觉。井上有个李子，金龟子的幼虫已经吃掉了一大半，他爬过去，拿过来吃，吞了三口，耳朵才恢复了听觉，眼睛才恢复了视觉。"

孟子说："在齐国人中间，我一定把仲子看成大拇指。但是，他怎能叫廉洁？要推广仲子的操守，那只有把人变成蚯蚓之后才能办到。蚯蚓，在地面上吃干土，在地面下喝泉水。可仲子所住的房屋，是像伯夷那样廉洁的人所建筑的，还是像盗跖那样的强盗所建筑的呢？他所吃的粮食，是像伯夷那样廉洁的人所种植的，还是像盗跖那样的强盗所种植的，这些都不清楚。"

匡章说："那有什么关系呢？他亲自编草鞋，他妻子绩麻练麻，用这些去交换其他生活用品。"

孟子说："仲子是齐国的宗族世家，他的哥哥陈戴在盖邑的俸禄便有几万石之多。可他却认为他哥哥的俸禄是不义之财而不去吃，认为他哥哥的住房是不义之产而不去住，避开哥哥，离开母亲，住在於陵这个地方。有一天他回家里去，正好看到有人送给他哥哥一只鹅，他皱着眉头说：'要这种呃呃叫的东西做什么呢？'过了几天，他母亲把那只鹅杀了给他吃，他的哥哥恰好从外面回来，看见后便说：'你吃的正是那呃呃叫的东西的肉啊！'他连忙跑出门去，'哇'的一声便呕吐了出来。

母亲的食物不吃，却吃妻子的；哥哥的房屋不住，却住在於陵，这能够算是推广他的廉洁的操守吗？像他那样做，只有把人变成蚯蚓之后才能够办到。"

解读

廉洁也讲度

这一章可以当作讽刺文学来读。

陈仲子是齐国著名的"廉士"，可孟子却认为他的作为不能算是廉洁，尤其是不能提倡、推广他的这种作为。为什么呢？因为他的所作所为做得太过分了，是一种走极端的行为。孟子尖刻地讽刺说，要做到他那样，除非把人先变成蚯蚓，只吃泥土，喝地下水，这才能够做到彻底"廉洁"。而真正要用这种"廉"的标准来衡量，就是陈仲子本人也没有能够做到。比如说，他住的房屋，还不知道是哪个不廉洁的人甚至强盗一样的人建筑起来的呢；他所吃的粮食，还不知道是哪个不廉洁的人甚至强盗一样的人种植出来的呢。何况，他离开母亲，不吃母亲的食物，但却还是要吃妻子的食物；他避开哥哥，不住哥哥的房屋，但却还是要在於陵这个地方来住房屋。这些行为，难道能够说是彻底"廉洁"吗？不是！说到头，只能算是一种沽名钓誉，一种酸腐，用我们今天流行的话来说，就是一种"假"，一种虚伪。

在"反腐倡廉"的今天，也的确有一个对廉洁的认定问题。廉洁并不是谈钱色变，拿得越少越好；也并不是生活越俭朴越好，人越清贫穷酸越好。其实，按照孔子、孟子的看法，廉洁就是"非其道，则一箪食不可受于人；如其道，则舜受尧之天下，不以为泰。"所谓"真理再往前走一步就成了谬误"。

所以，廉洁与酸腐的界限还是应该引起我们注意的一个问题。尤其是在当今这个经济问题时常引起人们困惑的时代。

卷七 离娄(上)

　　本卷中多为格言式的短章，谈论较多的是仁义的功利性价值。孟子指出，不管是个人的荣辱安危，还是国家的兴废存亡，都取决于是否行仁义之道。因此，对个人而言，道德修养的关键在于"反求诸己"，即通过自我反省和修养，获得信任，最后达到治民的目标。孟子说："人有恒言，皆曰天下国家，天下之本在国，国之本在家，家之本在身。"从这点出发，进一步形成了修身、齐家、治国、平天下的思想。

有规矩才成方圆

【原典】

孟子曰："离娄①之明，公输子②之巧，不以规矩，不能成方圆；师旷③之聪，不以六律④，不能正五音⑤；尧舜之道，不以仁政，不能平治天下。今有仁心仁闻而民不被其泽，不可法于后世者，不行先王之道也。"

"故曰，徒善不足以为政，徒法不能以自行。《诗》云：'不愆不忘，率由旧章。'遵先王之法而过者，未之有也。圣人既竭目力焉，继之以规矩准绳，以为方员平直，不可胜用也；既竭耳力焉，继之以六律正五音，不可胜用也；既竭心思焉，继之以不忍人之政，而仁覆天下矣。"

"故曰，为高必因丘陵，为下必因川泽；为政不因先王之道，可谓智乎？是以惟仁者宜在高位。不仁而在高位，是播其恶于众也。上无道揆也，下无法守也，朝不信道，工不信度，君子犯义，小人犯刑，国之所存者幸也。故曰，城郭不完，兵甲不多，非国之灾也；田野不辟，货财不聚，非国之害也。上无礼，下无学，贼民兴，丧无日矣。"

"《诗》曰：'天之方蹶，无然泄泄。'泄泄犹沓沓也。事君无义，进退无礼，言则非先王之道者，犹沓沓也。故口，责难于君谓之恭，陈善闭邪谓之敬，吾君不能谓之贼。"

【注释】

①离娄：相传是黄帝时一个视力特别好的人。②公输子：即公输班（或作公输般、公输盘），春秋末年鲁国人，故又称鲁班，是古代著名的建筑工匠。③师旷：春秋时晋平公的乐师，名旷，相传他的辨音能力特别强。④六律：指十二律中的六个阳律。⑤五音：中国古代音乐所定的五个音阶，具体名称是：宫、商、角、徵、羽。

【译文】

孟子说："即使有离娄那样的眼力，公输子那样的巧技，不靠圆规和曲尺，也画不出标准的方形和圆形；即使有师旷那样的听力，不靠六律，亦不能校正五音；即使有尧、舜之道，不行仁政，也不能使天下太平。有了仁爱之心和仁爱的名声，百姓却没有受到他的恩泽，不能被后世效法，是缘于他没有实行先王之道。

"所以说，光有善心不足以搞好政治，好的法度不会自动实行。《诗经》上说：'不犯错误，不要遗忘，完全遵循旧规章。'遵循先王的法度而犯错误，这是从来没有的事。圣人竭尽了目力，接着用圆规、曲尺、水准器、墨线，来制作方的、圆的、平的、直的东西，这些东西就用不尽了；圣人竭尽了耳力，接着用六律来校正五音，五音就运用无穷了；圣人竭尽了心思，接着又施行仁政，仁德就遍布天下了。

"所以说，要想显得高，一定要凭借山陵，要想显得低，一定要凭借河泽；执掌国政不凭借先王之道，能说是聪明吗？因此，只有仁人才应该处在高位。不仁的人处在高位，这会使他把邪恶传播给众人。在上的不依照义理度量事物，在下的不用法度约束自己，朝廷不信仰道义，官吏不信仰法度，君子触犯理义，小人触犯刑律，国家还能生存的，只是出于侥幸罢了。所以说，'城墙不坚固，军队不够多，不是国家的灾难；土地没有扩大，财富没有积聚，不是国家的祸害。'在上的不讲礼义，在下的不学礼义，作恶的百姓日益增多，国家的灭亡就没有几天了。

"《诗经》上说：'上天正要颠覆王朝，群臣不要吵吵闹闹。'吵吵闹闹，就是说话放肆随便。侍奉君主不讲义，一举一动不合礼，张口就诋毁先王之道，便是放肆随便。所以说，要求君王施行仁政，这叫'恭'；向君王陈述好的意见，堵塞他的邪念，这叫'敬'；认为君王不能行善，这叫'贼'。"

解读

实施仁政的借鉴

本章主要是围绕效法古代圣王而展开论证。孟子认为，即使有离娄的火眼金睛、公输般的高超技巧，但如果不用圆规和曲尺，也难以画好方形和圆形，即俗话所说的没有规矩不成方圆。所以要平治天下，就应重视仁政学说，效法古代圣王施行仁政。

孟子从实际观察中发现，如今有的君王虽有仁爱之心和仁爱之名，但老百姓却并没享受到恩泽，其政治也不可为后世所奉行，这都是因为"不行先王之道"的缘故。所以说，仅仅有好的心肠不足以为政，仅仅有法度也不足以自动运行。因此，必须要"遵先王之法"，这正是关于实施仁政的借鉴。

圣人是做人的最高典范

【原典】

孟子曰："规矩，方员之至也；圣人，人伦之至也。欲为君，尽君道；欲为臣，尽臣道。二者皆法尧舜而已矣。不以舜之所以事尧事君，不敬其君者也；不以尧之所以治民治民，贼其民者也。孔子曰：'道二，仁与不仁而已矣。'暴其民甚，则身弑国亡；不甚，则身危国削，名之曰'幽'、'厉'①，虽孝子慈孙，百世不能改也。《诗》云：'殷鉴不远，在夏后之世②。'此之谓也。"

【注释】

①幽、厉：帝王谥号，指周幽王。《逸周书·谥法解》说："动祭乱常曰幽，杀戮无辜曰厉。"②这两句出自《诗经·大雅·荡》。

【译文】

孟子说："圆规、曲尺，是方和圆的最高标准；圣人，是做人的最高典范。想成为好君主，就要尽到做君主之道；想成为好臣子，就要尽到做臣子之道。二者都效法尧、舜就行了。不用舜侍奉尧的态度来侍奉君主，就是不敬重他的君主；不用尧治理百姓的方法来治理百姓，就是残害他的百姓。孔子说：'道路只有两条，仁和不仁罢了。'对百姓过于残暴，就会自身被杀、国家灭亡；即使不算太坏，也会自身危险、国家削弱，死后被加上'幽'、'厉'这类恶谥，即使他有孝顺的子孙，一百代也无法更改了。《诗经》上说：'殷朝的借鉴不远，就在前代的夏朝。'说的就是这种情况。"

解读

学习古人应与时俱进

孟子认为，圆规和曲尺是方圆的最高标准；圣人，是做人的最高标准。做人臣要像舜事尧那样，做人君要像尧治理百姓那样。如果暴虐百姓，要么身死国亡，要么身危国削，历史的教训不可谓不深！所以要效法先王施行仁政。

孟子倡导仁政，主张关心人民，让人民丰衣足食，这无疑是正确的。但由此而推出一个效法先王的结论，却值得推敲，要细加分析。老祖宗做了才敢做，不习惯与时俱进，这一点与儒家思想有很大的关系。

仁义关乎国家存亡

【原典】

孟子曰："三代之得天下也以仁，其失天下也以不仁。国之所以废兴存亡者亦然。天子不仁，不保四海；诸侯不仁，不保社稷；卿大夫不仁，不保宗庙；士庶人不仁，不保四体。今恶死亡而乐不仁，是犹恶醉而强酒。"

【译文】

孟子说："夏、商、周三代的得天下，是由于仁；他们失掉天下，是由于不仁。国家衰败、兴盛、生存、灭亡的原因，也是这样。天子不仁，不能保住天下；诸侯不仁，不能保住国家；卿大夫不仁，不能保住宗庙；士人和百姓不仁，不能保住自身。如果害怕死亡，却又乐意干不仁的事，这就像害怕喝醉却硬要多喝酒一样。"

解 读

人的自律不可缺少

本篇依然是对"仁"的呼唤，文中雄辩的句式蕴含着深厚的内容。"今恶死亡而乐不仁，是犹恶醉而强酒。"这两句意旨鲜明，直陈其害，意思是现在的人既害怕死亡却又乐于做不仁义的事，这就好像既害怕喝醉却又偏偏要喝酒一样。这就明确地突出了一个重要问题——人的自律。人有自律才能很好地主宰自我，把握自我，而缺少自律的人，行止无度，必将危害甚深。

儒家政治，强调从自身做起，从身边事做起，所以，论述观点多与个人品行紧紧连在一起。而能够自律便是持仁行善的重要前提之一，其相关论述，在《论语》和《孟子》中可以说是不胜枚举。

修身厚德才能治天下

【原典】

孟子曰:"爱人不亲,反其仁;治人不治,反其智;礼人不答,反其敬。行有不得者皆反求诸己,其身正而天下归之。《诗》云:'永言配命,自求多福[①]。'"

孟子曰:"人有恒言,皆曰,'天下国家。'天下之本在国,国之本在家,家之本在身。"

孟子曰:"为政不难,不得罪于巨室。巨室之所慕,一国慕之;一国之所慕,天下慕之;故沛然德教溢乎四海。"

【注释】

①这两句出自《诗经·大雅·文王》。

【译文】

孟子说:"爱别人,别人不来亲近,就要反问自己仁的程度;管理别人却管理不好,就要反问自己智的程度;礼貌待人,别人却不理睬,就要反问自己恭敬的程度。行为有得不到预期效果的,都要反过来求问自己。自身端正了,天下的人就会来归附他。《诗经》上说:'永远配合天命,自己求来众多的幸福。'"

孟子说:"人们有句常说的话,都这么说,'天下国家。'天下的根本在于国,国的根本在于家,家的根本在于自身。"

孟子说:"搞好政治不难,不得罪贤明的卿大夫就行了。他们所爱慕的,全国都会爱慕;全国所爱慕的,天下都会爱慕;因而德教就会浩浩荡荡充溢于天下了。"

解读

公而忘私是根本

我们今天面对利益,要求奉献,所以强调公而忘私,先人后己;先国家,后集体,再个人。儒者则是强调道德的自我完善,要求修身为本,所以是先己后人,推己及人。"身修而后家齐,家齐而后国治,国治而后天下平。"可见,路数虽反，道理却是相通的：都是要求为他人，为集体、国家、人类作贡献。这才是最根本的。

儒家的内省功夫很标新立异：爱别人，人家却不亲近自己，管别人，人家却不服自己，礼遇他人，人家却不搭理自己。在这种情况下，就得自己反问自己做得好吗？不管做什么事，如果不能达到预期的目的，都要反躬自问。只有自己真正端正了，天下才会顺服。不过，这只是第一步。如果想为政，就要借卿大夫的影响力来影响国家、天下的风气，所以孟子主张，不得罪卿大夫。但凡事都得具体分析，如果卿大夫贤明，讲究仁义礼智，自然可以借以推行仁政。如果他们不仁不义不礼不智，而不得罪他们，天下就会大乱。

仁德是无敌于天下的利器

【原典】

孟子曰："天下有道，小德役大德，小贤役大贤；天下无道，小役大，弱役强。斯二者，天也。顺天者存，逆天者亡。齐景公曰：'即不能令，又不受命，是绝物也。'涕出而女于吴①。今也小国师大国而耻受命焉，是犹弟子而耻受命于先师也。如耻之，莫若师文王。师文王，大国五年，小国七年，必为政于天下矣。《诗》云：'商之孙子，其丽不亿。上帝既命，侯于周服。侯服于周，天命靡常。殷士肤敏，祼将于京②。'孔子曰：'仁不可为众也。夫国君好仁，天下无敌。'今也欲无敌于天下而不以仁，是犹执热而不以濯也。《诗》云：'谁能执热，逝不以濯③？'"

【注释】

①事见《说苑·权谋》记载。齐景公惧怕吴王阖闾伐齐，不得已把女儿嫁给阖闾。送别女儿时，哭着说："余死不汝见矣。"又说："余有齐国之固，不能以令诸侯，又不能听，是生乱也。寡人闻之，不能令，则莫若从。"②这八句出自《诗经·大雅·文王》。祼（guàn）：宗庙祭祀的一种仪式，把郁鬯（chàng）酒浇在地上以迎接鬼神。将：助。③这两句出自《诗经·大雅·桑柔》。

【译文】

孟子说："天下有道时，道德低的受道德高的役使，才智少的受才智多的役使；

天下无道时，力量小的受力量大的役使，势力弱的受势力强的役使。这两种情况都符合天理。顺从天理的生存，违逆天理的灭亡。齐景公说过：'我既不能命令别人，又不愿听别人命令，这就同别人断绝了关系。'景公不得已哭着把女儿嫁到吴国去。现在，小国效法大国，却又耻于接受大国命令，这就好比学生耻于接受老师的命令一样。如果真的感到羞耻，那就不如效法文王。效法文王，大国不出五年，小国不出七年，一定能在天下掌权。《诗经》上说：'商朝子子孙孙，不下十万余人。上帝既有命令，都向周朝归顺。都向周朝归顺，就因天命没有定论。殷朝的臣子漂亮聪明，都行裸献之礼，助祭在周王京城。'孔子说：'仁的力量，不在于人多。国君爱好仁德，就能天下无敌。'如果想无敌于天下而又不凭借仁，这就像热得受不了而又不肯洗澡一样。《诗经》上说：'谁能热得受不了，不去洗个澡？'"

解读

天意也会转移

本章似论天命，实则论仁者无敌。

孟子认为，政治清明，则"小德"者役于"大德"者，"小贤"者役于"大贤"者。政治黑暗，则不讲"德"和"贤"，只讲暴力，故力小者为力大者所役使，力弱者为力强者所役使。这两种情况，好像都是由天意决定的，所以"顺天者存，逆天者亡"。孟子的言外之意是，如推行仁政，则天意有可能转移到另一方，否则只能听天由命。

天作孽，犹可违；自作孽，不可活

【原典】

孟子曰："不仁者可与言哉？安其危而利其菑①，乐其所以亡者。不仁而可与言，则何亡国败家之有？有孺子歌曰：'沧浪之水清兮，可以濯我缨；沧浪②之水浊兮，可以濯我足。'孔子曰：'小子听之！清斯濯缨③，浊斯濯足矣。自取之也。'夫人必自侮，然后人侮之；家必自毁，而后人毁之；国必自伐，而后人伐之。《太甲》曰：'天作孽，犹可违；自作孽，不可活。'此之谓也。"

【注释】

①菑：同"灾"。②沧浪：河名，即汉水。③缨：系在颈下的帽带。

【译文】

孟子说："不仁的人还能同他讲什么吗？他们面临危险还自以为安全，灾祸临头还自以为得利，把导致亡国败家的事当作快乐。不仁的人如果还能同他谈什么，哪还会有亡国败家的事呢？从前有个孩子唱道：'沧浪的水碧清哟，可以洗我的帽带；沧浪的水浑浊哟，可以洗我的脚。'孔子说：'弟子们听着！水清就洗帽带，水浊就洗脚了。这是由水自己招来的。'一个人必然是自己招致侮辱，人家才来侮辱他；一个家必然是自己招致毁败，人家才来毁败它；一个国必然是自己招致讨伐，别人才来讨伐它。《太甲》上说：'上天降灾，还可以躲；自己作孽，别想再活。'说的就是这个意思。"

解读

人应自尊自爱

孟子认为，水的用途有贵有贱（"濯缨"与"濯足"），是因为水有清有浊造成的，人有贵有贱、有尊有卑又何尝不是由自己造成的呢？同样，一个家庭、一个国家，都莫不如此。

人因为不自尊，他人才敢轻视；家由于不和睦，"第三者"才有插足的缝隙；国家动乱，祸起萧墙之内，敌国才趁机入侵。所有这些，都有太多的例证可以证实。我们今天说"堡垒最容易从内部攻破"，其实也正是这个意思。

别做把人才往其他地方赶的蠢事

【原典】

孟子说："桀、纣之失天下也，失其民也；失其民者，失其心也。得天下有道：得其民，斯得天下矣；得其民有道：得其心，斯得民矣；得其心有道：所欲与之聚之，所恶勿施，尔也。民之归仁也，犹水之就下、兽之走圹也。故为渊驱鱼者，獭也；为丛驱爵者，鹯也；为汤、武驱民者，桀与纣也。今天下之君有好仁者，则诸侯皆为之驱矣。虽欲无王，不可得已。今之欲王者，犹七年之病求三年之艾也。苟为不畜，终身不得。苟不志于仁，终身忧辱，以陷于死亡。《诗》云：'其何能淑，载胥及溺①。'此之谓也。"

【注释】

①这两句出自《诗经·大雅·柔桑》。

【译文】

孟子说："桀和纣失天下，是由于失去了人民；失去人民，是由于失去了民心。得天下有办法：得到人民，就能得到天下了；得人民有办法：赢得民心，就能得到人民了；得民心有办法：他们想要的，就给他们积聚起来；他们厌恶的，不加给他们，如此罢了。人民归向于仁，如同水往下方流、野兽奔向旷野一样。所以，替深水引来鱼的是水獭；替树丛赶来鸟雀的是鹯鹰；替汤王、武王招来百姓的，是夏桀和商纣。如果现在天下的国君有爱好仁德的，那么诸侯们就会替他把人民招来。哪怕他不想称王天下，也不可能了。现在想称王天下的人，好比害了七年的病要找存放多年的艾来治。如果平时不积存，那就终身得不到。如果不立志在仁上，必将终身忧愁受辱，以至于死亡。《诗经》上说：'那怎能把事办好，只有一块儿淹死了。'说的就是这种情况。"

解读

人反省自身很重要

孟子在这里讲到的，是善与恶的历史辩证法。

结合我们的现实生活来看，地区与地区之间，单位与单位之间，商家与商家之间，也同样存在着这种"为渊驱鱼，为丛驱雀"的现象。比如说人才"跳槽"，往往是由于原单位的领导失去了人才的信赖之心而发生，这等于是这个单位的领导主动把自己的人才驱赶到另外的单位去。又比如说商家竞争，如果哪一个商家销售假冒伪劣品，抬高物价，服务态度又恶劣的话，等于是把顾客驱赶到别的商家去，无意之中帮了自己竞争对手的忙。这里的道理是非常简单的。只不过在实际生活与工作中，我们往往不知不觉地做了这种"为渊驱鱼，为丛驱雀"的蠢事还没有意识到罢了。如此说来，倒是有必要反省反省，看看我们自己是否做了那"为渊驱鱼"的水獭或是"为丛驱雀"的鹯鹰。

不走正道的人最可悲

【原典】

孟子曰:"自暴者,不可与有言也;自弃者,不可与有为也。言非礼义,谓之自暴也;吾身不能居仁由义,谓之自弃也。仁,人之安宅也;义,人之正路也。旷安宅而弗居,舍正路而不由,哀哉!"

孟子曰:"道在迩而求诸远,事在易而求诸难:人人亲其亲、长其长,而天下平。"

【译文】

孟子说:"自己戕害自己的人,不可能同他有什么话说;自己抛弃自己的人,不可能同他有所作为。说话诋毁礼义,这叫自己戕害自己;自认为不能守仁行义,这叫自己抛弃自己。仁是人们最安全的住所,义是人们最正确的道路。空着安全的住所不住,舍弃正确的道路不走,真可悲啊!"

孟子说:"道路就在眼前,却向远处去寻找;事情本来容易,却找难的去做:只要人人爱父母、敬长辈,天下就会太平。"

解读

不做自暴自弃的人

孟子认为,仁和义是人性中最好的品质,糟蹋这些品质,开口说话就破坏礼义,认为自己不能居仁心、走正路的人,就是自暴自弃的人。这样的人也是可悲的!

人要自尊自爱,学着去做正事,不过做事也得讲求方法。

无论是舍近求远还是舍易求难都没有必要,都是糊涂。相反,只要人人都从自己身边做起,从平易事努力,比如说爱自己的亲人,尊敬自己的长辈,天下也就会太平了。

孟子这几句话说得平易朴实,但其中却蕴含着儒家学说的核心内容:一方面是:"孝弟也者,其为仁之本与!"另一方面是:"老吾老,以及人之老;幼吾幼,以及人之幼,天下可运于掌。"

真诚是立身处世的根本所在

【原典】

孟子曰:"居下位而不获于上,民不可得而治也。获于上有道:不信于友,弗获于上矣。信于友有道:事亲弗悦,弗信于友矣。悦亲有道:反身不诚,不悦于亲矣。诚身有道:不明乎善,不诚其身矣。是故诚者,天之道也;思诚者,人之道也。至诚而不动者,未之有也;不诚,未有能动者也。"

【译文】

孟子说:"身居下位而又不被上司信任,是不可能管理好百姓的。要取得上司信任有办法:如果不被朋友信任,也就不会得到上司信任了。要被朋友信任有办法:如果侍奉父母得不到父母欢心,也就不会被朋友信任了。要父母欢心有办法:如果反省自己不诚心诚意,也就得不到父母欢心了。要使自己诚心诚意有办法:如果不明白什么是善行,也就不会使自己诚心诚意了。所以,诚是天然的道理,追求诚是做人的道理。极端诚心而不能使人感动,是从不会有的事;不诚心是没有谁会被感动的。"

解读

真诚论

这一章除了最后两句外,几乎与《中庸》第二十章里面的一段文字完全相同。这说明《中庸》与"思孟学派"之间的密切关系。

与《中庸》完全相同的内容还是强调"诚"的问题。我们已经知道,《中庸》里有若干章反复强调了这个问题,而《大学》所提出的人生进修阶梯里面非常重要的一级也是"诚意"的问题。由此可见,"诚"的确是儒学的核心观念之一。儒家的学说里,真诚是立身处世的根本所在,一个人如果没有真诚,一切都无从谈起。

所以,孟子最后说:"至诚而不动者,未之有也;不诚,未有能动者也。"所谓"精诚所至,金石为开。"就是孟子这里所说的意思。

天下归心靠仁义而不靠战争

【原典】

孟子曰："伯夷辟纣，居北海之滨①，闻文王作，兴曰：'盍归乎来！吾闻西伯②善养老者。'太公③辟纣，居东海之滨，闻文王作，兴曰：'盍归乎来！吾闻西伯善养老者。'二老者，天下之大老也，而归之，是天下之父归之也。天下之父归之，其子焉往？诸侯有行文王之政者，七年之内，必为政于天下矣。"

孟子曰："求也为季氏宰④，无能改于其德，而赋粟倍他日。孔子曰：'求非我徒也，小子鸣鼓而攻之可也。'由此观之，君不行仁政而富之，皆弃于孔子者也，况于为之强战？争地以战，杀人盈野，争城以战，杀人盈城，此所谓率土地而食人肉，罪不容于死。故善战者服上刑，连诸侯者次之，辟草莱、任土地者次之。"

【注释】

①北海之滨：其地在今濒临渤海的河北昌黎一带。②西伯：即周文王。③太公：即姜太公。曾辅佐文王、武王灭商建立周朝。④求也为季氏宰：求：冉求，孔子弟子。季氏：指季康子，鲁国卿。

【译文】

孟子说："伯夷躲避纣王，隐居在北海边，听说文王兴盛起来了，高兴地说：'何不去投奔西伯呢！我听说西伯善于奉养老人。'太公躲避纣王，隐居在东海边，听说文王兴盛起来了，高兴地说：'何不去投奔西伯呢！我听说西伯善于奉养老人。'这两位老人，是天下最有声望的老人，他们投奔了西伯，这就使天下做父亲的都去投奔西伯了。天下做父亲的都投奔了西伯，他们的儿子还能往哪里去呢？诸侯中如果有施行文王那样的仁政的，不出七年，一定能在天下执掌政权。"

孟子说："冉求当了季氏的家臣，不能改变季氏的德行，征收田赋反而比过去增加一倍。孔子说：'冉求不是我的学生，弟子们，你们可以擂起鼓来声讨他！'由此看来，君主不施行仁政，反而去帮他聚敛财富的人，都是孔子所鄙弃的，更何况为他卖命打仗的人呢？为争夺一块地方打仗而杀人遍野，为争夺一座城池打仗而杀人满城，这就叫领着土地来吃人肉，罪恶之大，将他处死都嫌不够的。所以善于打仗的人该受最重的刑罚，唆使诸侯拉帮结伙打仗的人，该受次一等的刑罚，强令百姓垦荒耕种的人该受再次一等的刑罚。"

解读

一切以人为本

孟子认为，应该像周文王那样，通过善待伯夷、太公这样的"巨室"、"大老"，利用他们的影响力，使天下归心。而不能像冉求不仁不义，加重了人民的赋税，或者像张仪那样的纵横家挑动战争，那是被孔子所唾弃的。

他同时发出了"善战者服上刑"的呼声。他以为，如今的战争贩子和像张仪那样的纵横家等人，为了"争地"、"争城"，不知杀了多少人，这就是争夺土地吃人肉，真是罪不容诛。那些好战者应服最重的刑罚。

可见，孟子的"仁"就是尊重人、怜恤人，一切以人为本，通过仁来使天下归心。

眼睛是心灵的窗户

【原典】

孟子曰："存乎人者，莫良于眸子。眸子不能掩其恶。胸中正，则眸子瞭焉；胸中不正，则眸子眊焉。听其言也，观其眸子，人焉廋哉？"

孟子曰："恭者不侮人，俭者不夺人。侮夺人之君，惟恐不顺焉，恶得为恭俭？恭俭岂可以声音笑貌为哉？"

【译文】

孟子说："观察一个人，最好的办法莫过于观察他的眼睛。眼睛掩藏不了他内心的邪恶。心胸正直，眼睛就明亮；心胸不正，眼睛就浊暗。听他说话，同时观察他的眼睛，这个人的善恶还能隐藏到哪里去呢？"

孟子说："恭敬的人不欺侮别人，节俭的人不掠夺别人。欺侮人、掠夺人的君主，唯恐别人不顺从，怎么能做到恭敬和节俭？恭敬和节俭难道可以靠声音笑貌强装出来吗？"

解读

观察眼神，洞若观火

孟子认为，恭敬他人的人不会侮辱别人，生活节俭的人不会掠夺别人。但那些侮辱别人、掠夺别人的君主，既要侮辱他人，又唯恐他人不顺从自己，是根本做不到恭敬和顺从的。

这就需要识人。识人与其察言观色，不如观察他的眼睛。眼神是无法加以化妆或掩饰的，观察眼神，洞若观火。别听他说得口若悬河、天花乱坠，他的眼睛会告诉你一切。

不要教条死板，学会通权达变

【原典】

淳于髡曰："男女授受不亲，礼与？"

孟子曰："礼也。"

曰："嫂溺，则援之以手乎？"

曰："嫂溺不援，是豺狼也。男女授受不亲，礼也；嫂溺，援之以手者，权也。"

曰："今天下溺矣，夫子之不援，何也？"

曰："天下溺，援之以道；嫂溺，援之以手。子欲手援天下乎？"

【译文】

淳于髡说："男女之间不能亲手递接东西，是礼法的规定吗？"

孟子说："是礼法的规定。"

淳于髡又问："如果嫂子落水了，那么能用手拉她吗？"

孟子说："嫂子落水了而不去拉，这就如同豺狼了。男女之间不亲手递接东西，这是礼法的规定；嫂子落水而用手去拉，这是对礼法的变通。"

淳于髡说："现在，天下的人都掉落水中了，您不去救，为什么呢？"

孟子说："天下的人都落水了，要用王道去救；嫂子落水了，要用手去救。你难道想用手去救天下的人吗？"

解读

变通是成事之道

本章淳于髡与孟子的论辩很有意思。淳于髡的本意，是劝孟子出手救天下，但没有直接说，而是用类比方法，设计了一个"陷阱"，引孟子上钩。孟子果然上了钩，但他用刻意把本体（救天下）与喻体（救嫂子）分开的办法为自己解了围：天下的人都掉到水里了，要用"道"（仁政）去救援；嫂子掉到水里去了，用手去救援。

孟子的权变想想含有辩证法的因素，遇特殊情况要权衡利弊而明乎变通。

用正确的方法教育孩子

【原典】

公孙丑曰："君子之不教子，何也？"孟子曰："势不行也。教者必以正；以正不行，继之以怒。继之以怒，则反夷矣。'夫子教我以正，夫子未出于正也。'则是父子相夷也。父子相夷，则恶矣。古者易子而教之，父子之间不责善。责善则离，离则不祥莫大焉。"

【译文】

公孙丑说："君子不亲自教育自己的儿子，为什么呢？"孟子说："因为情理上行不通。父亲教育儿子必然要用正确的道理；用正确的道理行不通，接着便会动怒。一动怒，就反而伤了感情了。儿子会说：'你用正确的道理教育我，而你自己的做法就不正确。'这样，父子之间就伤了感情。父子之间伤了感情，就坏事了。古时候相互交换儿子进行教育，父子之间不求全责备。相互求全责备，会使父子关系疏远，父子疏远，那就没有比这更不幸的了。"

解 读

论教子之道

孟子认为，教育儿子，必用正道。用正道教育还不行，父亲必然发怒，这就反而伤害了儿子，甚至父子互相伤害。所以古人"易子而教"，使父子间不互相责备而求至善。如果互相责备而求至善，父子间就会有隔阂，那就是最不好的事了。

这是孟子人生经验、社会经验的总结。

恪尽孝道，天经地义

【原典】

孟子曰："事，孰为大？事亲为大；守，孰为大？守身为大。不失其身而能事其亲者，吾闻之矣；失其身而能事其亲者，吾未之闻也。孰不为事？事亲，事之本也；孰不为守？守身，守之本也。曾子①养曾晳，必有酒肉。将彻，必请所与；问有余，必曰'有'。曾晳死，曾元养曾子，必有酒肉。将彻，不请所与；问有余，曰'亡矣'，将以复进也。此所谓养口体者也。若曾子，则可谓养志也。事亲若曾子者，可也。"

【注释】

①曾子：即曾参，春秋时鲁国人，与他的父亲曾晳同为孔子的弟子。

【译文】

孟子说："哪一种侍奉最重要？侍奉父母最重要；哪一种守护最重要？守护自身的善性最重要。不丧失自身善性而能侍奉好父母的，我听说过；丧失了自身善性而能侍奉好父母的，我从来没听说过。哪个长者不该侍奉？但侍奉父母才是侍奉的根本；哪种好品德不该守护？但守护自身的善性是守护的根本。曾子奉养他的父亲曾晳，每餐必定有酒肉。撤除食物时，必定要请示剩下的酒肉给谁；父亲问有没有剩余，必定说'有'。曾晳死后，曾元奉养他的父亲曾子，每餐也必定有酒肉。撤除时，不请示剩余的给谁；父亲问有没有剩余，就回答说'没有了'，准备拿吃剩的作为下顿再进奉给父亲。这叫对父母的口体奉养。像曾子那样，就可以称为对父母心意的奉养了。侍奉父母能像曾子那样就可以了。"

解读

不仁不义之人不孝顺

孟子认为，讲服侍人，服侍谁最重要？侍奉双亲最重要；讲人的操守，什么操守最重要？守身最重要。守护自身而不使自己陷于不仁不义不忠不孝，这就能侍奉双亲；反之，就不能侍奉双亲。侍奉好了双亲，就能对待好上级、君王，因此，侍奉双亲是所有做人做事的根本。守护自身而使自己归于仁义礼智，就能治国平天下，因此，守护自身是人一切操守的根本。

上梁不正下梁歪

【原典】

孟子曰："人不足与适①也，政不足间也。唯大人为能格君心之非。君仁，莫不仁；君义，莫不义；君正，莫不正。一正君而国定矣。"

【注释】

①适：同"谪"，谴责，指责。

【译文】

孟子说："那些在位的小人，不值得去指责，他们的政事不值得去非议。只有大仁大德的人才能纠正君主思想上的错误。君主仁，没有谁不仁；君主义，没有谁不义；君主正，没有谁不正。一旦使君主端正了，国家就安定了。"

解读

君王为人之重要

孟子认为，君王仁，他周围没有不仁的；君王义，他周围没有不义的；君王正，他周围没有不正的。所以一旦君王端正了，其国家也就安定了。

至于君王周围的那些小人，当然不值得去谴责，其政治也不值得去非议，因为问题的总根子在君王那里。此乃"上梁不正下梁歪"之意。

懂得反省，修正不足

【原典】

孟子曰："有不虞之誉，有求全之毁。"

孟子曰："人之易其言也，无责耳矣。"

孟子曰："人之患在好为人师。"

【译文】

孟子说："有料想不到的赞誉，有吹毛求疵的毁谤。"

孟子说："一个人说话随随便便，那就不值得责备他了。"

孟子说："人们的毛病在于喜欢充当别人的老师。"

解读

三大毛病要不得

在这里，孟子集中道破古今文人通病，其症结有不虞之誉、信口开河、好为人师。

一般人总是听到别人的赞誉就高兴，听到别人的诋毁就生气。人之常情，也是完全可以理解的。但至少不必太在意，才是我们应该抱有的态度罢。

一个人如果什么话都能轻易说出来，正所谓"轻诺无信"，是缺乏责任心，修养不成熟的表现。对这样的人，就不值得责备了。

最可怕的是好为人师。真正胸有雄兵百万的人并不急于露才扬己，倒是那些半瓶子醋自以为了不起，动辄喜欢做别人的老师，出言就是教训别人，一副教师爷的派头。其结果是误人子弟，令人啼笑皆非。

恭敬有礼是美德

【原典】

乐正子从于子敖之齐。孟子曰:"子亦来见我乎?"曰:"先生何为出此言也?"曰:"子来几日矣?"曰:"昔者。"曰:"昔者,则我出此言也,不亦宜乎?"曰:"舍馆未定。"曰:"子闻之也,舍馆定,然后求见长者乎?"曰:"克有罪。"

孟子谓乐正子曰:"子之从于子敖来,徒哺啜也。我不意子学古之道而以哺啜也。"

【译文】

乐正子跟随王子敖来到齐国见孟子。乐正子去见孟子时,孟子说:"你也来看我吗?"乐正子说:"先生为什么要说这样的话呢?"孟子问:"你来了几天了?"乐正子说:"前些日子来的。"孟子说:"前些日子就来了,那么我说这话不也是应该的吗?"乐正子说:"因为住所没有定下来。"孟子说:"你听说过,非要住所定下来了,才去求见长辈的吗?"乐正子说:"我有过错。"

孟子对乐正子说:"你跟着王子敖来,只是为了混饭吃罢了。我没有想到,你学习古人的道理,竟是用它来混饭吃。"

解 读

修身很重要

在这里孟子想告诉人们,要尊敬长者,还要交往慎重,不乱结交人。并且要学习古人的大道,不要整天吃吃喝喝,混饭吃。

不孝有三无后为大

【原典】

孟子曰:"不孝有三,无后为大。舜不告而娶[1],为无后也,君子以为犹告也。"

【注释】

[1]舜不告而娶:传说舜的父亲凶狠愚蠢,舜如果告诉他娶妻的事,肯定得不到他

的同意。不禀告不合礼，没有后代又是最大的不孝，两相权衡，只好"不告而娶"。

【译文】

孟子说："不孝的事有三件，其中没有子孙后代是最大的不孝。舜没有禀告父母就娶妻，就因为怕没有后代，所以君子认为他如同禀告了一样。"

解读

男大当婚

农耕时代，劳动力的繁衍生殖是关系家族繁荣昌盛的大事，所以有"不孝有三，无后为大"的说法。按今天的观点来看，生子生女都是延续祖先生命，都算"孝"。

仁义礼智乐是人力所能及的

【原典】

孟子曰："仁之实，事亲是也；义之实，从兄是也；智之实，知斯二者弗去是也；礼之实，节文斯二者是也；乐（yuè）之实，乐（lè）斯二者，乐（lè）则生矣；生则恶可已也，恶可已，则不知足之蹈之手之舞之。"

【译文】

孟子说："仁的实质是侍奉父母；义的实质是顺从兄长；智的实质是明白这两方面的道理而不背离；礼的实质是在这两方面不失礼节、态度恭敬；乐的实质是乐于做这两方面的事，快乐就产生了；一产生就抑制不住，抑制不住，就会不知不觉地手舞足蹈起来。"

解读

论五常

仁义礼智乐，这些都是抽象的概念，但孟子说起来，却一点也不抽象，而且人人都可以做到。

孟子认为，侍奉双亲就是仁；顺从兄长就是义；明白仁和义并且不离开它们就

是智；适当调节、修饰仁和义就是礼；以仁义为乐就是乐，快乐得没有办法，不知不觉中手舞足蹈，这便是音乐了。

儒家认为人人都可以做尧舜，本章就隐含了这类观点。

小孝治家，大孝治国

【原典】

孟子曰："天下大悦而将归己，视天下悦而归己，犹草芥也，惟舜为然。不得乎亲，不可以为人；不顺乎亲，不可以为子。舜尽事亲之道而瞽瞍厎豫①，瞽瞍厎豫而天下化，瞽瞍厎豫而天下之为父子者定。此之谓大孝。"

【注释】

①瞽瞍（gǔ sǒu）厎（zhí）豫：瞽瞍：舜的父亲。厎：致。豫：乐。

【译文】

孟子说："天下的人都很高兴地要来归附自己，把这种情景看得如同草芥的，只有舜是这样。不能得到父母的欢心，不可以做人；不能顺从父母的心意，不能做儿子。舜竭尽全力按侍奉父母的道理去做，终于使他的父亲瞽瞍高兴了；瞽瞍高兴了，天下的人由此受到感化；瞽瞍高兴了，天下父子之间应有的关系就确定了。这叫大孝。"

解读

圣君也从孝开始

舜孝顺父母，所以他父亲高兴，他父亲一高兴，天下的人受到感化，风俗就变好了，父子的伦常也就确定了。在孟子看来，舜能当圣君，是从当孝子开始的。或者说，孝是治国平天下的根本。

中国很多帝王都以孝为治国之本，这种思想便来自儒家。

卷八　离娄(下)

　　本卷亦多格言式短章,涉及个人修养、待人接物的处世态度、学习与研究的方法等问题。中心内容在于阐述以尧、舜、禹、汤、文、武、周公、孔子为代表的儒家传统。

　　其中不少章节都论及古代圣王或圣人之徒同道的道理,或不谋而合,或易地而然,其行迹或有差异,所持守的道义准则却如出一辙;关于君臣相对关系的论述,臣对君的尽忠,并不是无条件的,而是取决于君王是否行仁义之道。

圣贤皆有施行仁政的共同准则

【原典】

孟子曰:"舜生于诸冯,迁于负夏,卒于鸣条,东夷之人也。文王生于岐周卒于毕郢,西夷之人也。地之相去也,千有馀里;世之相后也,千有馀岁。得志行乎中国,若合符节,先圣后圣,其揆一也。"

【译文】

孟子说:"舜生在诸冯,迁到负夏,死在鸣条,是东方人。文王生在周国的岐山,死在毕郢,是西方人。两地相距一千多里,时代相隔一千多年。但是他们在中原得以推行的意志,却像符节相合那样相同,古代的圣君和后代的圣君,他们的准则是相同的。"

解 读

夷也可以变为圣

古代中原是政治、经济、文化的中心,所以中原人称野蛮人为"夷"。但是,包括中原人在内,被所有人称为圣贤的舜帝和周文王,早先也是"夷"。他们"得志行乎中国"之后,才成为"圣"。他们为什么会成为"圣"呢?原因在于他们有相同的准则,那就是他们施行仁政。

从大处着手,以大局为重

【原典】

子产①听郑国之政,以其乘舆②济人于溱洧③。孟子曰:"惠而不知为政。岁十一月④,徒杠⑤成;十二月,舆梁⑥成,民未病涉也。君子平其政,行辟人可也,焉得人人而济之?故为政者,每人而悦之,日亦不足矣。"

【注释】

①子产：名公孙侨，字子产，春秋时郑国的宰相。②乘舆：指子产乘坐的车子。③溱洧（zhēn wěi）：两条河水的名称，会合于河南密县。④十一月：周历十一月为夏历九月，下文十二月为夏历十月。⑤徒杠：可供人徒步行走的小桥。⑥舆梁：能通车马的大桥。

【译文】

子产主持郑国的政事时，曾经用自己乘的车去帮助人们渡过溱水和洧水。孟子评论说："这是小恩小惠的行为，并不懂得从政，如果他十一月修成走人的桥，十二月修成过车马的桥，老百姓就不会为渡河而发愁了。君子只要把政事治理好，哪怕外出时执鞭开道让行人回避都可以，怎么能够机械地去帮助百姓一个一个地渡河呢？如果执政的人要去讨得每个人的欢心，那时间可就太不够用了。"

解 读

小恩小惠治不了本

诸葛亮说："治世以大德，不以小惠。"这正是孟子的意思。

子产用自己乘坐的车子去帮助老百姓过河，这事在一般人看来是属于爱人民的美德，因此传为美谈。但孟子从政治家的角度来要求子产，则认为这是小恩小惠的行为，治末而没有能够治本，于事无补。与其这样一个一个地去帮助老百姓过河，倒不如利用手中的权力为他们把桥修好，一劳永逸地解决问题，使他们再也没有过河的烦恼。

也就是说，政治家治国平天下，当以大局为重，而不应以小恩小惠去取悦于人，更不应以此来沽名钓誉。

从这个角度来说，孟子的观点是很有道理的。

和谐相处，上下级要互相尊重

【原典】

孟子告齐宣王曰："君之视臣如手足，则臣视君如腹心；君之视臣如犬马，则臣视君如国人；君之视臣如土芥，则臣视君如寇仇。"

王曰："礼，为旧君有服①，何如斯可为服矣？"

曰:"谏行言听,膏泽下于民;有故而去,则君使人导之出疆,又先于其所往;去三年不反,然后收其田里。此之谓三有礼焉。如此,则为之服矣。今也为臣,谏则不行,言则不听;膏泽不下于民;有故而去,则君搏执之,又极②之于其所往;去之日,遂收其田里。此之谓寇仇。寇仇,何服之有?"

孟子曰:"无罪而杀士,则大夫可以去;无罪而戮民,则士可以徙。"

孟子曰:"君仁莫不仁,君义莫不义。"

【注释】

①为旧君有服:指离职的臣子为原先的君主服孝。②极:穷困,这里作使动用法,意思是使其处境极端困难。

【译文】

孟子告诉齐宣王说:"君主把臣下当手足,臣下就会把君主当腹心;君主把臣下当狗马,臣下就会把君主当一般不相干的人;君主把臣下当尘土草芥,臣下就会把君主当仇敌。"

齐宣王说:"礼制规定,已经离职的臣下也应为过去的君主服孝。君主要怎样做才能使他们为他服孝呢?"

孟子说:"臣下有劝谏,君主接受;臣下有建议,君主听从,政治上的恩惠下达到老百姓。臣下有什么原因不得不离去,君主打发人送他出国境,并派人先到臣下要去的地方作一番安排布置;离开了三年还不回来,才收回他的土地和房屋。这就叫三有礼,这样做了,臣下就会为他服孝。如今做臣下的,劝谏,君王不接受;建议,君王不听从;政治上的恩惠到不了老百姓身上;臣下有什么原因不得不离去,君主把他捆绑起来,还想方设法在他所去的地方制造困难,离开的当天就收回他的土地和房屋。这种情况叫仇敌。君臣之间像仇敌一样,还有什么孝可服呢?"

孟子说:"士人无罪而被杀,那么大夫们会寒心而去;子民们无罪而被杀,那么士人会选择离开。"

孟子说:"君子如果仁,就没有人不仁;君主如果义,就没有人不义。"

解读

论君臣关系

所谓投桃报李,士为知己者死。又有所谓滴水之恩,当涌泉相报。

贤明的君主总是懂得这个道理,所以待臣下如手足,臣下必把君主当腹心,以死相报。比如说刘皇叔用关羽、张飞、诸葛亮，至今传为美谈。

其实，何止君王用臣下如此，现代的用人之道，又何尝不是如此呢？

说得通俗一点，也就是互相尊重，你敬我一寸，我敬你一尺。

不然的话，反目成仇，两败俱伤，也就君不君，臣不臣；领导不领导，被领导不被领导了。那又能怪谁呢？只能怪自己不会做领导人罢了。

随意杀害自己的大臣和子民，是暴君的行为，所以大夫和士人都会选择离开，都可迁到别国去。

同时，君王的言行一定要审慎，因为他会直接影响到臣民的言行。

有所为有所不为

【原典】

孟子曰："非礼之礼，非义之义：大人弗为有的。"

孟子曰："中也养不中，才也养不才①，故人乐有贤父兄也。如中也弃不中，才也弃不才，则贤不肖之相去，其间不能以寸②。"

孟子曰："人有不为也，而后可以有为。"

【注释】

①中也养不中，才也养不才：中：指无过、无不及的中庸之道，代指品德好的人。养：培养、熏陶、教育。②其间不能以寸：省略了"以寸量"的"量"字。

【译文】

孟子说："不合礼制的礼，不合正义的义，有德行的人是不会去做的。"

孟子说："品德修养好的人教育熏陶品德修养不好的人，有才能的人教育熏陶没有才能的人，所以人人都乐于有好的父亲和兄长。如果品德修养好的人抛弃品德修养不好的人，有才能的人抛弃没有才能的人，那么，所谓好与不好之间的差别，也就相近得不能用寸来计量了。"

孟子说："人要有所不为，然后才能有所为。"

【解读】

目标与行为的选择需合乎礼义

孟子认为，不去做不合礼制和正义的事，对目标与行为的选择要到位，舍弃小事而做大事，就像人们说的，有所不为才能有所为。并且团结大家一道进步，这样的贤者应该为师，才能有所作为，成就大事。

说到底，能者为师，帮助大家共同提高。人人都有教育熏陶他人的义务，这是大家所期盼的。它类似于我们现在所搞的"心连心"、"手拉手"活动。

把握分寸，言行有度

【原典】

孟子曰："言人之不善，当如后患何？"

孟子曰："仲尼不为已甚者。"

【译文】

孟子说："说人家的坏话，招来后患如何是好？"

孟子说："孔子不做过火的事。"

【解读】

要善于摒弃人性中的弱点

"谁人背后无人说，哪个人前不说人？"这一人性中的弱点，很容易破坏人际关系，搞得人人见而远之。

儒家主张，为人还要坚持中道，把握事物恰如其分的度，无过，也无不及。能做到恰如其分是大家最欢迎的。

不背后说人和做事恰如其分，确实需要加强自身的修养，只有达到这样的境界，才能在职场中游刃有余！

做事要合乎道义

【原典】

孟子曰:"大人者,言不必信,行不必果,惟义所在。"

孟子曰:"大人者,不失其赤子之心者也。"

【译文】

孟子说:"德行高尚的人说话不一定句句守信,做事不一定非有结果不可,只要合乎道义就行。"

孟子说:"德行高尚的人是童心未泯的人。"

解读

学会灵活变通至关重要

孟子想告诉人们的是,德行高尚的人物有两个较为鲜明的特点:即注意通权达变和保持本真。

他认为不能拘泥固执于"信"而不知变通。用我们所说的最为极端的情况就是,难道对你的敌人也要讲"信用"吗?所以,要根据具体情况而通权达变。通权达变的标准即为"惟义所在"。这是最基本的不能放弃的东西,也是我们在实际生活中应掌握的原则。

同时,认为伟大的人胸怀宽广,"宰相肚里能撑船",而童心纯真不伪,本色自然。

宰相肚里之所以能撑船,是因为他不斤斤计较于一得之利,一孔之见,而能够保全自然无伪的本色,永远以一种童心般的新奇和纯真面对这个世界,蓬勃向上,以至于无所不知,无所不能。这里面的关键有两点:一是纯真,二是大度。正是在这两点上,我们可以找到真正伟大的人物与童心的相通之处。

学问的至高境界是自得而简约

【原典】

孟子曰:"君子深造之以道,欲其自得之也。自得之,则居之安;居之安,则资①之深;资之深,则取之左右逢其原②。故君子往其自得之也。"

孟子曰:"博学而详说之,将以反说约也。"

【注释】

①资:积累。②原:同"源"。

【译文】

孟子说:"君子遵循一定的方法来加深造诣,是希望自己有所体会,有所收获。自己有所体会,就能够掌握牢固;掌握得牢固,就能够积累深厚;积累得深厚,用起来就能够左右逢源。所以,君子总是希望自己有所收获。"

孟子说:"广博地学习,详尽地解说,目的在于融会贯通后返归到简约去。"

解读

"他得"与"自得"效果大不相同

在孟子看来,"自得"与"他得"效果是完全不同的。一个人要有大学问,非"自得"不可。简言之,自得是内功,而不是招式。南郭先生滥竽充数,招式是做够了,但内功却一点也没有,其要害在于不求自得而求得之于人,生怕别人不知道自己,而不怕自己没有才能,与孟子所倡导的精神恰恰相反。

同时,我们还应懂得,大学问里的真理原本是至简至约的,而不是所谓"饱学之士"为了炫耀渊博故意将其变复杂与深奥,从而让人生畏。

比方说,"人是什么?""文化是什么?"不说人人都明白,一说人人都糊涂。所以,博学详说不是为了炫耀渊博,故作深沉,而是为了深入浅出,出博返约。

说白了,博学详说是手段,归于简约才是目的。

以善滋养人，德行崇高

【原典】

孟子曰："以善服人者，未有能服人者也；以善养人，然能服天下。天下不心服而王者，未之有也。"

孟子曰："言无实不祥；不祥之实，蔽贤者当之。"

徐子①曰："仲尼亟②称于水，曰：'水哉，水哉！'何取于水也？"

孟子曰："源泉混混③，不舍昼夜，盈科④而后进，放乎四海。有本者如是，是之取尔⑤。苟为无本，七八月之间雨集，沟浍⑥皆盈；其涸也，可立而待也。故声闻过情，君子耻之。"

【注释】

①徐子：孟子的学生徐辟。②亟：屡次。③混混：通"滚滚"，水势盛大的样子。④科：坎。⑤是之取尔："取是尔"的倒装句，意思是取这个罢了。⑥浍（kuài）：田间大沟渠。

【译文】

孟子说："单凭善就想使人心服，是不能够使人心服的；只有以恩泽去养人，才能够使天下的人心服。天下的人不心服而想统一天下，这是不可能的。"

孟子说："言论空洞无物，是不好的。这种不好的后果，应该由那些阻碍选用贤者的人承担责任。"

徐子说："孔子曾多次赞叹水，说：'水啊！水啊！'他到底觉得水有什么可取之处呢？"

孟子说："水从源泉里滚滚涌出，日夜不停地流着，把低洼之处填满，然后又继续向前，一直流向大海。它是如此永不枯竭，奔流不息。孔子所取的，就是它的这种特性啊。试想，如果水没有这种永不枯竭的本源，就会像那七八月间的暴雨一样，虽然也可以一下子灌满大小沟渠，但也会一下子就干涸枯竭。所以，声望名誉超过了实际情形，君子就会感到羞耻。"

解 读

改造小人靠教育

孟子认为,那些妨碍贤士选用的"蔽贤者",都是小人。他们往往用"无实"即没有真凭实据的谣言来诽谤贤士,这么做,很不吉利。最终,这些不吉利的后果,要由这些小人自己来承担。要想从根本上改造这些小人,得靠教育。

儒家很重视教育。孟子认为教育的潜移默化功能是不可估量的。无论你有多么好的思想,多么好的治国平天下方略,一言以蔽之,多么"善",不通过"养人"——培养教育,怎么能够让人们理解而化为他们的思想和行为呢?

儒家也极重视教育方法,通常用形象化的教育方法来使人愉快地接受。比如在这里用水比拟人的道德品质,强调务本求实,反对一个人的名誉声望与自己的实际情况不符。要求大家像水一样,有永不枯竭的安身立命之本,不断进取,自强不息。

仁义为立身之本

【原典】

孟子曰:"人之所以异于禽兽者几希①,庶民去之,君子存之。舜明于庶物,察于人伦,由仁义行,非行仁义也。"

【注释】

①几希:少,一点点。

【译文】

孟子说:"人和禽兽的差异就那么一点儿,一般人抛弃它,君子却保存它。舜明白一般事物的道理,了解人类的常情,于是从仁义之路而行,而不是为行仁义而行仁义。"

解读

人和动物的区别

孟子说，人与禽兽的差异就那么一点儿，至于那一点儿到底是什么，他在这里没有说。不过，我们在《滕文公（上）》里曾听他说过人之所以为人，吃饱了，穿暖了，住得安逸了，如果没有教养，那就和禽兽差不多。可见，在孟子看来，人和禽兽的差别就在于有没有教养，用我们今天的话来说，就是有没有精神方面的东西。

孟子说："庶民去之，君子存之。"一般人往往容易忽视这一点，只有品质高尚的人才注意保存和发展这一点。比如说有的人认为"人生在世，吃穿二字"，那就是标榜"饱食、暖衣、逸居而无教"，自然是"近于禽兽"了。当然，孟子也并不是要完全否定"饱食、暖衣、逸居"，要求人们不食人间烟火，苦行禁欲。而是认为应该像舜帝那样，"明于庶物，察于人伦，由仁义行"，从一般事物的道理和人类的常情出发行仁义之道，而不是为行仁义而行仁义，不顾人之常情。

学习先人可贵品质

【原典】

孟子曰："禹恶旨酒而好善言。汤执中，立贤无方。文王视民如伤，望道而未之见。武王不泄迩，不忘远。周公思兼三王，以施四事；其有不合者，仰而思之，夜以继日；幸而得之，坐以待旦。"

【译文】

孟子说："禹厌恶美酒而喜爱有道理的话。汤坚守中庸之道，选拔贤人不拘一格。文王对待老百姓就像对待受伤的人，渴望真理就像从未见过一样。武王不轻侮近臣，也不遗忘远方的贤人。周公想要兼学夏、商、周三代的王，来实践禹汤、文王、武王所行的勋业；自己的言行有与他们不符合的，就仰头考虑，白天想不好，晚上接着想；侥幸想出了结果，就坐着等待天亮去付诸实施。"

> **解 读**

学习需要与时俱进

学习先王的经验当然有理,但后世会出现无数的新情况,如不与时俱进,不断探索,怎能治理天下?可见孟子思想多有守旧、迂腐的成分。

孔孟学说与历史典集源远流长

【原典】

孟子曰:"王者之迹熄而《诗》亡,《诗》亡然后《春秋》作。晋之《乘》,楚之《梼杌》,鲁之《春秋》,一也;其事则齐桓、晋文,其文则史。孔子曰:'其义则丘窃取之矣。'"

孟子曰:"君子之泽五世而斩,小人之泽五世而斩。予未得为孔子徒也,予私淑诸人也。"

【译文】

孟子说:"王者的事迹泯灭了,《诗经》也没有了,《诗经》没有了,《春秋》便出现了。晋国的《乘》、楚国的《梼杌》、鲁国的《春秋》,都是同类的史书:所记载的是齐桓公、晋文公的事,所用的笔法是一般史书的笔法。孔子说:'扬善抑恶的大义,我在《春秋》上便借用了。'"

孟子说:"君子的德泽五代以后便断绝了,小人的德泽也是五代以后便断绝了。我没有能成为孔子的门徒,我是私下向人学习来的。"

> **解 读**

好的学说经久不断

在这里,孟子想告诉人们的是,好的史集和精典的学说是可以百世传承的。《春秋》为史,《诗经》亦史,当时的确文史不分家。《诗经》之前,当亦有史,曰口传之史,神话之类即是。孔子编订《春秋》,则灌注了儒家扬善抑恶的大义，使其成为儒家经典。

孔学、孟学，皆为仁学、儒学，孟子其生也晚，不能成为孔子的门徒。大体上，孔子死后百年，孟子才出生。百年之期，已过五代。不管是君子还是小人，五代之后，其流风余韵早就断绝了。但是孔子的学说却没有断绝，而是在孔门弟子、再传弟子中不断流传。

清醒认识事物的本质

【原典】

孟子曰："可以取，可以无取，取伤廉；可以与，可以无与，与伤惠；可以死，可以无死，死伤勇。"

孟子曰："西子[①]蒙不洁，则人皆掩鼻而过之；虽有恶[②]人，斋戒沐浴，则可以祀上帝。"

【注释】

①西子：指春秋时越国美女西施，这里以她代指美女。②恶：这里与"西子"相对，主要指丑陋。

【译文】

孟子说："可以拿取，也可以不拿取的，拿取了有损廉洁；可以给予，也可以不给予的，给予了有损恩惠；可以死，也可以不死的，死了有损勇敢。"

孟子说："像西施那么美丽的女子，如果她沾染上污秽恶臭的东西，别人也会捂着鼻子走过去；虽然是一个面貌奇丑的人，如果他斋戒沐浴，也同样可以祭祖上帝。"

解 读

论事物之辩证

以上两则展现出的皆是事物辩证思想。

在"取伤廉""与伤惠"和"死伤勇"三者之间存在：可拿可不拿，拿了就有伤"廉"之美名，所以还是不拿好；可给可不给，给了让人觉得矮你一头，有伤"惠"之美名，所以还是不给好；可去死也可不去死，却一定要去死，这不是真正的"勇"，还是不死好。实际上它们之间的转化全凭"智"。

"人皆为西子掩鼻而过"一事则表明，有美有善不足恃，贵在保持勿失；有丑有恶不足惧，贵在自新。

这就是美丑善恶相互转化的辩证法。

教人应该艺德并重

【原典】

逢蒙①学射于羿②，尽羿之道，思天下惟羿为愈己，于是杀羿。孟子曰："是亦羿有罪焉。"

公明仪曰："宜若无罪焉。"

曰："薄乎云尔，恶得无罪？郑人使子濯孺子侵卫，卫使庾公之斯追之。子濯孺子曰：'今日我疾作，不可以执弓，吾死矣夫！'问其仆曰：'追我者谁也？'其仆曰：'庾公之斯也。'曰：'吾生矣。'其仆曰：'庾公之斯，卫之善射者也；夫子曰吾生，何谓也？'曰：'庾公之斯学射于尹公之他，尹公之他学射于我。夫尹公之他，端人也，其取友必端矣。'庾公之斯至，曰：'夫子何不为执弓？'曰：'今日我疾作，不可以执弓。'曰：'小人学射于尹公之他，尹公之他学射于夫子。我不忍以夫子之道反害夫子。虽然，今日之事，君事也，我不敢废。'抽矢，扣轮，去其金，发乘矢③而后反。"

【注释】

①逢（péng）蒙：羿的学生和家众，后来叛变，帮助寒浞（zhuó）杀了羿。②羿：又称后羿，传说是夏代有穷国的君主。③乘矢：四支箭。

【译文】

逢蒙跟羿学射箭，学得了羿的技巧后，他便想，天下只有羿的箭术比自己强了，于是便杀死了羿。孟子说："这事也有羿自己的罪过。"

公明仪说："羿不该有什么罪过吧。"

孟子说:"罪过不大罢了,怎么能说没有呢?从前郑国派子濯孺子侵入卫国,卫国派庾公之斯追击他。子濯孺子说:'今天我的病发作了,不能够拿弓,我死定了!'又问给他驾车的人说:'追我的人是谁呀?'驾车的人答道:'是庾公之斯。'子濯孺子便说:'那我不会死了。'给他驾车的人说:'庾公之斯是卫国著名的射手,先生反而说不会死了,这是为什么呢?'子濯孺子说:'庾公之斯是向尹公之他学的射箭,尹公之他是向我学的射箭。那尹公之他是个正直的人,他所选择的朋友也一定正直。'庾公之斯追上来了,问:'先生为什么不拿弓呢?'子濯孺子说:'今天我疾病发作,不能够拿弓。'庾公之斯说:'我跟尹公之他学射箭,尹公之他又跟您学射箭。我不忍心用您的箭术反过来害您。不过,今天这事是国家的公事,我不敢不做。'于是抽出箭,在车轮上敲打了几下,把箭头敲掉,发了四箭然后就回去了。"

解读

教人不识人反受其害

逢蒙艺成害师,历来为人所不齿,这本已是大家的共识,孟子却提出了自己独特的见解,认为羿有自取其祸的责任在内。乍一听来,我们会和他的学生公明仪一样认为没有什么道理,但仔细想想,也就觉得并非没有道理了。比如说我们今天有些人"引狼入室",引小偷进家门,往往是由于房主人自己平时不谨慎,把一些不三不四的人带进屋,使之见财起意,产生歹心,结果发生失窃甚至谋财害命的惨案。这能说房主人自己一点责任也没有吗？

这里包含了对学生进行品德教育方面的问题。如果并不只是教逢蒙箭术，也教他做人的道理，简言之，既传艺，也传德，类似悲剧也许就不会发生了。

因势利导，顺应自然

【原典】

孟子曰："天下之言性也，则故而已矣。故者以利为本。所恶于智者，为其凿也。如智者若禹之行水也，则无恶于智矣。禹之行水也，行其所无事也。如智者亦行其所无事，则智亦大矣。天之高也，星辰之远也，苟求其故，千岁之日至，可坐而致也。"

【译文】

孟子说："天下讲物性或人性的，都是指它的本然状态罢了。它的本然状态是以顺应自然为根本。人们之所以讨厌耍小聪明，是因为它的穿凿附会。如果聪明人像禹治水那样，聪明就不令人厌恶了。禹治水，只是顺应水势，因势利导，看来就像无所作为。如果聪明人也能这样遵照事物的规律，顺其本性，那就是大聪明了。天那么高，星辰那么远，如果研究它们已有的迹象，探求其变化规律，千年以后的冬至，都可以坐着推算出来。"

解读

巧智把握不了人性

本章论人之天性在于自然，研究人性者也要顺应自然。

孟子认为，推究人性之所以然，要以顺应自然之理为根本。在这个问题上，不能用巧智，因为这很容易流于穿凿附会，反而把握不了人性。但是，假如聪明人用好巧智，能像大禹治水那样顺应自然，那么巧智也很了不得。人类是大自然的产物，他们有自然而然的需求，君主尊重并满足这种需求，这便是"仁"。

作为一种治学方法，如果将其与西方人条分缕析的方法结合起来，我们的学问就会大有长进。

不畏权贵真君子

【原典】

公行子有子之丧，右师往吊。入门，有进而与右师言者，有就右师之位而与右师言者。孟子不与右师言，右师不悦曰："诸君子皆与骥言，孟子独不与骥言，是简骥也。"孟子闻之，曰："礼，朝廷不历位而相与言，不逾阶而相揖也。我欲行礼，子敖以我为简，不亦异乎？"

【译文】

公行子死了儿子，右师去吊唁。他一进门，就有人上前去和他说话，坐定后，又有人靠近他的座位和他说话。而孟子没有和右师说话，右师不高兴，说："各位君子都和我说话，只有孟子不和我说话，这是怠慢我。"

孟子听到后，说："礼的规矩是，在朝廷上不越过位次来交谈，不越过台阶来作揖。我要依礼而行，子敖却以为我怠慢了他，这不很奇怪吗？"

解读

依礼而行没有错

本章通过故事的形式，表现了王子敖的狂傲和孟子的为人一板一眼，二者形成了鲜明的对比。

其情节是，公行子的儿子死了，王子敖、孟子等都去吊丧。王子敖一进去，有些人便"进"、"就"而与之交谈，只有孟子坐在原位不动，也不与王子敖说话。

王子敖认为孟子轻视他。孟子以为，按礼的规定，在朝廷中不越位讲话，不越阶作揖。孟子只是依礼而行罢了。你认为我轻视你，不也奇怪吗？透过简单的故事，我们可以清晰地了解两个人的个性特征。

反省是一面镜子

【原典】

孟子曰："君子所以异于人者，以其存心也。君子以仁存心，以礼存心。仁者爱人，有礼者敬人。爱人者，人恒爱之；敬人者，人恒敬之。有人于此，其待我以横逆①，则君子必自反也：我必不仁也，必无礼也，此物奚宜②至哉？其自反而仁矣，自反而有礼矣，其横逆由③是也，君子必自反也：我必不忠。自反而忠矣，其横道出是也，君子曰：'此亦妄人也已矣。如此，则与禽兽奚择④哉？于禽兽又何难⑤焉？'是故君子有终身之忧，无一朝之患也。乃若所忧则有之：舜，人也；我，亦人也。舜为法⑥于天下，可传于后世。我由未免为乡人也，是则可忧也。忧之如何？如舜而已矣。若夫君子所患则亡矣。非仁无为也，非礼无行也。如有一朝之患，则君子不患矣。"

【注释】

①横逆：蛮横无理。②此物奚宜：此物：指上文所说"横逆"的态度。奚宜：怎么应当。③由：同"犹"。下文"我由未免为乡人也"中的"由"也同"犹"。④择：区别。⑤难：责难。⑥法：楷模。

【译文】

孟子说："君子与一般人不同的地方在于，他内心所怀的念头不同。君子内心所怀的念头是仁，是礼。仁爱的人爱别人，礼让的人尊敬别人。爱别人的人，别人也经常爱他；尊敬别人的人，别人也经常尊敬他。假定这里有个人，他对我蛮横无理，那君子必定反躬自问：我一定不仁，一定无礼吧，不然的话，他怎么会对我这样呢？如果反躬自问是仁的，是有礼的，而那人仍然蛮横无理，君子必定再次反躬自问：我一定不忠吧？如果反躬自问是忠的，而那人仍然蛮横无理，君子就会说：'这人不过是个狂人罢了。这样的人和禽兽有什么区别呢？而对禽兽又有什么可责难的呢？'所以君子有终身的忧虑，但没有一朝一夕的祸患。比如说这样的忧虑是有的：舜是人，我也是人；舜是天下的楷模，名声传于后世，可我却不过是一个普通人而已。这个才是值得忧虑的事。忧虑又怎么办呢？像舜那样做罢了。至于君子别的什么忧患就没有了。不是仁爱的事不做，不合于礼的事不做。即使有一朝一夕的祸患到来，君子也不会感到忧患了。"

解读

互爱互敬社会和睦

这是一段典型的劝人互爱互敬的文字，在论述中又强调了个人修养中的反躬自省。

道理并不深奥，可以说是不言而喻。关键是要有行动的热情。如果人人都有这种行动的热情，许多人际之间的矛盾纠葛就会没有了，许多事情就要好办得多了，社会的文明程度就会大大提高了。

做人要学会换位思考

【原典】

禹、稷当平世，三过其门而不入，孔子贤之。颜子当乱世，居于陋巷，一箪食，一瓢饮；人不堪其忧，颜子不改其乐，孔子贤之。孟子曰："禹、稷、颜回同道。禹思天下有溺者，由己溺之也；稷思天下有饥者，由己饥之也，是以如是其急也。禹、稷、颜子易地则皆然。今有同室之人斗者，救之，虽被发缨冠而救之，可也；乡邻有斗者，被发缨冠而往救之，则惑也，虽闭户可也。"

【译文】

禹、后稷生活在太平之世，多次路过自己的家门却没有进去，孔子称赞他们。

颜渊生活在乱世，居住在简陋巷子，一筐饭，一瓢水，人们都不堪忍受那种忧患的生活，而颜渊却不改变他乐观的心态，孔子也称赞他。

孟子说："禹、后稷、颜渊走的是同样的人生道路。大禹想到天下有遭水淹没的人，就像自己也被水淹了一样；后稷想到天下有挨饿的人，就像自己也挨饿一样，他们所以才会那样急人之所急。大禹、后稷、颜渊，如果互相交换一下位置处境，也都会有同样的表现。现在自家人互相打斗，要去救他们，即使是披头散发，帽缨紊乱去救急，也是应该的。但如果乡间邻居打斗，也是披头散发，帽缨紊乱去救急，那就难以理解了，只要关门闭户就可以了。"

解读

最好的表现靠日常积累而来

孟子所说的是表面现象，其言下之意是，心中有了建立人与人之间相互亲爱的关系的思想，有了遵守一定的社会行为规范的思想，在行动上随时都会表现出来。也就是说，最佳行为方式不是假装出来的，不是靠选择产生的，而是依着平常的努力学习和积累，是依着本性而自自然然地涌现出来的。

孝是中华民族的传统美德

【原典】

公都子曰："匡章，通国皆称不孝焉，夫子与之游，又从而礼貌之，敢问何也？"孟子曰："世俗所谓不孝者五，惰其四支①，不顾父母之养，一不孝也；博弈好饮酒，不顾父母之养，二不孝也；好货财，私妻子，不顾父母之养，三不孝也；从②耳目之欲，以为父母戮③，四不孝也；好勇斗很④，以危父母，五不孝也。章子有一于是乎？夫章子，子父责善而不相遇也。责善，朋友之道也；父子责善，贼恩之大者。夫章子，岂不欲有夫妻子母之属哉？为得罪于父，不得近，出妻屏子，终身不养焉。其设心以为不若是，是则罪之大者，是则章子而已矣。"

孟子曰："养生者不足以当大事，惟送死可以当大事。"

【注释】

①四支：即四肢。②从：同"纵"。③戮：羞辱。④很：同"狠"。

【译文】

公都子说："匡章，全国都说他不孝，先生和他交往，而且对他礼敬有加，请问这是为什么？"孟子说："通常认为不孝的情况有五种：四肢懒惰，不管赡养父母，这是第一种；酗酒聚赌，不管赡养父母，这是第二种；贪吝钱财，只顾老婆孩子,不管赡养父母,这是第三种;放纵声色享乐,使父母感到羞辱,这是第四种;逞勇好斗,连累父母,这是第五种。"

孟子说:"只奉养健在的父母的难以担当大事情,只有为他们安葬送终了,才可以担当大事情。"

解读

孝敬父母天经地义

对于我们今天的人来说,这五种不孝的情况仍然不同程度地存在着,但其中最为典型、最切中时弊的恐怕是第三种:好货财,私妻子,不顾父母之养。此类事情可谓司空见惯。

可见,提倡孝敬父母,强调赡养父母,人人有责,到今天不仅没有过时,反而还具有非常重要的现实意义。

在这里孟子认为孝是仁的根本。

对父母双亲,只养生而不送终,并非真孝子,所以难以担当大任;既养生又送终,才是真孝子,才可以担当大任。古人认为,灵魂才是生命的真正所在。而肉体只是灵魂暂时的依托罢了。父母死了,只是肉身死亡,其真正的生命灵魂并未死去。所以,古人既重养生,也重送终。

地位往往会支配行动

【原典】

曾子居武城,有越寇。或曰:"寇至,盍去诸?"

曰:"无寓人于我室,毁伤其薪木。"寇退,则曰:"修我墙屋,我将反。"寇退,曾子反。左右曰:"待先生如此其忠且敬也,寇至,则先去以为民望;寇退,则反,殆于不可。"沈犹行曰:"是非汝所知也。昔沈犹有负刍之祸,从先生者七十人,未有与焉。"

子思居于卫,有齐寇。或曰:"寇至,盍去诸?"子思曰:"如伋去,君谁与守?"

孟子曰:"曾子、子思同道。曾子,师也,父兄也;子思,臣也,微也。曾子、子思易地则皆然。"

储子曰:"王使人瞯夫子,果有以异于人乎?"孟子曰:"何以异于人哉?尧舜与人同耳。"

【译文】

曾子住在武城,有越国军队入侵。有人说:"敌人要来了,何不离开这里?"

曾子说:"可以离开,但不要让人住到我屋里,不得毁坏那些树木。"敌人要撤退了,他又说:"修葺好我的房屋,我要回来了。"敌人撤退,曾子回来了。曾子的学生议论说:"武城的人们待先生这样忠诚恭敬,敌人一来你先走开,给老百姓树立了一个坏榜样;敌人一退你就回来,恐怕不可以的。"沈犹行说:"这不是你们所能明白的。从前先生住在我那里,遇到一个叫负刍的人作乱,随从先生的七十人,也都跟着先生走了,没有人参加抵抗。"

子思住在卫国,有齐国的军队入侵。有人说:"敌人要来了,何不离开这里?"子思说:"如果我走了,君主和谁一道来守城呢?"

孟子说:"曾子、子思走的是同一条道路。曾子,是老师,是父兄。子思,是臣子,是地位较低的人。曾子和子思如果交换地位,也会像对方一样行动的。"

储子说:"大王派人来窥探先生,先生真的有跟别人不一样的地方吗?"孟子说:"哪有跟别人不一样的地方呢?尧舜都跟别人是一样的。"

解读

特权主义思想不能提倡

本章论证了一个古怪的道理:老师、前辈、上级多有自由,反之下级、晚辈、学生多有义务。孟子在评述文中的两个故事时,便提出了上述古怪的道理。这道理不是孟子也不是孔子的创见,而是多年形成的自然法则,早在孔孟之前就是这样。这样的道理,除了有部分积极的意义外,还含有某种特权主义思想,是极不能提倡的。

由此可见,孟子自视为尧舜。这与其讲"五百年必有王者兴"如出一辙。看来,他不仅自视为"名世"的贤人,而且也自视为应运而生的"王者",有点狂者的味道。

别被名利束缚心

【原典】

齐人有一妻一妾而处室者，其良人①出，则必餍②酒肉而后反。除问所与饮食者，则尽富贵也。其妻告其妾曰："良人出，则必餍酒肉而后反；问其与饮食者，尽富贵也，而未尝有显者来，吾将间③良人之所之也。"蚤④起，施⑤从良人之所之，遍国中无与立谈者。卒之东郭墦间，之祭者，乞其余；不足，又顾而之他——此其为餍足之道也。其妻归，告其妾，曰："良人者，所仰望而终身也，今若此！"与其妾讪其良人，而相泣于中庭，而良人未之知也，施施从外来，骄其妻妾。

由君子观之，则人之所以求富贵利达者，其妻妾不羞也，而不相泣者，几希矣！

【注释】

①良人：古代妇女对丈夫的称呼。②餍（yàn）：饱。③间（jiàn）：窥视。④蚤：同"早"。⑤施（yì）：斜。这里指斜行，斜从跟随，以免被丈夫发现。

【译文】

齐国有一个人，家里有一妻一妾。那丈夫每次出门，必定是吃得饱饱地、喝得醉醺醺地回家。他妻子问他一道吃喝的是些什么人，据他说来全都是些有钱有势的人。他妻子告诉他的妾说："丈夫出门，总是酒醉肉饱地回来；问他和些什么人一道吃喝，据他说来全都是些有钱有势的人，但我们却从来没见到什么有钱有势的人物到家里面来过，我打算悄悄地看看他到底去些什么地方。"

第二天早上起来，她便尾随在丈夫的后面，走遍全城，没有看到一个人站下来和她丈夫说过话。最后他走到了东郊的墓地，向祭扫坟墓的人要些剩余的祭品吃；不够，又东张西望地到别处去乞讨——这就是他酒醉肉饱的办法。

他的妻子回到家里，告诉他的妾说："丈夫，是我们寄以希望而终身依靠的人，现在他竟然是这样的！"二人在庭院中咒骂着，哭泣着，而丈夫还不知道，得意扬扬地从外面回来，在他的两个女人面前摆威风。

在君子看来，人们用来求取升官发财的方法，能够不使他们的妻妾引以为耻而共同哭泣的，是很少的！

解 读

爱虚荣的人不可做

　　这是一则很著名的寓言故事。读罢既觉好笑，又有几分恶心。孟子的讽刺是辛辣而深刻的。孟子的原意是讽刺他那个时代不择手段去奔走于诸侯之门，求升官发财的人，他们在光天化日下冠冕堂皇，自我炫耀，暗地里却行径卑劣，干着见不得人的勾当。

　　其实，在我们今天读来，也仍然可以感到生活中有这位齐国"良人"的影子。他们当然已不可能像这位齐国"良人"那样"有一妻一妾而处室"。无妻妾可"骄"了，但是可以"骄"同事、"骄"朋友嘛。

卷九　万章(上)

　　本卷各章均为答弟子万章之问。中心内容是通过对历史事件的阐释,宣扬"君权神授"的思想。孟子认为,天子的地位是至高无上的,是"天意"决定的。而这个天意就是民意。天意决定把君权授予谁,民意就反映出拥护谁,仍是"以民为本"。上天选定了天子以后,还要选择一个先知先觉的贤臣来辅佐天子,使"先知觉后知,先觉觉后觉",从而匡正万民,治理天下。

　　另外,还论述了舜孝养父母、亲爱兄弟的品德以及禅让与世袭制度的依据。

多尽孝道，感恩父母

【原典】

万章问曰："舜往于田，号泣于旻天，何为其号泣也？"

孟子曰："怨慕也。"

万章曰："'父母爱之，喜而不忘；父母恶之，劳而不怨。'然则舜怨乎？"

曰："长息问于公明高①曰：'舜往于田，则吾既得闻命矣；号泣于旻天，于父母，则吾不知也。'公明高曰：'是非尔所知也。'夫公明高以孝子之心，为不若是恝②：我竭力耕田，共为子职而已矣，父母之不我爱，于我何哉？帝使其子九男二女，百官牛羊仓廪备，以事舜于畎亩之中，天下之士多就之者，帝将胥天下而迁之焉。为不顺于父母，如穷人无所归。天下之士悦之，人之所欲也，而不足以解忧；好色，人之所欲，尧帝之二女③，而不足以解忧；富，人之所欲，富有天下，而不足以解忧；贵，人之所欲，贵为天子，而不足以解忧。人悦之、好色、富贵，无足以解忧者，惟顺于父母可以解忧。人少，则慕父母；知好色，则慕少艾；有妻子，则慕妻子；仕则慕君，不得于君则热中。大孝终身慕父母。五十而慕者，予于大舜见之矣。"

【注释】

①长息问于公明高：长息：公明高的弟子。公明高：曾参的弟子。②恝（jiá）：无忧无愁的样子。③尧帝之二女：传说尧把自己两个女儿娥皇和女英嫁给了舜。

【译文】

万章问道："舜走到田里，对着天诉说、哭泣，他为什么要诉说、哭泣呢？"

孟子说："因为他对父母既抱怨又眷念。"

万章说："曾子说过：'父母喜欢自己，高兴而不忘记父母；父母讨厌自己，仍然勤劳侍奉而不抱怨父母。'那么舜是抱怨父母吗？"

孟子说："长息曾问公明高：'舜到田里去，我听您解说过了；他对天诉说、哭泣，这样对父母，我还不理解。'公明高说：'这不是你所能明白的。'公明高认为，孝子的心是不能像这样无忧无虑的：我竭力耕田，恭敬地尽到做儿子的职责就行了，要是父母不喜欢我，我有什么责任呢？帝尧让自己的九个儿子两个女儿，带着大小官员、牛羊、粮食，到田野中侍奉舜，天下的士人投奔他的也很多，帝尧还将把整个天下让给他。舜却因为不能使父母顺心，而像走投无路的人无所归宿似的。天下的士人喜欢他，这是人人想得到的，却不足以消除他的忧愁；漂亮的女子，这是人人想得到的，舜娶了帝尧的两个女儿，却不足以消除他的忧愁；财富，是人人想得到的，舜富有天下，却不足以消除他的忧愁；地位尊贵，是人人想得到的，舜尊贵到当了天子，却不足以消除他的忧愁。士人的喜欢、漂亮的女子、财富和尊贵，没有一样足以消除忧愁，只有顺了父母心意才能消除忧愁。人在幼小的时候，就依恋父母；懂得找对象了，就倾慕年轻美貌的女子；有了妻子，就眷念妻子；做了官就思念君主，得不到君主信任，心里就热辣辣地难受。具有最大孝心的人，才能终身眷念父母。到了五十岁还眷念父母的，我在伟大的舜的身上看到了。"

解读

学会大爱

本章称颂舜帝之孝道，并提出"大孝终生慕父母"之说。

细想来，终身都爱慕父母的无非两种情况：

一种是终身都只爱慕父母，其他如朋友、妻子、君王等统统不爱。

另一种是既终身爱慕父母，又不妨害爱朋友、爱妻子、爱君王等。按常理来说，第二种是正常的情感心态，第一种则出于"恋父"、"恋母"情结了。

不要被片面的假象所蒙骗

【原典】

万章问曰："《诗》云，'娶妻如之何？必告父母①'。信斯言也，宜莫如舜。舜之不告而娶，何也？"

孟子曰："告则不得娶。男女居室，人之大伦也；如告，则废人之大伦，以怼父母，是以不告也。"

万章曰："舜之不告而娶，则吾既得闻命矣；帝之妻舜而不告，何也？"

曰："帝亦知告焉则不得妻也。"

万章曰："父母使舜完廪，捐阶，瞽瞍焚廪。使浚井，出，从而掩之。象②曰：'谟盖都君③咸我绩。牛羊父母，仓廪父母，干戈朕，琴朕，弤朕，二嫂使治朕栖。'象往入舜宫，舜在床琴。象曰：'郁陶④思君尔。'忸怩。舜曰：'惟兹臣庶，汝其于予治。'不识舜不知象之将杀己与?"

曰:"奚而不知也?象忧亦忧,象喜亦喜。"

曰:"然则舜伪喜者与?"

曰:"否。昔者有馈生鱼于郑子产,子产使校人畜之池。校人烹之,反命曰:'始舍之,圉圉焉;少则洋洋焉;攸然而逝。'子产曰:'得其所哉!得其所哉!'校人出,曰:'孰谓子产智?予既烹而食之,曰:得其所哉,得其所哉。'故君子可欺以其方,难罔以非其道。彼以爱兄之道来,故诚信而喜之,奚伪焉?"

【注释】

①这两句出自《诗经·齐风·南山》。②象:人名,相传是舜的同父异母弟。③谟盖都君:盖:"害"的假借字。都君:指舜。④郁陶:思念之状。

【译文】

万章问道:"《诗经》上说,'娶妻应该怎么做?一定先要禀告父母'。信守这道理的,应该没有人能比得上舜的。可是舜不禀告父母就娶妻,这是为什么呢?"

孟子说:"禀告了,就娶不成了。男女成婚,是人类重大的伦理关系;如果舜禀告了而娶不成妻,就废掉了这种伦理关系,反而引起对父母的怨恨,所以不禀告。"

万章说:"舜不禀告就娶妻,我已领教了您的解释,帝尧把女儿嫁给舜,却也不告诉舜的父母,为什么呢?"

孟子说:"帝尧也知道,告诉了他们就嫁不成了。"

万章说:"父母叫舜修理粮仓,等他爬上仓后,拿掉了梯子,他父亲瞽瞍放火烧粮仓,想把舜烧死。又曾叫舜淘井,舜已经出了井,瞽瞍不知道,随即就填井,想把舜埋在井里。

"象说:'谋害舜都是我的功劳。害死了他,他的牛羊归父母,粮食归父母,干戈归我,琴归我,弓归我,让两个嫂嫂替我整理床铺。'象走进舜的住房,不料舜没有死,正在床上弹琴。象说:'我可想念你啦!'神情很不自然。舜说:'我惦念着这些臣仆,希望你来帮我管理。'我不知道,舜真的不晓得象要杀害他吗?"

孟子说:"怎么会不知道呢?舜看重兄弟情义,象忧愁,他也忧愁;象高兴,他也高兴。"

万章说:"这么说,舜是假装高兴的吗?"

孟子说:"不。从前有人送条活鱼给郑国的子产,子产叫管理池塘的小吏把它放养到池塘里。小吏把鱼煮煮吃了。回来报告说:'刚放它时,半死不活的;不一会儿就摇摆着尾巴游开了;一转眼就游不见了。'子产说:'得着它的好去处了!得着它的好去处了!'小吏出来后说:'谁说子产聪明?我都把鱼煮吃掉了,他还说:

得着它的好去处了，得着它的好去处了。'所以君子可以用合乎道理的事欺骗他，难以用没有道理的事蒙骗他。象装着敬爱兄长的样子来了，所以舜真诚地相信他，而且感到高兴，怎么是假装的呢？"

解读

防人之心不可无

有术就能使人受骗，不仅使普通人受骗，就是有德有才的君子，像郑国贤宰相子产那样的聪明人，也照样受骗。只不过这得有个条件，就是你得把谎话说圆，说得合乎情理，就像那个"校人"那样，把鱼开始怎么样，接着又怎么样，最后又怎么样说得非常生动细致，活灵活现，难怪子产要上当，要相信他了。这里面还有一层微妙的原因在于，越是君子，其实越容易受骗。因为君子总是以君子之腹度人，凡事不大容易把人往坏处想，结果往往上骗子的当。倒是真正的小人，以小人之心度人，把人往坏处想，往往还不容易被欺瞒过去。所以，说君子也难免受骗，这原本不应该是什么奇怪的问题。当然，还是那句话，要让君子上当受骗，得有合乎情理的说法，否则，还是容易被识破的。

明白了这个道理以后，即使你是君子，是不是也应该保持戒心，多一份警惕，以免上当受骗呢？

抛却恩怨，感化人心

【原典】

万章问曰："象日以杀舜为事，立为天子则放之，何也？"

孟子曰："封之也；或曰放焉。"

万章曰："舜流共工①于幽州，放驩兜②于崇山，杀三苗③于三危，殛鲧④于羽山，四罪而天下咸服，诛不仁也。象至不仁，封之有庳⑤。有庳之人奚罪焉？仁人固如是乎？在他人则诛之，在弟则封之？"

曰："仁人之于弟也，不藏怒焉，不宿怨焉，亲爱之而已矣。亲之，欲其贵也；爱之，欲其富也。封之有庳，富贵之也。身为天子，弟为匹夫，可谓亲爱之乎？"

"敢问或曰放者，何谓也？"

曰："象不得有为于其国，天子使吏治其国而纳其贡税焉，故谓之放。岂得暴彼民哉？虽然，欲常常而见之，故源源而来，'不及贡，以政接于有庳。'此之谓也。"

【注释】

①共工：相传为尧的大臣。②骦兜：相传是尧、舜时的大臣。③三苗：国名。④鲧（gǔn）：传说是禹的父亲，尧曾派他治水，但没有治成功。⑤有庳：传说是象的封地。

【译文】

万章问道："象天天都把谋杀舜当作自己要干的事，舜做了天子后，只是流放了他，这是为什么？"

孟子说："是封他当诸侯，不过有人说是流放他罢了。"

万章说："舜把共工流放到幽州，把骦兜流放到崇山，把三苗的君主驱逐到三危，把鲧诛死在羽山，将这四个人治了罪，天下便都归服，因为惩处的是不仁的人。象是最不仁的人，却封给他有庳。有庳的百姓有什么罪呢？仁人本该这么做的吗？对旁人就严加治罪，对弟弟就封他诸侯？"

孟子说："仁人对于自己的弟弟，不藏怒气在心里，不留怨恨在胸中，只知道要亲他爱他罢了。亲他，就想让他尊贵；爱他，就想让他富有。把有庳封给他，就是要让他既富有又尊贵。自己当了天子，弟弟却做百姓，能说是亲他爱他吗？"

万章又问道："请问，有人说是流放，这话怎么讲呢？"

孟子说："为了不让象在他的封地上为所欲为，天子派了官吏去治理他的国家，收取那里的贡税，所以说是流放。试想，天子怎么能让象对他的百姓施行暴政呢？虽然这样，舜还想常常见到象，所以象不断地来。古书上说：'不必等到朝贡的日子，平常就以政事为名接见有庳的国君。'就是说的这种情况。"

解读

论舜帝之事

舜帝做天子后流放了不仁不义的"四凶"，却把同样不仁不义的弟弟封为有庳国国君。这事让万章不理解。孟子说，像舜这样的仁人对弟弟，不把愤怒藏在心里，对弟弟只有亲之爱之而已。其表现出来就是要弟弟既贵且富。

万章又问，传说让象到有庳国去是流放他，这怎么讲？孟子解释说，象虽是诸侯，但天子派官吏给他治理国家、收取贡税，所以有人说是流放。即使如此，舜帝还是常想见到弟弟的，所以象也常来。舜帝叮嘱说，不必等到朝贡时才来见我，平时我也可因行政的机会而接见你。

舜帝是大圣人，于是孟子竭尽全力为他辩解，这是令人很难赞成的。

不要凭空揣度和歪曲他人

【原典】

咸丘蒙①问曰:"君不得而臣,父不得而子。'舜南面而立,尧帅诸侯北面而朝之,瞽瞍亦北面而朝之。舜见瞽瞍,其容有蹙。孔子曰:'于斯时也,天下殆哉,岌岌乎!'不识此语诚然乎哉?"

孟子曰:"否,此非君子之言,齐东野人之语也。尧老而舜摄也。《尧典》曰:'二十有八载,放勋乃徂落,百姓如丧考妣,三年,四海遏密八音②。'孔子曰:'天无二日,民无二王。'舜既为天子矣,又帅天下诸侯以为尧三年丧,是二天子矣。"

咸丘蒙曰:"舜之不臣尧,则吾既得闻命矣。《诗》云:'普天之下,莫非王土;率土之滨,莫非王臣③。'而舜既为天子矣,敢问瞽瞍之非臣,如何?"

曰:"是诗也,非是之谓也,劳于王事而不得养父母也。曰,'此莫非王事,我独贤劳也'。故说诗者,不以文害辞,不以辞害志;以意逆志,是为得之。如以辞而已矣,《云汉》之诗曰:'周余黎民,靡有孑遗。'信斯言也,是周无遗民也。孝子之至,莫大乎尊亲;尊亲之至,莫大乎以天下养。为天子父,尊之至也;以天下养,养之至也。《诗》曰:'永言孝思,孝思维则。'此之谓也。《书》曰:'祗载见瞽瞍,夔夔斋栗,瞽瞍亦允若。'是为'父不得而子'也?"

【注释】

①咸丘蒙:姓咸丘,名蒙,孟子弟子。②八音:中国古代对乐器的统称。指金、石、土、革、丝、木、匏、竹八种材料制成的乐器。这里指代音乐。③以上四句出自《诗经·小雅·北山》。

【译文】

咸丘蒙问道:"俗话说:'很有道德的人,君主不能把他当作臣下,父亲不能把他当作儿子。'舜做了天子,尧率领诸侯朝见他,他父亲瞽瞍也朝见他。舜见了瞽瞍,神色很不安。孔子说:'在这个时候呀,天下真是危险到极点啦!'不知这句话真是如此吗?"

孟子说:"不,这不是君子说的话,是齐国东边乡下人说的话。尧老了,舜代行天子职权。《尧典》上说:'舜代行天子职权二十八年,尧才去世,群臣如同死了父母一般,服丧三年,天下不闻音乐之声。'孔子说:'天上没有两个太阳,人间没有两个帝王。'如果舜当时已经做了天子,却又率领天下诸侯为尧服丧三年,这就同时有两个天子了。"

咸丘蒙说:"舜没有把尧当作臣,我已领教您的解释了。《诗经》上说:'普天之下,没有哪里不是天子的土地;四海之内,没有哪个不是天子的臣民。'舜已经做了天子了,瞽瞍却不是他的臣民,请问这又是怎么回事?"

孟子说:"这首诗,不是说的这个意思,是说作这首诗的人公事劳碌以至于不能奉养父母。意思是说,'这些没有一件不是公事,却只有我最劳碌'。所以解说诗的人,不能因为字面的解释而损害词句的意思,不能因为词句的解释而损害全诗的意思;要用自己的体会去揣度作者的原意,这样才能把握住诗意。如果只拘泥于词句的解释,那么,《云汉》这首诗说:'周朝剩下的百姓,没有一个留存。'相信了这句话,就成了周朝没有一个人留存了。孝子最大的孝,莫过于使父母尊贵;使父母尊贵的最高标准,莫过于用天下奉养父母。做了天子的父亲,这是最尊贵的地位了;用天下奉养父亲,这是最高的奉养了。《诗经》上说:'永远行孝道,孝道就是法则。'说的就是这个意思。《尚书》上说:'舜恭恭敬敬地去见瞽瞍,谨慎而又畏惧,瞽瞍也就真的顺心了。'这是'父亲不能把他当儿子'吗?"

解读

读诗之方法

孟子是在和学生咸丘蒙讨论有关大舜的事迹时顺便说到读诗的方法问题的。但他的这段话,尤其是关于"以意逆志"的命题,成为中国古代文学批评中的名言。

读诗不要拘泥字面意思而歪曲了词句,也不要凭个别词句而歪曲了本意。用自己的体会揣度作者的本意,才能得出合理的解释。

百姓拥护很关键

【原典】

万章曰:"尧以天下与舜,有诸?"

孟子曰:"否,天子不能以天下与人。"

"然则舜有天下也,孰与之?"

曰:"天与之。"

"天与之者，谆谆①然命之乎？"

曰："否，天不言，以行与事示之而已矣。"

曰："以行与事示之者，如之何？"

曰："天子能荐人于天，不能使天与之天下；诸侯能荐人于天子，不能使天子与之诸侯；大夫能荐人于诸侯，不能使诸侯与之大夫。昔者，尧荐舜于天，而天受之；暴②之于民，而民受之。故曰，天不言，以行与事示之而已矣。"曰："敢问荐之于天，而天受之；暴之于民，而民受之，如何？"

曰："使之主祭，而百神享之，是天受之；使之主事，而事治，百姓安之，是民受之也。天与之，人与之，故曰，天子不能以天下与人。舜相尧二十有八载，非人之所能为也，天也。尧崩，三年之丧毕，舜避尧之子于南河③之南，天下诸侯朝觐者，不之尧之子而之舜；讼狱者，不之尧之子而之舜；讴歌者，不讴歌尧之子而讴歌舜。故曰，天也。夫然后之中国，践天子位焉。而居尧之宫，逼尧之子，是篡也，非天与也。《太誓》曰：'天视自我民视，天听自我民听。'此之谓也。"

【注释】

①谆谆（zhūn）：反复叮咛。②暴（pù）：显露，公开。③南河：舜避居处，在今山东濮县东二十五里，河在尧都之南，故称南河。

【译文】

万章问："尧拿天下授予舜，有这回事吗？"

孟子说："不，天子不能够拿天下授予人。"

万章问："那么舜得到天下，是谁授予他的呢？"

孟子回答说："天授予的。"

万章问："天授予他时，反复叮咛告诫他吗？"

孟子说："不，天不说话，拿行动和事情来表示罢了。"

万章问："拿行动和事情来表示，是怎样的呢？"

孟子回答说："天子能够向天推荐人，但不能强迫天把天下授予人；诸侯能够向天子推荐人，但不能强迫天子把诸侯之位授予这人；大夫能够向诸侯推荐人，但不能强迫诸侯把大夫之位授予这人。从前，尧向天推荐了舜，天接受了；又把舜公开介绍给老百姓，老百姓也接受了。所以说，天不说话，拿行动和事情来表示罢了。"

万章说："请问推荐给天，天接受了；公开介绍给老百姓，老百姓也接受了，是怎么回事呢？"

孟子说："叫他主持祭祀，所有神明都来享用，这是天接受了；叫他主持政事，政事治理得很好，老百姓很满意，这就是老百姓也接受了。天授予他，老百姓授予他，所以说，天子不能够拿天下授予人。舜辅佐尧治理天下二十八年，这不是凭一个人的意志能够做得到的，而是天意。尧去世后，舜为他服丧三年，然后便避居于南河的南边去，为的是要让尧的儿子继承天下。可是，天下诸侯朝见天子的，都不到尧的儿子那里去，却到舜那里去；打官司的，都不到尧的儿子那里去，却到舜那里去；歌颂的人，也不歌颂尧的儿子，却歌颂舜。所以这是天意。这样，舜才回到帝都，登上了天子之位。如果先前舜就占据尧的宫室，逼迫尧的儿子让位，那就是篡夺，而不是天授予他的了。《太誓》说过：'上天所见来自我们老百姓的所见，上天所听来自我们老百姓的所听。'说的正是这个意思。"

解读

"天意"即以民为本

按照一般传统的理解，在禅让制的时代，这一代的君权是由上一代的天子授予的。这也就是孟子的学生万章的看法。

可孟子却做出了与传统看法不一样的回答，认为天子个人并没有权力把天下拿来授予谁，而只有上天和下民（老百姓）才有这个权力。很明显，孟子是脚跨上下两个方面，一只脚跨在上天，有"君权神授"的神秘色彩；另一只脚却跨在民间，有"民约论"的味道。而他的论述，则正好是在这两方面寻求沟通的桥梁，寻找"天意"与"民意"的结合点。所谓"究天人之际"，研究天与人的关系，这是中国古代哲学家、思想家探讨的核心问题，而孟子在这里的探讨，是从政治、君权的角度来进行的，也算是一个重要的课题吧。

孟子虽是大学者，但因他对原始社会的情况不甚了了，又刻意从各种互相矛盾的传说中找出对尧舜有利的传说进行辩解，因而他的见解未必能经得起推敲与考验。

得民心者得天下

【原典】

万章问曰："人有言，'至于禹而德衰，不传于贤而传于子'。有诸？"

孟子曰："否，不然也。天与贤，则与贤；天与子，则与子。昔者，舜荐禹于天，十有七年，舜崩，三年之丧毕，禹避舜之子于阳城，天下之民从之，若尧崩之后不从尧之子而从舜也。禹荐益[①]于天，七年，禹崩，三年之丧毕，益避禹之子于箕山②之阴。朝觐讼狱者不之益而之启③，曰：'吾君之子也。'讴歌者不讴歌益而讴歌启，曰：'吾君之子也。'丹朱④之不肖，舜之子亦不肖。舜之相尧、禹之相舜也，历年多，施泽于民久。启贤，能敬承继禹之道。益之相禹也，历年少，施泽于民未久。舜、禹、益相去久远，其子之贤不肖，皆天也，非人之所能为也。莫之为而为者，天也；莫之致而至者，命也。匹夫而有天下者，德必若舜、禹，而又有天子荐之者，故仲尼不有天下。继世以有天下，天之所废，必若桀、纣者也，故益、伊尹、周公不有天下。伊尹相汤以王于天下，汤崩，大丁⑤未立，外丙⑥二年，仲壬四年，大甲⑦颠覆汤之典刑，伊尹放之于桐⑧。三年，大甲悔过，自怨自艾，于桐处仁迁义，三年，以听伊尹之训已也，复归于亳⑨。周公之不有天下，犹益之于夏、伊尹之于殷也。孔子曰：'唐虞⑩禅让，夏后殷周继，其义一也。'"

【注释】

①益：古代嬴姓各族的祖先，因助禹治水有功，被选为继承人。②箕山：在今河南登封县东南。③启：禹的儿子。禹死后，他即继位，从此确立了传子制度。④丹朱：丹：传说中尧之子，名朱，因居丹水，名为丹朱。传说他傲慢荒淫，尧因此而禅位给舜。⑤大丁：即太丁，汤的长子。⑥外丙：太丁的弟弟。⑦大甲：即太甲，汤的嫡长孙，太丁之子。⑧桐：地名，在今河南虞城县南，一说在山西荣河县。⑨亳（bó）：地名，商汤的国都，故址在今河南商丘县北。⑩唐虞：相传尧建立的朝代叫"唐"，舜建立的朝代叫"虞"。

【译文】

万章问道："人们有这样的说法：'到了禹的时候道德就衰败了，帝位不传给贤人却传给儿子。'有这种情况吗？"

孟子说："不，不是这样的。天要传给贤人，就传给贤人；天要传给儿子，就传给儿子。从前，舜把禹推荐给天，十七年后，舜去世了，三年丧期完后，禹避开舜的儿子到阳城，天下百姓都跟随着他，就像尧去世后百姓不跟随尧的儿子却跟随舜一样。禹把益推荐给天，七年后，禹去世了，三年丧期完后，益避开禹的儿子，到了箕山北面。来朝见的诸侯及打官司的人不到益那里去，而到启那里去，他们说：'他是我们君主的儿子。'讴歌的人不讴歌益而讴歌启，说：'他是我们君主的儿子。'尧的儿子丹朱不成器，舜的儿子也不成器，继承不了帝位。舜辅佐尧、禹辅佐舜，经历了很多年，施给百姓恩泽的时间也长。启很贤明，能恭敬地继承禹的做法。益辅佐禹的年数少，施给百姓恩泽的时间不长。舜、禹、益之间相距的时间有长有短，他们的儿子有好有差，这都出自天意，不是人的意愿所能决定的。没有人能做到的却做到了，这是天意；没有人招致它来却来到了，这是命运。一个普通百姓能得到天下，他的德性必然像舜和禹那样，而且还要有天子推荐他，所以仲尼虽然圣贤，没有天子推荐，不能够得到天下。继承上代而得到了天下，天意却要废弃的，必然是像桀、纣那样的君主，所以益、伊尹、周公虽然圣贤，但他们所辅佐的不是这样的君主，就不能够得到天下。伊尹辅佐汤称王天下，汤死后，大丁没有继位就死了，外丙在位两年，仲壬在位四年，大甲继位后破坏了汤的典章法度，伊尹把他流放到桐邑。三年后，大甲悔过，怨恨自己，改正自己，在桐邑做到心不离仁，行合乎义，三年后，已能听从伊尹的训导了，才又回到亳都做天子。周公不能得天下，原因正像益处在夏朝、伊尹处在殷朝没有可能得天下一样。孔子说：'唐尧、虞舜让位给贤人，夏、商、周三代由子孙继位，其中的道理是一样的。'"

解 读

论大禹之事

华夏诸族，大禹之前尚在原始社会，所以能传贤不传子。但那时应该已有很多部落实行传子制度了。大禹以后，进入阶级社会，天下为家，父子关系最近，当然是父子相传。伊尹虽贤，但非商汤子孙；周公虽贤，且与武王同为文王之子，但武王仍将天子之位传给儿子成王，故伊尹、周公均不得为天子。

争做众人眼中的先觉者

【原典】

万章问曰："人有言，'伊尹以割烹要汤'。有诸？"

孟子曰："否，不然。伊尹耕于有莘①之野，而乐尧舜之道焉。非其义也，非其道也，禄之以天下，弗顾也；系马千驷，弗视也。非其义也，非其道也，一介不以与人，一介不以取诸人。汤使人以币聘之，嚣嚣然曰：'我何以汤之聘币为哉？我岂若处畎亩之中，由是以乐尧舜之道哉？'汤三使往聘之，既而幡然改，曰：'与我处畎亩之中，由是以乐尧舜之道，吾岂若使是君为尧舜之君哉？吾岂若使是民为尧舜之民哉？吾岂若于吾身亲见之哉？天之生此民也，使先知觉后知，使先觉觉后觉也。予，天民之先觉者也，予将以斯道觉斯民也。非予觉之，而谁也？'思天下之民匹夫匹妇有不被尧舜之泽者，若己推而内之沟中。其自任以天下之重如此，故就汤而说之以伐夏救民。吾未闻枉己而正人者也，况辱己以正天下者乎？圣人之行不同也，或远，或近，或去，或不去，归洁其身而已矣。吾闻其以尧舜之道要汤，未闻以割烹也。《伊训》②曰：'天诛造攻自牧宫③，朕载自亳。'"

【注释】

①有莘：莘：古国名，"有"是词头。故址在今山东曹县西北。传说商汤娶有莘氏之女。②《伊训》：《尚书》篇名。③牧宫：桀所居之宫。

【译文】

万章问道："人们有这样的说法：'伊尹以当厨子来求得汤的任用。'有这回事吗？"

孟子说："不，不是这样的。伊尹原在有莘国的郊野耕作，喜爱尧舜之道。如果不符合义，不符合道，即使把天下当作俸禄给他，他也不理睬；即使有四千匹马拴在那里，他也不看一眼。如果不符合义，不符合道，一丝一毫也不拿去送人，一丝一毫也不向别人索取。汤派人带了礼物去聘请他，他无动于衷地说：'我要汤的聘礼干什么？哪如我生活在田野中，像这样把尧舜之道当作快乐呢？'汤又多次派人去聘请，不久他完全改变了态度，说：'与其隐居在田野中，把尧舜之道当作快乐，哪如使这个君主成为尧舜那样的君主呢？哪如使百姓成为尧舜时代那样的百姓呢？哪如亲眼见到尧舜那样的盛世呢？上天生育这些人民，就要使先知者帮助后知者觉悟，先觉者帮助后觉者觉悟。我，上天所生人民中的先觉者，将用这尧舜之道去使人民觉悟。不是我使他们觉悟，又有谁呢？'他想到天下的人民中，要是有一个男的或一个女的没有享受到尧舜之道的恩泽的，就像是自己把他们推入了山沟似的。他就像这样把天下的重任担在自己肩上，所以到汤那里劝说他讨伐夏桀，拯救人民。我未听说自己不正却能匡正别人的，更何况侮辱自己来匡正天下呢？圣人的行为各有不同，有的避离君主，有的接近君主，有的离开朝廷，有的不离开朝廷，但都要归结到使自身洁净。我只听说他是凭尧舜之道去求汤任用的，没听说是靠当厨子去求官做的。《伊训》上伊尹说：'上天诛灭夏桀，原因来自夏桀本人，我只是从亳都开始谋划讨伐罢了。'"

解读

论伊尹

商汤、伊尹时，虽然已有草创的文字，但多用于祭祀，历史仍然靠口耳相传。伊尹事迹，虽然后代学者多有记录，但口传历史仍然众说纷纭。伊尹到底是为商汤当厨子而寻求爵禄，还是如孟子所说遵尧舜之道而被商汤赏识，实为一个历史悬案。而孟子一直认为，像伊尹这样的圣人，不会要非义、非道的爵禄。还说汤去礼聘伊尹，伊尹开始还不干，后来因为要使商汤成为尧舜那样的圣君，自认为自己是先知先觉者，应帮助人民蒙受尧舜的恩泽，这才出仕，帮助商汤成为一代圣君，而伊尹也因此成为千古大圣人。

在孟子描述的大圣人伊尹身上，分明可以看到孟子的影子。

察其交往观其人

【原典】

万章问曰："或谓孔子于卫主痈疽①，于齐主侍人瘠环②，有诸乎？"

孟子曰："否，不然也；好事者为之也。于卫主颜雠由③。弥子④之妻与子路之妻，兄弟也。弥子谓子路曰：'孔子主我，卫卿可得也。'子路以告。孔子曰：'有命。'孔子进以礼，退以义，得之不得曰'有命'，而主痈疽与侍人瘠环，是无义无命也。孔子不悦于鲁、卫，遭宋桓司马⑤将要而杀之，微服而过宋。是时孔子当厄，主司城贞子⑥，为陈侯周⑦臣。吾闻观近臣，以其所为主；观远臣，以其所主。若孔子主痈疽与侍人瘠环，何以为孔子？"

【注释】

①痈疽（yōng jū）：人名，又作雍渠、雍鉏、雍睢，卫灵公宠幸的宦官。②瘠环：人名，齐景公宠幸的宦官。③颜雠由：卫国大夫，有贤名。④弥子：即弥子瑕，卫灵公的宠臣。⑤桓司马：即宋国的司马桓魋（tuí）。司马：官职名，掌管军政和军赋。⑥司城贞子：陈国大夫。⑦陈侯周：陈国国君，名周。

【译文】

万章问道："有人说，孔子在卫国时寄住在痈疽家里，在齐国时寄住在瘠环家里，有这回事吗？"

孟子说："不，不是这么回事，是好事者编造出来的。孔子在卫国寄住在颜雠由家。弥子瑕的妻子与子路的妻子是姐妹。弥子瑕曾对子路说：'孔子来住在我家，卫国卿的职位就可以得到。'子路把这话告诉给孔子。孔子说：'由命决定。'孔子做官与不做官,根据礼义行事,能不能得到官职,说要'由命决定',如果寄住在宦官痈疽和瘠环那里,这便是无视礼义、命运了。孔子在鲁国、卫国感到不快,又遇到宋国的桓司马企图在半路上杀害他,就改换了衣着悄悄通过宋国。这时孔子正遭危难,便寄住到司城贞子家里,做了陈侯周的臣子。我听说过,观察在朝的臣子,看他所接待的客人;观察外来的臣子,看他所寄居处的主人。如果孔子寄住在宦官痈疽和瘠环家里,把他们当作主人,怎么还能算是孔子呢?"

解读

论孔子

孔子在世时就誉满天下。他死后,鲁国国君为他写悼词。孔门弟子为他守孝三年,门徒后学认为他比尧舜还要伟大。但是,也有一些对孔子不利的议论和传闻,说孔子在卫国、齐国时,曾做客于宦官家中,就是这类传闻之一。

孟子断然否认,认为这是"好事者"的捏造和污蔑,并解释其中的原因。

孟子最后说,观察在朝的臣子,就看他们招待什么客人;观察外来的臣子,就看他们住在什么人家里。像孔子这样的人如果寄居在宦官家里,还怎么能算孔子呢?

孟子为孔子辩解,一用事实,二依孔子为人做出推定,这种方法值得借鉴。

聪明人不做蠢事

【原典】

万章问曰:"或曰,'百里奚①自鬻于秦养牲者五羊之皮,食牛以要秦穆公②',信乎?"

孟子曰:"否,不然;好事者为之也。百里奚,虞人也。晋人以垂棘之璧与屈产之乘假道于虞以伐虢。宫之奇③谏,百里奚不谏。知虞公之不可谏而去之秦,年已七十矣,曾不知以食牛干秦穆公之为污也,可谓智乎?不可谏而不谏,可谓不智乎?知虞公之将亡而先去之,不可谓不智也。时举于秦,知穆公之可与有行也而相之,可谓不智乎?相秦而显其君于天下,可传于后世,不贤而能之乎?自鬻以成其君,乡党自好者不为,而谓贤者为之乎?"

【注释】

①百里奚：虞国大夫，后在秦国任相，辅助秦穆公建立霸业。②秦穆公：又作秦缪公，秦国国君，公元前659—前621年在位。③宫之奇：虞国大夫。

【译文】

万章问道："有人说，'百里奚用五张羊皮的代价把自己卖给秦国养牲口的人，替他喂牛，以求得秦穆公任用'，这是真的吗？"

孟子说："不，不是这样，是好事者编造的。百里奚是虞国人。当时晋国用垂棘所产的美玉和屈地所产的良马向虞国借路去攻打虢国。宫之奇劝告虞公不要答应，百里奚不劝告。他知道虞公不会听从劝告，就离开虞国到了秦国，当时他已经七十岁了，如果不知道靠替人喂牛求得秦穆公任用是卑劣的，能说他聪明吗？知道虞君不会听从劝告就不去劝告，能说不聪明吗？知道虞公就要亡国而先离开，不能说不聪明啊。一旦在秦国受提拔，就知道穆公是个可以同他干一番事业的君主而辅佐他，能说不聪明吗？做了秦国的相而使他君主的威望显赫于天下，并且可以流传到后世，不是贤者能做到这一步吗？卖掉自己去成全君主，乡里自爱的人也不愿干的，怎么能说贤者肯这么干呢？"

解 读

论百里奚

像对待别的先贤的不利传闻一样，孟子也是断然否认。他认为，百里奚是何等"智"而"贤"的人物，他知道虞君子一言难谏就不谏，知道虞国将亡而先走，知道秦穆公可辅而辅助之，他怎么会自卖自身，为人喂牛，以寻找机会求得秦穆公任用呢？这种事情，乡下一个洁身自爱的人都不会做，贤者肯干吗？

孟子的办法，仍然是一种推理的方法。结论对与不对另当别论，方法还是可以借鉴的。

卷十　万章(下)

　　本卷分章节对周天子治下的爵禄制度以及交际之道、君主养士尊贤之道和君臣关系等作了相应的论述。孟子指出，交友当以对方的品德为友，不可有所倚仗，而交际时应有恭敬为心。由此出发，对待当今诸侯的态度，应考虑到他们虽然多行不义，却毕竟与拦路抢劫不同，所以要先教育他们，教而不改才有"杀"的问题。同时强调，对士人应有充分的尊重；臣属对于君主也不应绝对服从，而是有匡君谏主的义务。

　　另外，还提出读书解诗，应"知人论世"，这是孟子在文学方面的重要主张，对后世文艺理论有很深的影响。

集人所长成大事

【原典】

孟子曰："伯夷，目不视恶色，耳不听恶声。非其君，不事；非其民，不使。治则进，乱则退。横①政之所出，横民之所止，不忍居也。思与乡人处，如以朝衣朝冠坐于涂炭也。当纣之时，居北海之滨，以待天下之清也。故闻伯夷之风者，顽②夫廉，懦夫有立志。"

"伊尹曰：'何事非君？何使非民？'治亦进，乱亦进，曰：'天之生斯民也，使先知觉后知，使先觉觉后觉。予，天民之先觉者也。予将以此道觉此民也。'思天下之民匹夫匹妇有不与被尧舜之泽者，若己推而内之沟中——其自任以天下之重也。"

"柳下惠不羞污君，不辞小官。进不隐贤，必以其道。遗佚③而不怨，厄穷而不悯。与乡人处，由由然不忍去也。'尔为尔，我为我，虽袒裼裸裎④于我侧，尔焉能浼⑤我哉？'故闻柳下惠之风者，鄙夫⑥宽，薄夫⑦敦。"

"孔子之去齐，接淅⑧而行；去鲁，曰：'迟迟吾行也，去父母国之道也！'可以速而⑨速，可以久而久，可以处而处，可以仕而仕，孔子也。"

孟子曰："伯夷，圣之清者也；伊尹，圣之任者也；柳下惠，圣之和者也；孔子，圣之时者也。孔子之谓集大成。集大成也者，金声而玉振⑩之也。金声也者，始条理也；玉振之也者，终条理也。始条理者，智之事也；终条理者，圣之事也。智，譬则巧也；圣，譬则力也。由⑪射于百步之外也，其至，尔力也；其中，菲尔力也。"

【注释】

①横：暴。②顽：贪婪。③遗佚：不被重用。④袒裼（xī）裸裎（chéng）：四个字意思相近，同义复用，都是赤身露体的意思。⑤浼：污染。⑥鄙夫：心胸狭窄的人。⑦薄夫：刻薄的人。⑧接淅：淘米。⑨而：则。以下几句同。⑩金声而玉振：金声：指钅卜钟发出的声音。玉振：指玉磬收束的余韵。古代奏乐，先以钅卜钟起音，结束以玉磬收尾。⑪由：犹如。

【译文】

孟子说："伯夷，眼睛不看丑陋的事物，耳朵不听邪恶的声音。不是他理想的君主，不侍奉；不是他理想的百姓，不使唤。天下太平就出来做官，天下混乱就隐退不出。施行暴政的国家，住有暴民的地方，他都不愿意居住。他认为和没有教养的乡下人相处，就像穿戴着上朝的礼服礼帽却坐在泥土或炭灰上一样。当殷纣王暴虐统治的时候，他隐居在渤海边，等待着天下太平。所以，听到过伯夷风范的人，贪得无厌的会变得廉洁，懦弱的会变得意志坚定。

"伊尹说：'哪个君主不可以侍奉？哪个百姓不可以使唤？'所以，他是天下太平做官，天下混乱也做官。他还说：'上天生育这些百姓，就是要让先知的人来开导后知的人，先觉的人来开导后觉的人。我就是这些人中先知先觉的人，我要开导这些后知后觉的人。'他认为天下的百姓中，只要有一个普通男子或普通妇女没有承受到尧舜的恩泽，就好像是他自己把别人推进山沟之中去了一样——这就是他以挑起天下的重担为己任的态度。

"柳下惠不以侍奉坏君主为耻辱，也不因官小而不做。做官不隐藏自己的才能，坚持按自己的原则办事。不被重用不怨恨，穷困也不忧愁。与没有教养的乡下人相处，也照样很自在地不忍离去。他说：'你是你，我是我，你就是赤身裸体在我旁边，对我又有什么污染呢？'所以，听到过柳下惠风范的人，心胸狭窄的会变得宽阔起来，刻薄的会变得厚道起来。

"孔子离开齐国的时候，不等把米淘完就走；离开鲁国时却说：'我们慢慢走吧，这是离开父母之邦的路啊！'应该快就快，应该慢就慢；应该隐居就隐居，应该做官就做官。这就是孔子。"

孟子说："伯夷是圣人里面最清高的；伊尹是圣人里面最负责任的；柳下惠是圣人里面最随和的；孔子是圣人里面最识时务的。孔子可以称为集大成者。集大成的意思，就好比乐队演奏，以钅博钟声开始起音，以玉磬声结束收尾。钅博钟声起音是为了有条有理地开始，玉磬声收尾是为了有条有理地结束。有条有理地开始是智方面的事，有条有理地结束是圣方面的事。智好比是技巧，圣好比是力量。犹如在百步以外射箭，箭能射到靶子，是靠你的力量；射中目标了，却是靠技巧而不是靠力量。"

解 读

圣人之典范

孟子在这里罗列的，是四种圣人的典范。

以我们今天的眼光来看，伯夷过于清高，清高得有点不食人间烟火，所以他最后要与叔齐一道"不食周粟",饿死于首阳山。但是,所谓"饿死事小,失节事大"的观念也就由此生成,对后世产生了深远的影响。或许也正是由此观念出发,伯夷才被推崇为"圣人"之一。伊尹"其自任以天下之重",具有强烈的社会责任感和使命感,是我们曾经说过,"把历史扛在肩头"的人,也是非常符合儒教精神的"圣人"之一。但他的这种精神,在进入所谓"现代主义"或"后现代主义"时期后,已被视为过于沉重、过于执着的"古典意识",与"轻轻松松过一生"的现代生活观念格格不入,或者说,已不那么合时宜了。柳下惠一方面是随遇而安,另一方面却是坚持原则,我行我素。随遇而安体现在他不耻于侍奉坏的君主,不羞于做低贱的小官,不被重用不抱怨,穷困不忧愁。这几句话说来容易,做起来可就太困难了,尤其是后面两句,的确有圣贤级的水平。所以,传说柳下惠能够做到"坐怀不乱",具有超人的克制力和圣人的风范。

最后说到孔圣人。事实上,到后世,尤其是到我们今天仍然家喻户晓为圣人的四人之中,也就是孔圣人了。孟子在这里并没有展开对孔子的全面论述,而只是抓住他应该怎样就怎样的这一特点,来说明他是"圣之时者",圣人中识时务的人。所谓"识时务者为俊杰"。孟子所强调的,是孔子通权达变,具有包容性的特点,所以才有"孔子之谓集大成"的说法。而且,由"集大成"的分析,又过渡到对于"智"与"圣"相结合的论述,而孔子正是这样一个"智圣"合一的典型。说穿了,也就是"德才兼备"的最高典范。

周朝爵禄条理分明

【原典】

北宫锜①问曰:"周室班爵禄也,如之何?"

孟子曰:"其详不可得闻也,诸侯恶其害己也,而皆去其籍;然而轲也尝闻其略也。天子一位,公一位,侯一位,伯一位,子、男同一位,凡五等也。君一位,卿一位,大夫一位,上士一位,中士一位,下士一位,凡六等。天子之制,地方千里,公侯皆方百里,伯七十里,子、男五十里,凡四等。不能五十里,不达于天子,附于诸侯,曰附庸。天子之卿受地视侯,大夫受地视伯,元士②受地视子、男。大国地方百里,君十卿禄,卿禄四大夫,大夫倍上士,上士倍中士,中士倍下士,下士与庶人在官者同禄，禄足以代其耕也。次国地方七十里，君十卿禄，卿禄三大夫，大夫倍上士，上士倍中士，中士倍下士，下士与庶人在官者同禄，禄足以代其耕也。小国地方五十里，君十卿禄，卿禄二大夫，大夫倍上士，上士倍中士，中士倍下士，下士与庶人在官者同禄，禄足以代其耕也。耕者之所获：一夫百亩，百亩之粪，上农夫食九人，上次食八人，中食七人，中次食六人，下食五人。庶人在官者，其禄以是为差。"

【注释】

①北宫锜：卫国人。②元士：天子直辖区域内的上士。

【译文】

北宫锜问道："周朝规定的官爵、俸禄的等级是怎样的？"

孟子说："详细情况不能知道了，诸侯讨厌它妨害自己，把那些典籍都毁掉了；不过，我曾经听说过它的大致情况。天子一级，公爵一级，侯爵一级，伯爵一级，子爵、男爵同一级，共五个等级。诸侯国里，国君一级，卿一级，大夫一级，上士一级，中士一级，下士一级，共六个等级。天子的土地规模，一千里见方，公爵、侯爵都是一百里见方，伯爵是七十里见方，子爵、男爵是五十里见方，共四等。不足五十里见方的国家，不同天子直接联系，而是附属于诸侯，叫'附庸'。天子的卿，受封土地同侯爵相等，大夫受封的土地同伯爵相等，元士受封的土地同子爵、男爵相等。大国的土地有百里见方，国君的俸禄是卿的十倍，卿的俸禄是大夫的四倍，大夫是上士的一倍，上士是中士的一倍，中士是下士的一倍，下士的俸禄同在官府当差的百姓相同，数量足以代替他种田的收入。中等国家的土地有七十里见方，国君的俸禄是卿的十倍，卿的俸禄是大夫的三倍，大夫是上士的一倍，上士是中士的一倍，中士是下士的一倍，下士同在官府当差的百姓同等俸禄，俸禄足以代替他种田的收入。小国的土地有五十里见方，国君的俸禄是卿的十倍，卿的俸禄是大夫的两倍，大夫是上士的一倍，上士是中士的一倍，中士是下士的一倍，下士同在官府当差的百姓俸禄相等，俸禄足以代替他种田的收入。种田人的收入：一个农夫受田一百亩，一百亩地施肥耕种，最得力的农夫可以养活九人，稍次一点的可以养活八人，中等能力的农夫可以养活七人，比这差一点的可以养活六人，再差一点的农夫可以养活五人。在官府当差的百姓，他的俸禄按这种区别来分等级。"

解 读

周朝爵禄概览

孟子指出，就天子和地方诸侯来说，分为天子，公，侯，伯，子、男同一位，共五级。就天子的直属办事机构来说，分为天子、卿、大夫、上士、中士、下士共六级。就占有和管辖的土地来说，天子直辖的土地是纵横各一千里，公、侯各一百，伯各七十里，子、男各五十里。天子的、卿的封地和伯相等，士的封地和子、男的相等。对诸侯、卿、大夫、士的俸禄，都有相应的规定。

而当时的土地制度规定，农夫的所得，是一夫受田百亩。百亩地进行施肥耕种，最得力的农夫可以养活九口人，稍次一点的可以养活八口人，中等能力的农夫可以养活七口人，中等偏下的农夫可以养活六口人，再差一点的农夫可以养活五口人。

孟子认为，这是从西周到孟子当时一直沿用的体制。

交友重在观其品德

【原典】

万章问曰："敢问友。"

孟子曰："不挟①长，不挟贵，不挟兄弟而友。友也者，友其德也，不可以有挟也。孟献子②，百乘之家也，有友五人焉：乐正裘、牧仲，其三人，则予忘之矣。献子之与此五人者友也，无献子之家者也。此五人者，亦有献子之家，则不与之友矣。非惟百乘之家为然也，虽小国之君亦有之。费③惠公曰：'吾于子思，则师之矣；吾于颜般，则友之矣；王顺、长息则事我者也。'非惟小国之君为然也，虽大国之君亦有之。晋平公之于亥唐④也。入云则入，坐云则坐，食云⑤则食；虽蔬食⑥菜羹，未尝不饱，盖不敢不饱也。然终于此而已矣。弗与共天位也，弗与治天职也，弗与食天禄也，士之尊贤者也，非王公之尊贤也。舜尚见帝，帝馆甥于贰室，亦飨舜，迭为宾主，是天子而友匹夫也。用敬上，谓之贵贵；用上敬下，谓之尊贤。贵贵尊贤，其义一也。"

【注释】

①挟：倚仗。②孟献子：鲁国大夫仲孙蔑。③费：春秋时小国，旧地在今山东鱼台西南费亭。④亥唐：晋国人。晋平公时，朝中多贤臣，但亥唐不愿为官，隐居穷巷，平公曾对他"致礼与相见面请事"，非常敬重。⑤入云则入，坐云则坐，食云则食：入云、坐云、食云：是云入、云坐、云食的倒装。云：说。⑥蔬食：粗糙的饮食。蔬：同"疏"。

【译文】

万章问道："请问交朋友的原则。"

孟子说："不倚仗年龄大，不倚仗地位高，不倚仗兄弟的势力去交朋友。交朋友，交的是品德，不能够有什么倚仗。孟献子是一位拥有百辆车马的大夫，他有五位朋友：乐正裘、牧仲，其余三位，我忘记了。献子与这五人交朋友，心目中并不存在自己是大夫的观念，这五人，如果心目中存有献子是大夫的观念，也就不与献子交朋友了。不仅具有百辆车马的大夫有这样的，就是小国的国君也有这样的。费惠公说：'我对于子思，把他尊为老师；我对于颜般，和他交为朋友；至于王顺和长息，不过是侍奉我的人罢了。'不仅小国的国君有这样的，就是大国的国君也有这样的。晋平公对待亥唐，亥唐叫他进去就进去，叫他坐就坐，叫他吃就吃。即使是糙米饭小菜汤，也没有不吃饱的，因为不敢不吃饱。不过，晋平公也就是做到这一步而已。不同他一起共列官位，不同他一起治理政事，不同他一起享受俸禄，这只是一般士人尊敬贤者的态度，而不是王公贵族对贤者的态度。从前舜去拜见尧帝，尧请他的这位女婿住在副宫中。他请舜吃饭，舜也请他吃饭，二人互为客人和主人。这是天子与普通百姓交朋友的范例。地位低下的人尊敬地位高贵的人，这叫尊敬贵人；地位高贵的人尊敬地位低下的人，这叫尊敬贤人。尊敬贵人和尊敬贤人，道理都是一样的。"

解读

友其德是至高境界

爱情要纯洁，友情也要纯洁，不可以掺杂金钱、地位等利害关系的因素在内。古代人非常重视这一点。

"以财交者，财尽则交绝；以色交者，华落而爱渝。""以权利合者，权利尽而交疏。""以势交者，势倾则绝；以利交者，利穷则散。"

一言以蔽之，也就是孟子在这里所说的"友其德"，而不要友其财、色、权、利、势。古今中外的很多文艺作品中生动形象、淋漓尽致地揭示了这个道理。

问题还在于，说得越多，文艺作品写得越多的，往往也就是现实生活中存在问题最多的现象。古往今来，真正能够做到"不挟"而"友其德"的，又有几人呢？

岂不闻"世人结交须黄金，黄金不多交不深。纵令然诺暂相许，终是悠悠行路心"之言？

君子不拒绝正常之礼

【原典】

万章曰："敢问交际何心也？"

孟子曰："恭也。"

曰："'却之却之为不恭'，何哉？"

曰："尊者赐之。曰：'其所取之者义乎，不义乎？'而后受之，以是为不恭，故弗却也。"

曰："请无以辞却之，以心却之，曰：'其取诸民之不义也。'而以他辞无受，不可乎？"

曰："其交也以道，其接也以礼，斯孔子受之矣。"

万章曰："今有御人于国门之外者，其交也以道，其馈也以礼，斯可受御与？"

曰："不可。《康诰》①曰：'杀越人于货，闵不畏死，凡民罔不譈。'是不待教而诛者也。殷受夏，周受殷，所不辞也。于今为烈，如之何其受之？"

曰："今之诸侯取之于民也，犹御也。苟善其礼际矣，斯君子受之，敢问何说也？"

曰："子以为有王者作，将比今之诸侯而诛之乎？其教之不改而后诛之乎？夫谓非其有而取之者盗也，充类至义之尽也。孔子之仕于鲁也，鲁人猎较，孔子亦猎较②。猎较犹可，而况受其赐乎？"

曰："然则孔子之仕也，非事道与？"

曰："事道也。""事道奚猎较也？"

曰："孔子先簿正祭器，不以四方之食供簿正。"

曰："奚不去也？"

曰："为之兆也。兆足以行矣，而不行，而后去，是以未尝有所终三年淹也。孔子有见行可之仕，有际可之仕，有公养之仕。于季桓子③，见行可之仕也。于卫灵公④，际可之仕也。于卫孝公⑤，公养之仕也。"

【注释】

①《康诰》：《尚书》中的一篇。②猎较：古代风俗，打猎时争夺猎物，以所得用作祭祀。③季桓子：鲁国的正卿。④卫灵公：卫国国君，公元前534—前493年在位。⑤卫孝公：不见于史书记载，可能即卫出公辄，辄是卫灵公之孙。

【译文】

万章问道："请问，同别人交往要抱什么样的心情？"

孟子说："恭敬的心情。"

万章问："常言道：'对别人的礼物拒绝了又拒绝是不恭敬的。'为什么呢？"

孟子说："有地位的人赐给的礼物，接受前暗自说：'他得来这些东西是符合义的呢，还是不符合义的呢？'然后才接受。人们认为这是不恭敬的，所以不拒绝。"

万章说："如果不用言语拒绝，而在心里拒绝，暗自说：'他从百姓那里取来这些东西是不义的。'然后用别的理由拒绝接受，不行吗？"

孟子说："他以正当的理由送礼，按礼节规定送礼，这样，便是孔子也会接受的。"

万章说："如果有个在城外拦路抢劫的人，他以正当理由送礼，按礼节赠送，这样也可以接受他抢来的东西吗？"

孟子说："不行。《康诰》上说：'杀人抢劫，强横不怕死的人，人们没有不痛恨的。'这种人是不必教育就可以处死的。这种规定，殷朝从夏朝继承来，周朝从殷朝继承来，没有拒绝继承的；到现在更是要继承它，怎么还能接受他的东西呢？"

万章说："现在的诸侯从百姓那里掠取财物，就像拦路抢劫一样。如果他们按照礼节交往，这样君子就可以接受他们的礼物，请问这又怎么说呢？"

孟子说："你认为如果有圣王出现，他将会把现在的诸侯统统杀掉呢，还是把经过教育仍不悔改的诸侯杀掉呢？认为不是他该有的东西他拿了，这就是抢劫，这是把'抢劫'的含义范围扩大到尽头了。孔子在鲁国做官时，鲁国人有打猎时争夺猎物的习俗，孔子也去争夺了。争夺猎物尚且可以，何况接受别人赠给的礼物呢？"

万章说："那么孔子做官，不是为了行道吗？"

孟子说："是为了行道。"

万章说："行道何必去争夺猎物呢？"

孟子说："孔子先用文书规定该用的祭器，规定不用四方珍奇的猎物充作祭品（所以要用打猎争夺来的猎物作祭品，以避免祭品短缺。）。"

万章说:"孔子为什么不辞官离开呢?"

孟子说:"为了试行自己的主张。试行的结果足以行得通,君主却不推行,这才离开那里。所以孔子不曾有过在一个国君那里待满三年的。孔子或者看到有行道的可能而去做官,或者因为君主对他以礼相待而去做官,或者因为君主能供养贤士而去做官。对于季桓子,是有行道的可能而去做官;对于卫灵公,是他能以礼相待而去做官;对于卫孝公,是他能供养贤士而去做官。"

解读

论交友之道

万章的问题很尖锐,孟子的回答很勉强。师徒先说了一会儿交友,受人礼物却之不恭的事,接着,话题就尖锐了。万章问,杀人越货的赃物能接受吗?孟子说当然不可以。万章又说,当今这些诸侯,其财物都取自民间,也和拦路抢劫差不多,君子如果接受这些国君的礼物,岂不与接受抢劫者的礼物相同吗?

这个问题很尖锐。接着,孟子把话题转到孔子身上去,说孔子在鲁国做官时,根据鲁国风俗,还曾参加争夺猎物的活动。孔子这样的大圣人连争夺猎物都可以,何况接受礼物呢?

国君之礼可以收,土匪之礼不可以收,对这一看似自相矛盾而性质截然不同的问题,孟子有自己的见解。孟子认为收国君之礼原因有三:一是他有为尊者辩解的习惯;二是包括孟子本人在内,他们经常接受国君的馈赠;三是孟子的确没把诸侯与土匪当一路人。

德行与身处职位相配

【原典】

孟子曰:"仕非为贫也,而有时乎为贫;娶妻非为养也,而有时乎为养。为贫者,辞尊居卑,辞富居贫。辞尊居卑,辞富居贫,恶乎宜乎?抱关击柝[1]。孔子尝为委吏[2]矣,曰:'会计当而已矣。'尝为乘田[3]矣,曰:'牛羊茁壮长而已矣。'位卑而言高,罪也;立乎人之本朝[4],而道不行,耻也。"

【注释】

①抱关击柝（tuò）：抱关：守门的小卒。击柝：打更；柝指打更用的梆子。②委吏：管仓库的小吏。③乘田：管苑囿的小吏，负责牲畜的饲养和放牧。④本朝：朝廷。

【译文】

孟子说："做官不是因为贫穷，但有时也是因为贫穷；娶妻不是为了孝养父母，但有时也是为了孝养父母。因为贫穷而做官的，便应该拒绝高官而居于低位，拒绝厚禄而只受薄禄。拒绝高官而居于低位，拒绝厚禄而只受薄禄，做什么合适呢？比如说做守门打更一类的小吏。孔子曾经做过管理仓库的小吏，只说：'出入的账目清楚了。'又曾经做过管理牲畜的小吏，只说：'牛羊都长得很壮实。'地位低下却议论朝廷大事，这是罪过；身在朝廷做官而不能实现自己的抱负，这是耻辱。"

解读

当官就得言事

忧固然是忧，但如果你高谈阔论，指点江山，评议朝纲政纪，那就要小心了。因此，孟子有"位卑而言高，罪也"的看法。尤其是在暴政专制的时代，更是如此，所以有"莫谈国事"的警告。

另一方面，如果你不是"为贫而仕"，不是为了拿工资混饭吃，而是为了实现自己的政治抱负，因而做了高官，"立乎人之本朝"，就应该关心国家大事，发表自己的政见，尽到自己的一份责任。不然的话，"道不行"，就是耻辱。

总之还是《中庸》所说"素位而行"的意思。担任什么角色就做什么样的事，说什么样的话，尽什么样的力。即便圣人如孔子，不也是管账就说管账，放羊就说放羊吗？

要谦恭地对待有识之士

【原典】

万章曰："士之不托诸侯，何也？"

孟子曰："不敢也。诸侯失国而后托于诸侯，礼也；士之托于诸侯，非礼也。"

万章曰："君馈之粟，则受之乎？"

曰："受之。""受之，何义也？"

曰："君之于氓也，固周之。"

曰："周之则受，赐之则不受，何也？"

曰："不敢也。"

曰："敢问其不敢何也？"

曰："抱关击柝者，皆有常职以食于上；无常职而赐于上者，以为不恭也。"

曰："君馈之，则受之；不识可常继乎？"

曰："缪公之于子思也，亟问。亟馈鼎肉①，子思不悦；于卒也，使者出诸大门之外，北面稽首再拜②而不受，曰：'今而后，知君之犬马畜！'盖自是台③无馈也。悦贤不能举，又不能养也：可谓悦贤乎？"

曰："敢问国君欲养君子，如何斯可谓养矣？"

曰："以君命将之，再拜稽首而受；其后廪人继粟，庖人继肉，不以君命将之。子思以为鼎肉使己仆仆尔亟拜也，非养君子之道也。尧之于舜也，使其子九男事之，二女女焉，百官牛羊仓廪备：以养舜于畎亩之中。后举而加诸上位。故曰：王公之尊贤者也。"

【注释】

①鼎肉：朱熹《四书集注》云："鼎肉，熟肉也。"②稽首再拜：稽首：古代跪拜礼，行礼时两手拱至地，头至手，不触及地；再拜：拜两次。据考，稽首再拜称为"凶拜"，而下文再拜稽首称为"吉拜"。③台：始。

【译文】

万章问道："士人不能寄居到别国诸侯那里靠禄米生活，为什么呢？"

孟子说："因为不敢。诸侯丢了国家后，寄居到别国诸侯那里生活，是合乎礼的；士人寄居到别国诸侯那里靠禄米生活，是不合乎礼的。"

万章问："如果是国君送给他谷米，那么能接受吗？"

孟子说："能接受。"

万章问："能接受是根据什么道理？"

孟子说："国君对于别国迁居来的人，本来就该周济的。"

万章说："周济他，就接受，赏赐他，就不接受，这又是什么道理？"

孟子说："因为不敢。"

万章问："请问，不敢接受是什么原因？"

孟子说："守门打更的人都有一定的职务，因此靠上面供养，没有一定的职务而接受上面赏赐，被认为是不恭敬的。"

万章问："国君送来的就接受，不知是否可以经常这么做？"

孟子说："鲁缪公对于子思，多次问候，多次赠送肉食。子思很不高兴。最后，把缪公派来的人赶出大门外，面朝北跪下磕头，然后拱手拜了两拜，拒绝接受礼物，说：'如今才知道君王是把我当犬马一样畜养的。'打这以后缪公就不给子思送东西了。喜爱贤士，却既不提拔任用他，又不能按恰当的方式供养他，能说是喜爱贤士吗？"

万章说："请问，国君想要供养君子，怎样做才算是适宜的供养呢？"

孟子说："开始时，以国君名义送去，他便拱手拜两拜，跪下磕头接受。以后就让粮仓的小吏不断送粮去，厨师不断送肉去，而不必再以国君名义去送。（这样可以免掉烦琐的礼节。）子思认为，那点儿肉，使得自己一次接一次地跪拜行礼，这不是供养君子的恰当做法。尧对于舜，派自己的九个儿子去侍奉他，把两个女儿嫁给他，百官、牛羊、粮食都齐备，在田野中供养他，然后提拔他，让他居于很高的职位。所以说，这是天子诸侯尊敬贤人的正确方法。"

解读

君主养贤应有帝尧之道

战国有养士之风，但儒士多不在此列。孟子认为，国君可以周济贤士，但不应该像鲁君对子思那样，今天送点肉，明天送点米，不断让子思打躬作揖，这是对贤士不尊重的表现。

孟子认为，正确的礼贤下士之法，应该像帝尧对待舜那样，真正地礼遇贤士，把他们提拔到很高的位置上来，让他们能发挥作用，使他们有可能治国平天下，而物质待遇的供应在于其次。

真正的贤士不会为世俗所左右

【原典】

万章曰："敢问不见诸侯，何义也？"

孟子曰："在国曰市井之臣，在野曰草莽之臣，皆谓庶人，庶人不传质[①]为臣，不敢见于诸侯，礼也。"

万章曰："庶人，召之役则往役；君欲见之，召之则不往见之，何也？"

曰："往役，义也；往见，不义也。且君之欲见之也，何为也哉？"

曰："为其多闻也，为其贤也。"

曰："为其多闻也，则天子不召师，而况诸侯乎！为其贤也，则吾未闻欲见贤而召之也。缪公亟见于子思曰：'古千乘之国以友士，何如？'子思不悦曰：'古之人有言曰事之云乎？岂曰友之云乎？'子思之不悦也，岂不曰：'以位，则子君也，我臣也，何敢与君友也？以德，则子事我者也，奚可以与我友？'千乘之君，求与之友而不可得也，而况可召与？齐景公田，招虞人以旌，不至，将杀之。志士不忘在沟壑，勇士不忘丧其元；孔子奚取焉？取非其招不往也。"

曰："敢问招虞人何以？"

曰："以皮冠。庶人以旃，士以旂，大夫以旌。以大夫之招招虞人，虞人死不敢往；以士之招招庶人，庶人岂敢往哉！况乎以不贤人之招招贤人乎！欲见贤人而不以其道，犹欲其入而闭之门也。夫义、路也，礼、门也；惟君子能由是路，出入是门也。诗云：'周道如底，其直如矢；君之所履，小人所视。'"万章曰："孔子，君命召，不俟驾而行。然则孔子非与？"曰："孔子当仕有官职，而以其官召之也。"

【注释】

①传质：求见君主的人将献给君主的见面礼品交给通报的人，由他传送进去，称为"传质"。

【译文】

万章说："请问，士人不去谒见诸侯，有什么道理吗？"

孟子说："不在职的士人，住在都城的，叫市井之臣，住在农村的，叫草莽之臣，都算是百姓。百姓不向诸侯传送见面礼而成为臣属，就不敢谒见诸侯，这是礼的规定。"

万章说："百姓，召他服役，就去服役；国君要见他，召他去，却不去见，为什么呢？"

孟子说："去服役，是应该的；不是臣属而去见国君，是不应该的。再说国君要召见他，是因为什么呢？"

万章说："因为他见识广博，因为他贤能。"

孟子说："如果是因为他见识广博，那就当以他为师，天子还不能召见老师，何况诸侯呢？如果因为他贤能，那么我还没听说过，要见贤人竟去召唤他来的。鲁缪公多次去见子思，对他说：'古代有千辆兵车的国君去跟士人交朋友，怎么样？'子思很不高兴，说：'古人有句话，认为只能说把他当老师侍奉他，哪能声称同他交朋友呢？'子思之所以不高兴，难道不是在表达这样的意思：'论地位，你是国君，我是臣，我怎么敢同国君交朋友呢？论道德，那么你该把我当老师侍奉，怎么可以说同我交朋友？'有千辆兵车的国君要求同他交朋友尚且办不到，更何况召他来见呢？从前齐景公打猎，用旌旗召唤管理园囿的小吏，召不来，齐景公要杀他。志士不怕弃尸山沟，勇士不怕丧失头颅。孔子赞扬他哪一点呢？赞扬他，不是该接受的召唤他就不去。"

万章问道："召唤管猎场的小吏，应该用什么方式？"

孟子说："用皮帽子。召唤百姓用大红绸的曲柄旗，召唤士人用有铃铛的旗，召唤大夫用饰有羽毛的旌旗。用召唤大夫的旌旗去召园囿的小吏，小吏是死也不敢去的；用召唤士人的旗子去召百姓，百姓难道敢去吗？更何况用不尊重人的召唤方式去召唤贤人呢？想见贤人而不按合适的方式，那就像要人进来却又把他关在门外一样。义，好比是路；礼，好比是门。只有君子能沿着这条路走，从这扇门进出。《诗经》上说：'大路平得像磨刀石，直得像箭；君子所走的道路，小人也会效法。'"

万章问道："孔子，国君召见他，他不等车马驾好就动身。那么，孔子是错了吗？"

孟子说："那时孔子正在做官，有官职，而国君是按他的官职召见他的。"

解读

贤士重"义"和"礼"

孟子认为，真正的贤士，不仅不会去拜见君主，以免有干禄之嫌，即使是君主召见也不会去。因为贤士不是一般的臣下，甚至也不是君主的朋友，而是君主的师傅，哪有门徒召见师傅的道理呢？鲁君见子思，欲以子思为友而子思不悦；齐君召见虞人，不以其礼而虞人宁死不去。虞人尚且不可召，何况贤士呢？而那些在"市井"、在"草莽"的贤士，君主若不礼遇，别说召见他们，即使君主亲自来拜见他们，他们都未必会买君主的账。

孟子认为，君主欲得贤士帮助，必须讲"义"和"礼"，按"周道"行事。

卷十 万章（下）

至于孔子急急应君主之召事，孟子认为，那是因为孔子有官职，应召是他的职务行为。

交友必先知友

【原典】

孟子谓万章曰："一乡之善士斯友一乡之善士，一国之善士斯友一国之善士，天下之善士斯友天下之善士。以友天下之善士为未足，又尚①论古之人。颂②其诗，读其书，不知其人，可乎？是以论其世也。是尚友也。"

【注释】

①尚：同"上"。②颂：同"诵"。

【译文】

孟子对万章说："一个乡的优秀人物就和一个乡的优秀人物交朋友，一个国家的优秀人物就和一个国家的优秀人物交朋友，天下的优秀人物就和天下的优秀人物交朋友。如果认为和天下的优秀人物交朋友还不够，便又上溯古代的优秀人物。吟咏他们的诗，读他们的书，如果不知道他们的为人怎样，那能行吗？所以要研究他们所处的社会时代。这就是跟古代的优秀人物交朋友。"

解读

论"知人论世"

孟子的本意是论述交朋友的范围问题。乡里人和乡里人交朋友，国中人和国中人交朋友，广而说之和天下的人交朋友，也就是朋友遍天下了吧。如果朋友遍天下还嫌不足，那就只有上溯历史，与古人交朋友了。当然，也只有神交而已。这种神交，就是诵他们的诗，读他们的书。而为了要正确理解他们的诗和他们的书，就应当要了解写诗著书的人，要了解写诗著书的人，又离不开研究他们所处的社会时代。这就是所谓"知人论世"的问题了。

实际上，孟子这段话对后世真正产生影响的，正是"知人论世"的主张。它与

"以意邀志"一样，成为传统文学批评的重要方法，也奠定了孟子在中国文学批评史上的重要地位。事实上，所谓"时代背景分析"、"作者介绍"、"中心思想"、"主题"等，这些人们耳熟能详的概念，无一不是"知人论世"或"以意逆志"的产物。由此可见孟子对中国文学批评产生的深远影响。

要秉持一定的做事原则

【原典】

齐宣王问卿。孟子曰："王何卿之问也？"

王曰："卿不同乎？"

曰："不同，有贵戚之卿①，有异姓之卿。"

王曰："请问贵戚之卿。"

曰："君有大过则谏；反复之而不听，则易位。"王勃然变乎色。

曰："王勿异也。王问臣，臣不敢不以正②对。"

王色定，然后请问异姓之卿曰："君有过则谏，反复之而不听，则去。"

【注释】

①贵戚之卿：指与君王同宗族的卿大夫。②正：诚。

【译文】

齐宣王问有关卿大夫的事。孟子说："大王问的是哪一类的卿大夫呢？"

齐宣王说："卿大夫还有所不同吗？"

孟子说："不同。有和王室同宗族的卿大夫，有异姓的卿大夫。"

宣王说："那我请问王室宗族的卿大夫。"

孟子说："君王有重大过错，他们便加以劝阻；反复劝阻了还不听从，他们便改立君王。"

宣王突然变了脸色。

孟子说："大王不要怪我这样说。您问我，我不敢不用老实话来回答。"

宣王脸色正常了，然后又问非王族的异姓卿大夫。

孟子说："君王有过错，他们便加以劝阻；反复劝阻了还不听从，他们便辞职而去。"

解读

愚忠和一味顺从不可取

弘扬大臣的职责和权力而限制君主权力的无限膨胀，这也是孟子仁政思想的内容之一，体现出一定程度的民主政治色彩。

王室宗族的卿大夫因为与国君有亲缘关系，国君的祖先也就是他的祖先，所以既不能离去，又不能坐视政权覆亡，当国君有重大错误又不听劝谏时，就可以另立新君。孟子在这里是弘扬宗族大臣的权力而限制君主个人的权力，从理论上说是正确的。但我们知道，这种另立新君，在实践上往往酿成的就是宫廷内乱。所谓"祸起萧墙之内"，弄得不好，还会引起旷日持久的战争。

对异姓卿大夫来说，问题就要简单得多了，他们既没有王室宗族卿大夫那么大的权力，也没有那么大的职责。所以，能劝谏就劝谏，不能劝谏就辞职而去，各走一方罢了。其实，这也是孔子"所谓大臣者，以道事君，不可则止"（《论语·先进》）的意思。

总体来说，孔、孟都提倡臣有臣道，臣有臣的气节和人格，反对愚忠，反对一味顺从，这的确是有积极意义的。

卷十一　告子(上)

　　本卷中心内容为阐述和发挥性善论的学说。孟子认为，人性是善的，这是先天固有的道德意识，而不善则是后天所为。他主张修养心性，强调培养的途径和方法。

　　本卷前半部分都是孟子与告子的对话，主要记载的是孟子与告子之间围绕"人性"这一话题所展开的辩论。内容涵盖的内在性以及性善问题，指出恻隐、羞恶、恭敬、是非之心，"人皆有之"。后半部分着重围绕人的本性的养护问题展开。

　　本卷还阐述了"人爵"与"天爵"的关系，指出"仁义"是士人的必备人格，"仁"能够战胜不仁，不能因为力量对比悬殊而怀疑"仁"的力量。

莫做有悖人之天性的事

【原典】

告子①曰:"性犹杞柳②也,义犹桮棬③也;以人性为仁义,犹以杞柳为桮棬。"孟子曰:"子能顺杞柳之性而以为桮棬乎?将戕贼杞柳而后以为桮棬也?"

【注释】

①告子:生平不详,大约做过墨子的学生,较孟子年长。②杞(qǐ)柳:树名,枝条柔韧,可以编制箱筐等器物。③桮棬(bēi quān):器名。先用枝条编成杯盘之形,再以漆加工制成。

【译文】

告子说:"人的本性好比杞柳,义好比杯盘;使人性变得仁义,就像把杞柳做成杯盘。"

孟子说:"你能顺着杞柳的性状把它做成杯盘呢,还是要伤害了它的性状把它做成杯盘呢?如果是伤害了它的性状而把它做成杯盘,那么是不是也要伤害了人的本性使其变得仁义呢?率领天下的人给仁义带来灾难的,必定是你这种论调吧!"

解读

论仁义是否为人之天性

墨家学者告子认为,人之天性好比杞柳树,无所谓"仁"与"不仁"。如果把它做成杯盘,这样就有用处了,好比是"义"。把人性变成"仁义",就像把杞柳树做成杯盘一样。告子的本义,是要否定儒家的"性善"学说,但因其用比喻法,表意难免晦涩。孟子按道理应该明白告子之意,但他故意装糊涂,抓住告子的比喻,攻其一点,不及其余。

孟子说,你怎么把杞柳树做成杯盘呢?是顺着它的本性做呢?还是损害它的本性做呢?如果损害其本性做,那么也将损害人的天性而成全仁义吗?孟子的本义,是人有仁义的天性,但后天要加以培养,培养时要顺乎人性。

环境对人的本性会有重大影响

【原典】

告子曰:"性犹湍水也,决诸东方则东流,决诸西方则西流。人性之无分于善不善也,犹水之无分于东西也。"

孟子曰:"水信无分于东西。无分于上下乎?人性之善也,犹水之就下也。人无有不善,水无有不下。今夫水,搏而跃之,可使过颡;激而行之,可使在山。是岂水之性哉?其势则然也。人之可使为不善,其性亦犹是也。"

【译文】

告子说:"人性就像那急流的水,缺口在东便向东方流,缺口在西便向西方流。人性无所谓善与不善,就像水无所谓向东流向西流一样。"

孟子说:"水的确无所谓向东流向西流,但是,也无所谓向上流向下流吗?人性向善,就像水往低处流一样。人性没有不善良的,水没有不向低处流的。当然,如果水受拍打而飞溅起来,能使它高过额头;加压迫使它倒行,能使它流上山岗。这难道是水的本性吗?形势迫使它如此的。人也可以被迫使而做坏事,本性的改变也像这样。"

解 读

论人性的善恶

让人们值得称道的,是孟子的雄辩风范。随口接过论敌的论据而加以发挥,以水为喻就以水为喻。就好比我们格斗时说,你用刀咱们就用刀,你用枪咱们就用枪。欲擒故纵,持之有故,言之成理。"水信无分于东西。无分于上下乎?"一语杀入穴道,只需要轻轻一转,其论证便坚不可移,使读者读来,不得不束手就擒。于是,我们便都是性善论者了。

只不过,当我们放下书本而面对现实生活中的种种邪恶时,又会发出疑问:人性真如孟老夫子所描述的那般善良，那般纯洁得一尘不染吗？这种时候，我们即便不会成为荀子"性恶论"的信徒，多半也会同意告子的观点："人性之无分于善不善也，犹水之无分于东西也。"

关于人的天性存在争议

【原典】

告子曰："生之谓性。"

孟子曰："生之谓性也，犹白之谓白与？"

曰："然。""白羽之白也，犹白雪之白；白雪之白犹白玉之白与？"

曰："然。""然则犬之性犹牛之性，牛之性犹人之性与？"

【译文】

告子说："天生的称作天性。"孟子说："天生的称作天性，就像白的称作白吗？"告子说："是的。"孟子说："白羽毛的白，就像白雪的白；白雪的白就像白玉的白吗？"

告子说："是的。"孟子说："那么，狗的天性就像牛的天性，牛的天性就像人的天性吗？"

解 读

论天性

天性到底是什么？法家认为"性恶"，儒家则认为"性善"，这都是道德的评价。墨家学者告子认为，人的天性无所谓善恶，只有求生的本能罢了。孟子等儒家学者认为，人有仁义礼智，而动物没有，这就是所谓的"人禽之别"，所以他用"归谬法"反驳告子。但稍懂动物学的人都知道，动物也有舐犊之情，也有雄雌之情，也有反哺之情，未必就没有仁义礼智"四端"。儒家学说未必无懈可击。

食欲性欲皆是人的天性

【原典】

告子曰："食、色，性也。仁，内也，非外也；义，外也，非内也。"

孟子曰："何以谓仁内义外也？"

曰："彼长而我长之，非有长于我也；犹彼白而我白之，从其白于外也，故谓之外也。"

曰："异于白马之白也，无以异于白人之白也；不识长马之长也，无以异于长人之长与？且谓长者义乎？长之者义乎？"

曰："吾弟则爱之，秦人之弟则不爱也，是以我为悦者也，故谓之内。长楚人之长，亦长吾之长，是以长为悦者也，故谓之外也。"

曰："耆①秦人之炙，无以异于耆吾炙，夫物则亦有然者也，然则耆炙亦有外欤？"

【注释】

①耆：同"嗜"。

【译文】

告子说："饮食、性欲，这是人的天性。仁是生自内心的，不是外因引起的；义是外因引起的，不是生自内心的。"

孟子说："凭什么说仁是生自内心而义是外因引起的呢？"

告子说："他比我年长，我便尊敬他，不是预先就有'尊敬他'的念头在我心里的；好比他肤色白，我便认为他白，是由于他的白显露在外的缘故，所以说义是外因引起的。"

孟子说："白马的白，与白人的白没有什么区别；但不知道你对老马的怜悯心，和你对年长人的尊敬心，是否也没有什么不同呢？再说，是认为长者那里存在义呢，还是尊敬他的人那里存在义呢？"

告子说："是我弟弟，我就爱他；是秦国人的弟弟，就不爱他，这是由我决定爱谁的，所以说仁是生自内心的。尊敬楚国人中的长者，也尊敬我自己的长者，这是由对方年长决定的,所以说义是外因引起的。"

孟子说:"爱吃秦国人烧的肉,同爱吃自己烧的肉是没有什么区别的,其他事物也有这种情况,那么爱吃肉也是由外因引起的吗?"

解读

善于全面分析事物

本章围绕人性问题叙写了告子与孟子之间展开的争论。告子认为,人的本性是饮食、男女,是求生,不是仁义之类的东西。对此,孟子似乎与其观点没有什么差别,所以没有反驳。告子还认为,仁是内在的东西,义是外在的东西。孟子对其内仁外义之说却不苟同。孟子认为,除了饮食、男女的天性之外,人还有仁义礼智几种天性,这些也是内在的东西。而告子把义归为外在的东西,是错误并自相矛盾的。凡事应全面地分析,才能不会屈解,从而得以更好地把握。

"义"具有内在性,也具有外在性

【原典】

孟季子①问公都子曰:"何以谓义内也?"

曰:"行吾敬,故谓之内也。"

曰:"敬兄。"

"酌则谁先?"曰:"先酌乡人。"

"所敬在此,所长在彼,果在外,非由内也。"

公都子不能答,以告孟子。

孟子曰:"敬叔父乎,敬弟乎?彼将曰,'敬叔父。'曰,'弟为尸②,则谁敬?'彼将曰,'敬弟。'子曰,'恶在其敬叔父也?'彼将曰,'在位故也。'子亦曰,'在位故也。庸敬在兄,斯须之敬在乡人。'"

季子闻之,曰:"敬叔父则敬,敬弟则敬,果在外,非由内也。"

公都子曰:"冬日则饮汤,夏日则饮水,然则饮食亦在外也?"

【注释】

①孟季子：朱熹云："疑是孟仲子之弟也。"或说为任国国君之弟季任。②尸：古代祭祀时，代死者受祭、象征死者神灵的人，以臣下或死者的晚辈充任。后世改为用神主、画像。

【译文】

孟季子问公都子说："为什么说义是生自内心的呢？"

公都子说："义是表达我的敬意，所以说是生自内心的。"

孟季子问："有个同乡人比你大哥大一岁，那么先尊敬谁？"

公都子说："尊敬大哥。"孟季子又问："如果在一起喝酒，先给谁斟酒？"

公都子说："先给那个同乡人斟酒。"孟季子说："内心要敬重的大哥在这里，实际敬重的同乡人在那里，可见义果然是外因引起的，不是生自内心。"公都子不能回答，把这事儿告诉了孟子。

孟子说："你反问他：'应该尊敬叔父呢，还是尊敬弟弟？'他会说：'尊敬叔父。'你再问：'弟弟充当了受祭的代理人，那该尊敬谁？'他会说：'尊敬弟弟。'你就再问：'如果这样尊敬叔叔又体现在哪里呢？'他会说：'因为弟弟处在受祭代理人地位的缘故。'你也就说：'因为那个同乡人处在该受尊敬的地位上的缘故。平时尊敬的是大哥，像喝酒这种场合该尊敬的是同乡人。'"

孟季子听了这番话，说："该尊敬叔父时就尊敬叔父，该尊敬弟弟时就尊敬弟弟，可见义果然在于外因，不是生自内心的。"

公都子说："冬天要喝热水，夏天要喝凉水，那么需要吃喝，也在于外因吗？"

解读

义者宜也

孟子弟子公都子认为，"义"是内在的东西。但孟子通过举例说明，你尊敬的是兄长，却向本乡长者敬礼。可见"义"毕竟是外在的东西，不是由内心发出的。公都子无法反驳，只得请教孟子。孟子通过举例说明，平常的恭敬在于兄长，暂时出于礼节的恭敬在于本乡长者，以此证明"义"是内在的东西。

孟子师徒认为"义"是内在的东西，孟季子认为"义"是外在的东西。"义"者"宜"也，也就是该做什么、不该做什么的行为规范，开始应是外在的东西，但影响人的价值判断、行为规范后，也具有内在需求的特点。

恻隐之心人皆有之

【原典】

公都子①曰："告子曰：'性无善无不善也。'或曰：'性可以为善，可以为不善；是故文武兴，则民好善；幽厉兴，则民好暴。'或曰：'有性善，有性不善。是故以尧为君而有象②，以瞽瞍③为父而有舜，以纣为兄之子，且以为君，而有微子启、王子比干。'今曰'性善'，然则彼皆非与？"

孟子曰："乃若④其情⑤，则可以为善矣，乃所谓善也。若夫为不善，非才⑥之罪也。恻隐之心，人皆有之；羞恶之心，人皆有之；恭敬之心，人皆有之；是非之心，人皆有之。恻隐之心，仁也；羞恶之心，义也；恭敬之心，礼也；是非之心智也。仁义礼智，非由外铄⑦我也，我固有之也，弗思耳矣。故曰：'求则得之，舍则失之。'或相倍蓰⑧而无算者，不能尽其才者也。《诗》曰：'天生蒸民，有物有则。民之秉彝，好是懿德。'孔子曰：'为此诗者，其知道乎！故有物必有则；民之秉彝也，故好是懿德。'"

【注释】

①公都子：孟子的学生。②象：舜的异母弟，品行不善。③瞽瞍（gǔ sǒu）：舜的父亲，品行不善。④乃若：转折连词，大致相当于"至于"等。⑤情：指天生的性情。⑥才：指天生的资质。⑦铄（shuò）：授予。⑧蓰（xǐ）：五倍。

【译文】

公都子说："告子说：'人性无所谓善良不善良。'又有人说：'人性可以使它善良，也可以使它不善良。所以周文王、周武王当朝，老百姓就善良；周幽王、周厉王当朝，老百姓就横暴。'也有人说：'有的人本性善良，有的人本性不善良。所以虽然有尧这样善良的人做天子却有象这样不善良的臣民；虽然有瞽瞍这样不善良的父亲却有舜这样善良的儿子；虽然有殷纣王这样不善良的侄儿，并且做了天子，却也有微子启、王子比干这样善良的长辈和贤臣。'如今老师说'人性本善'，那么他们都说错了吗？"

孟子说："从天生的性情来说，都可以使之善良，这就是我说人性本善的意思。

至于说有些人不善良，那不能归罪于天生的资质。同情心，人人都有；羞耻心，人人都有；恭敬心，人人都有；是非心，人人都有。同情心属于仁；羞耻心属于义；恭敬心属于礼；是非心属于智。这仁义礼智都不是由外在的因素加给我的，而是我本身固有的，只不过平时没有去想它因而不觉得罢了。所以说：'探求就可以得到，放弃便会失去。'人与人之间有相差一倍、五倍甚至无数倍的，正是由于没有充分发挥他们的天生资质的缘故。《诗经》说：'上天生育了人类，万事万物都有法则。老百姓掌握了这些法则，就会崇尚美好的品德。'孔子说：'写这首诗的人真懂得道啊！有事物就一定有法则；老百姓掌握了这些法则，所以崇尚美好的品德。'"

解读

从自身寻找和发现"四说"

到底人性是如孟子的看法天生善良，还是如荀子的看法天生邪恶，或者如告子等人的看法无所谓善也无所谓恶，这是一个很难说得清的问题。学者们往往也莫衷一是，各执一端。这一次，孟子没有以诘难或推谬的方式进行辩论，而是正面阐述了自己关于人性本善的看法。说是阐述，其实也是重申，因为其主要内容，即关于恻隐、羞恶、恭敬、是非"四心"以及它们与仁、义、礼、智之间的内在联系。

值得我们注意的是，孟子在这里进一步提出了"求则得之，舍则失之"的问题。按照孟子的看法，不仅人性本善，人性本来有"四心"，就连仁义礼智这四种品质道德，也都是"我固有之也"，只不过平时我们没有去想它因而不觉得罢了。所以，现在我们应该做的就是要从自己的身上，自己的本性之中去发现仁义礼智，"尽其才"，充分发挥自己的天生资质。

古往今来，多少人在寻求仁义礼智、世间公道，却原来都是背着娃娃找娃娃。孟子向我们猛击一掌说：娃娃不就在你的身上吗？他提醒我们要反省自身，在自己的身上，自己的本性中去寻求仁义礼智的善的根苗，加以培养，使之茁壮成长。

理义是人们共有的

【原典】

孟子曰："富岁，子弟多赖①；凶岁，子弟多暴。非天之降才尔殊②也，其所以陷溺其心者然也。今夫麰麦③，播种而耰④之，其地同，树⑤之时又同，浡⑥然而生，至于日至⑦之时，皆熟矣。虽有不同，则地有肥硗⑧，雨露之养、人事之不齐也。"

"故凡同类者，举相似也，何独至于人而疑之？圣人，与我同类者。故龙子⑨曰：'不知足而为屦，我知其不为蒉也。'屦之相似，天下之足同也。口之于味，有同耆也。易牙先得我口之所耆者也。如使口之于味也，其性与人殊，若犬马之与我不同类也，则天下何耆皆从易牙之于味也？至于味，天下期于易牙，是天下之口相似也。惟耳亦然。至于声，天下期于师旷，是天下之耳相似也。惟目亦然。至于子都，天下莫不知其姣也。不知子都之姣者，无目者也。故曰，口之于味也，有同耆焉；耳之于声也，有同听焉；目之于色也，有同美焉。至于心，独无所同然乎？心之所同然者何也？谓理也，义也。圣人先得我心之所同然耳。故理义之悦我心，犹刍豢之悦我口。"

【注释】

①赖：同"懒"。②尔殊：尔：这样，如此。殊：不同。③麰（móu）麦：大麦。④耰（yōu）：本为农具名，此处作动词，指用土覆盖种子。⑤树：动词，种植。⑥浡：旺盛。⑦日至：即夏至。⑧硗（qiāo）：土地贫瘠，不肥沃。⑨龙子：古代的贤人。

【译文】

孟子说："丰收年景，少年子弟多半懒惰；灾荒年景，少年子弟多半横暴。不是天生资质这样不同，而是由于外部环境使他们的心有所陷溺。以大麦而论，播种后用土把种子覆盖好，同样的土地，同样的播种时间，它们蓬勃地生长，到了夏至时，全都成熟了。尽管有收获多少的不同，但那是由于土地有肥瘠，雨水有多少，人工有勤惰而造成的。

"所以凡是同类的事物，其主要的方面都是相似的，为什么一说到人就发生疑问了呢？圣人，与我是同类的人嘛。所以龙子说：'不用知道脚的长短去编一双鞋，我也知道是绝不会编成一个筐子的。'草鞋的相近，是因为天下人的脚都大致相同。口对于味道，有相同的嗜好，易牙就是先掌握了我们的共同嗜好的人。假如口对于味道，每个人都根本不同，就像狗、马与我们完全不同类一样，那么天下的人怎么会都喜欢易牙烹调出来的味道呢？一说到口味，天下的人都期望做到易牙那样，这说明天下人的口味都是相近的。对耳朵来说也是这样，一提到音乐，天下的人都期望做到师旷那样，这说明天下人的听觉都是相近的。对眼睛来说也是这样，一提到子都，天下人没有不认为他美的。不认为子都美丽的，是没有眼睛的人。所以说，口对于味道，有相同的嗜好；耳朵对于声音，有相同的听觉；眼睛对于颜色，有相同的美感。一说到心，难道就偏偏没有相同的地方了吗？心相同的地方在哪里？在理，在义。圣人不过就是先掌握了我们内心相同的东西罢了。所以理义使我的心高兴，就像猪狗牛羊肉使我觉得味美一样。"

解读

同类事物的主要方面是相似的

在这里，孟子认为，人类应该有共同的"人心"，这便是"理"和"义"。实际上，其二者本身的性质是不一样的。

特别是由二者外延而成的理义之乐和口福之乐更是不同。"理义之悦我心"所涉及的，实际上是道德判断的方面，是精神满足的问题；而"刍豢之悦我口"所涉及的，实际上是感官知觉的方面，是物欲满足的问题。前者是抽象的、精神的，后者是具体的、物质的，是两个不同领域的问题，不能混为一谈。这也正是孟子所疏忽的地方。

当然，说他有所疏忽，并不意味着他所说的一切都没有了道理。事实上，只要不推到极端，不说得那么绝对，共同的人性也罢，共同的审美感觉也罢，都的确是存在的。至于说共同的口味，共同的听觉，共同的对于美人的欣赏和喜爱，那更是人之常情，无可辩驳的了。

仁义之心也需要时常滋养

【原典】

孟子曰："牛山①之木尝美矣，以其郊于大国②也，斧斤伐之，可以为美乎？是其日夜之所息③，雨露之所润，非无萌蘖④之生焉，牛羊又从而牧之，是以若彼濯濯⑤也。人见其濯濯也，以为未尝有材焉，此岂山之性也哉？虽存乎人者，岂无仁义之心哉？其所以放其良心者，亦犹斧斤之于木也，旦旦而伐之，可以为美乎？其日夜之所息，平旦之气，其好恶与人相近也者几希，则其旦昼之所为，有梏亡之矣。梏之反复，则其夜气不足以存；夜气不足以存，则其违禽兽不远矣。人见其禽兽也，而以为未尝有才焉者，是岂人之情也哉？故苟得其养，无物不长；苟失其养，无物不消。孔子曰：'操则存，舍则亡；出入无时，莫知其乡。'惟心之谓与？"

【注释】

①牛山：齐国首都临淄郊外的山。②其郊于大国：郊：此处作动词用，在……郊。大国：即大都市，指临淄。③息：生长。④萌蘖（niè）：新枝嫩芽。⑤濯濯（zhuó）：没有草木，光秃秃的样子。

【译文】

孟子说："牛山的树木曾经是很茂盛的，但是由于它在大都的郊外，经常被人们用斧子砍伐，还能够保持茂盛吗？当然，山上的树木日日夜夜都在生长，雨水露珠也在滋润着，并非没有新枝嫩芽长出来，但随即又有人赶着牛羊去放牧，所以也就像这样光秃秃的了。人们看见它光秃秃的，便以为牛山从来不曾有过高大的树木，这难道是牛山的本性吗？即使在一些人身上也是如此，难道是没仁义之心吗？他们放任良心失去，像用斧头砍伐树木一样，天天砍伐，还可以保持茂盛吗？他们日日夜夜地生息，在天刚亮时的清明之气，这些在他心里所产生出来的好恶与一般人相近的也有那么一点点，可到了第二天，他们的所作所为，又把它们窒息而消亡了。反复窒息的结果，便使他们夜晚的息养之气不足以存在了，夜晚的息养之气不足以存在，也就和禽兽差不多了。人们见到这些人的所作所为和禽兽差不多，还以为他们从来就没有过天生的资质。这难道是人的本性如此吗？所以，假如得到滋养，没有什么东西不生长；假如失去滋养，没有什么东西不消亡。孔子说过：'把握住就存在，放弃就失去；进出没有一定的时候，也不知道它去向何方。'这就是指人心而言的吧？"

解读

人性主要靠自己把持

该篇还是说性本善，只不过侧重于后天的滋养保持一方面罢了。

人性虽然本来善良，但如果不加以滋养，而是放任良心失去，那就会像用斧头天天去砍伐树木一样，即便是再茂盛的森林也会被砍成光秃秃的。一旦良心失去，心灵失去把持，会以为它原本就不存在。

实际上，按照孟子翻来覆去的阐述，精神的家园或故乡根本就无他处可寻，而就在我们自己的身上，就在我们自己的本性之中。

所以，关键是自我把持，自我滋养，加以发扬光大，而不要到身外去寻求。

贵在持之以恒，最忌一曝十寒

【原典】

孟子曰："无或①乎王之不智也。虽有天下易生之物也，一日暴②之，十日寒之，未有能生者也。吾见亦罕矣，吾退而寒之者至矣，吾如有萌焉何哉？今夫弈③之为数④，小数也；不专心致志。则不得也。弈秋，通国之善弈者也。使弈秋诲二人弈，其一人专心致志，惟弈秋之为听。一人虽听之，一心以为有鸿鹄⑤将至，思援弓缴⑥而射之，虽与之俱学，弗若之矣，为是其智弗若与？曰：非然也。"

【注释】

①或：同"惑"。②暴（pù）：同"曝"，晒。③弈：围棋。④数：技术，技巧。⑤鸿鹄（hú）：天鹅。⑥缴（zhuó）：系在箭上的绳，代指箭。

【译文】

孟子说："大王的不明智，没有什么不可理解的。即使有一种天下最容易生长的植物，晒它一天，又冻它十天，也无法生长。我和大王相见的时候也太少了。我一离开大王，那些'冻'他的奸邪之人就去了，他即使有一点善良之心的萌芽也被他们冻杀了，我有什么办法呢？比如下棋作为一种技艺，只是一种小技艺；但如果不专心致志地学习，也是学不会的。弈秋是全国闻名的下棋能手，叫弈秋同时教两个人下棋，其中一个专心致志，只听弈秋的话；另一个虽然也在听，但心里面却老是觉得有天鹅要飞来，一心想着如何张弓搭箭去射它。这个人虽然与专心致志的那个人一起学习，却比不上那个人。是因为他的智力不如那个人吗？回答很明确：当然不是。"

解读

学习要专心致志

孟子认为，人之善良天性需要不断滋养，不能一曝十寒，否则便会使仁义礼智丧失殆尽，而成为禽兽。

他打了两个比方，前一个比方讲客观原因，后一个讲主观原因，可见"仁义之心"滋长，必须要环境好，主观上自己也要努力。

世间万事莫不如此。即以生活小事而论，无论是练习写毛笔字、写日记还是练习晨跑、坚持冬泳，真正能够持之以恒的有多少人呢？

道理很简单：学习要专心致志，不能二心二意。

鱼与熊掌不可兼得

【原典】

孟子曰："鱼，我所欲也，熊掌亦我所欲也；二者不可得兼，舍鱼而取熊掌者也。生亦我所欲也，义亦我所欲也；二者不可得兼，舍生而取义者也。生亦我所欲，所欲有甚于生者，故不为苟得也；死亦我所恶，所恶有甚于死者，故患有所不辟[1]也。如使人所欲莫甚于生，则凡可以得生者，何不用也？使人之所恶莫甚于死者，则凡可以辟患者，何不为也？由是则生而有不用也，由是则可以辟患而有不为也。是故所欲有甚于生者，所恶有甚于死者。非独贤者有是心也，人皆有之，贤者能勿丧耳。一箪食，一豆[2]羹，得之则生，弗得则死，呼尔[3]而与之，行道之人弗受；蹴尔[4]而与之，乞人不屑也。万钟则不辨礼义而受之。万钟于我何加焉？为宫室之美、妻妾之奉、所识穷乏者得[5]我与？乡[6]为身死而不受，今为宫室之美为之；乡为身死而不受，今为妻妾之奉为之；乡为身死而不受，今为所识穷乏者得我而为之，是亦不可以已乎？此之谓失其本心。"

【注释】

[1]辟：同"避"。[2]豆：古代盛羹汤的器具。[3]呼尔：轻蔑地呼喝。[4]蹴（cù）尔：以脚践踏。[5]得：同"德"，这里指以我为德，即感激的意思。[6]乡：同"向"，向来，一向，从前。

【译文】

孟子说："鱼是我喜欢吃的，熊掌也是我喜欢吃的；如果不能两样都吃，我就舍弃鱼而吃熊掌。生命是我想拥有的，正义也是我想拥有的；如果不能两样都拥有，我就舍弃生命而坚持正义。生命是我想拥有的，但是还有比生命更使我想拥有的，所以我不愿意苟且偷生；死亡是我厌恶的，但是还有比死亡更使我厌恶的，所以我不愿意因为厌恶死亡而逃避某些祸患。如果让人想拥有的没有超过生命的，那么，只要是可以活命，什么事情干不出来呢？如果让人厌恶的没有超过死亡的，那么，只要是可以逃避死亡的祸患，什么事情干不出来呢？但也有些人，照此做就可以拥有生命，却不照此做；照此做就可以逃避死亡的祸患，却不照此做。由此可知，的确有比生命更使人想拥有的东西，也的确有比死亡更使人厌恶的东西。这种心原本不只是贤人才有，而是人人都有，只不过贤人能够保持它罢了。一篮子饭，一碗汤，吃了便可以活下去，不吃就要饿死。如果轻蔑地吆喝着给人吃，过路的人虽然饿着肚子也不会接受；如果用脚踩踏后再给人吃，就是乞丐也不屑于接受。可是现在，万钟的俸禄却有人不问合乎礼义与否就接受了。万钟的俸禄对我有什么好处呢？为了住宅的华丽、妻妾的奉养以及我所认识的穷苦人感激我吗？过去宁肯死亡都不接受的，现在却为了住宅的华丽而接受了；过去宁肯死亡都不接受的，现在却为了妻妾的奉养而接受了；过去宁肯死亡都不接受的，现在却为了我所认识的穷苦人感激我而接受了。这些不是可以停止的吗？这种做法叫丧失了本性。"

解读

什么都想要是不可能的事

"鱼与熊掌"的确是我们的生命历程中经常遇到的两难选择。

大而言之，想名又想利；想做官的权势又想不做官的潇洒自由。

小而言之，想读书又想玩耍；想工作又想休闲。如此等等，不一而足。

之所以难，难在舍不得，难在那不可得兼的东西都是"我所欲也"，甚至，也是人人所欲的。不然的话，也就没有什么可难的了。

用孟子的话来说就是，人原有仁义的本心，但却常因贪欲的危害而使人丧失了这种宝贵的本心。

把失去的找回来就是学问之道

【原典】

孟子曰："仁，人心也；义，人路也。舍其路而不知求，哀哉！人有鸡犬放，则知求之；有放①心而不知求。学问之道无他，求其放心而已矣。"

【注释】

①放：放任，失去。

【译文】

孟子说："仁是人的本心；义是人的大道。放弃了大道不走，失去了本心而不知道寻求，真是悲哀啊！有的人，鸡狗丢失了倒晓得去找回来，本心失去了却不晓得去寻求。学问之道没有别的什么，不过就是把那失去了的本心找回来罢了。"

解读

学问是打开"心性"之门

人本有仁义的天性，却因环境的影响而使这一天性丧失。丧失了仁义的天性却不知去找回来，确实可悲。孟子认为，学问之道没别的，无非是把那丧失的善良之心找回来罢了。

孟子要找回失去的良知，这有一定的道理。但他把学问仅仅规定为寻找丧失的良知，已经为宋儒明儒的所谓"心性之学"打开了大门。

清楚轻重环节，避免舍本逐末

【原典】

孟子曰："今有无名之指屈而不信①，非疾痛害事也，如有能信之者，则不远秦楚之路，为指之不若人也。指不若人，则知恶之；心不若人，则不知恶。此之谓不知类②也。"

【注释】

①信：同"伸"。②不知类：不知轻重，舍本逐末。

【译文】

孟子说："现在有人，他的无名指弯曲而不能伸直，虽然并不疼痛，也不妨碍做事情，但只要有人能使它伸直，就是到秦国、楚国去，也不会嫌远，为的是无名指不如别人。无名指不如别人，就知道厌恶；心不如别人，却不知道厌恶。这叫不知轻重，舍本逐末。"

解读

人不能失去羞耻之心

儒者的确是心灵美的呼唤者、卫道者。我们在孟子这里就可以看到，他一而再、再而三地强调着这个主题。

指不若人，羞愧难当，莫说秦楚之路，就是飞越太平洋也在所不辞，只要能去其耻辱。心不若人，不以为耻，甚至反以为荣，又有何秦楚之路可去呢？

仁义之心需要滋养

【原典】

孟子曰："拱把之桐梓，人苟欲生之，皆知所以养之者。至于身，而不知所以养之者，岂爱身不若桐梓哉？弗思甚也。"

【译文】

孟子说："一两把粗的桐树梓树，人们要想让它们生长，都知道该怎样去培养。至于自身，反倒不知道怎样培养，岂不是爱自身还不如爱桐树梓树吗？真是太不会考虑问题了。"

解读

仁义之心要注意培养

本章之意即人之"仁义之心"必须滋养。世人常知滋养小树，却不知滋养自己的心性，是多么可悲的事情啊！

人的内涵比外在更重要

【原典】

孟子曰："人之于身也，兼所爱。兼所爱，则兼所养也。无尺寸之肤不爱焉，则无尺寸之肤不养也。所以考其善不善者，岂有他哉？于己取之而已矣。体有贵贱，有小大。无以小害大，无以贱害贵。养其小者为小人，养其大者为大人。今有场师，舍其梧槚①，养其樲棘②，则为贱场师焉。养其一指而失其肩背，而不知也，则为狼疾人也。饮食之人，则人贱之矣，为其养小以失大也。饮食之人无有失也，则口腹岂适为尺寸之肤哉？"

【注释】

①梧槚（jiǎ）：梧：梧桐。槚：楸树，一种木质很好的树。②樲（èr）棘：樲：酸枣。棘：荆棘。

【译文】

孟子说："人对于身体，哪一部分都爱护。都爱护，便都保养。没有一尺一寸的肌肤不爱护，便没有一尺一寸的肌肤不保养。考察他护养得好不好，难道有别的方法吗？不过是看他注重的是身体的哪一部分罢了。身体有重要的部分，有次要的部分；有小的部分，也有大的部分。不要因为小的部分而损害大的部分，不要因为次要部分而损害重要的部分。护养小的部分的是小人，护养大的部分的是君子。如果有一位园艺师，舍弃梧桐楸树，却去培养酸枣荆棘，那就是一位很糟糕的园艺师。如果有人为护养一根指头而失去整个肩背，自己还不明白，那便是个糊涂透顶的人。那种只晓得吃吃喝喝的人之所以受到人们的鄙视，就因为他护养了小的部分而失去了大的部分。如果说他没有失去什么的话，那么，一个人的吃喝难道就只是为了护养那一尺一寸的肌肤吗？"

解读

只养身不讲义不可取

赵歧注《孟子》说："只晓得吃喝的人之所以受到人们鄙视，是因为他保养口腹而失去道德。如果他不失道德，保养口腹也没有什么不好。所以，一个人吃喝不仅仅是为了长一身细皮肥肉，也是为了培养仁义道德啊！"

今天的人们对于皮肤的护养已到了登峰造极的地步，不仅自己全心护养，而且还求助于美容师和不断"新登场"的千奇百怪的美容护肤霜。

用孟子的标准来看，这些"细皮"的培养者只重养身而不培养仁义心志，只能是可悲的糊涂虫了！

分清主次才会不偏离实质

【原典】

公都子问曰:"钧①是人也,或为大人,或为小人,何也?"

孟子曰:"从其大体为大人,从其小体为小人。"

曰:"钧是人也,或从其大体,或从其小体,何也?"

曰:"耳目之官不思,而蔽于物。物交物,则引之而已矣。心之官则思,思则得之,不思则不得也。此天之所与我②者。先立乎其大者,则其小者弗能夺也。此为大人而已矣。"

【注释】

①钧:同"均"。②我:泛指人类。

【译文】

公都子问道:"同样是人,有的成为君子,有的成为小人,这是为什么呢?"

孟子说:"注重身体重要部分的成为君子,注重身体次要部分的成为小人。"

公都子说:"同样是人,有的人注重身体重要部分,有的人注重身体次要部分,这又是为什么呢?"

孟子说:"眼睛耳朵这类器官不会思考,所以被外物所蒙蔽,一与外物相接触,便容易被引入迷途。心这个器官则有思考的能力,一思考就会有所得,不思考就得不到。这是上天特意赋予我们人类的。所以,首先把心这个身体的重要部分树立起来,其他次要部分就不会被引入迷途。这样便可以成为君子了。"

解读

感性与理性

这一章从正面来说怎样树立"大"的问题。孟子看来,"心"是体之大者,也是体之贵者;其他器官如眼睛、耳朵等都只是体之小者,体之贱者。所以要树立心的统帅作用,只要心的统帅作用树立起来,其他感官也就不会被外物所蒙蔽而误入歧途了。

这实际上已接触到所谓感觉与理解、感性认识与理性认识的问题。

喜新厌旧最终会失去更多

【原典】

孟子曰:"有天爵者,有人爵者。仁义忠信,乐善不倦,此天爵也;公卿大夫,此人爵也。古之人修其天爵,而人爵从之。今之人修其天爵,以要①人爵,既得人爵,而弃其天爵,则惑之甚者也,终亦必亡而已矣。"

【注释】

①要(yāo):即"邀",求取,追求。

【译文】

孟子说:"有天赐的爵位,有人授的爵位。仁义忠信,不厌倦地乐于行善,这是天赐的爵位;公卿大夫,这是人授的爵位。古代的人修养天赐的爵位,水到渠成地获得人授的爵位。现在的人修养天赐的爵位,其目的就在于得到人授的爵位;一旦得到人授的爵位,便抛弃了天赐的爵位。这可真是糊涂得很啊!最终连人授的爵位也必定会失去。"

解读

忠信仁义,乐善不倦

孟子在这里想说的是,天爵是精神贵族,人爵是社会贵族。

时代发展到民主的今天,社会贵族(至少在名分上)已日趋消亡,而精神贵族却长存。

回过头来说,孔、孟又何尝不是他们时代的精神贵族呢?

"忠信仁义,乐善不倦。"

这样的精神贵族,即使是在我们这个平民化的时代,是不是也多多益善呢?

自尊者人尊之，自贵者人贵之

【原典】

孟子曰："欲贵者，人之同心也。人人有贵于己者，弗思耳。人之所贵者，非良贵也。赵孟①之所贵，赵孟能贱之。《诗》云：'既醉以酒，既饱以德②。'而饱乎仁义也，所以不愿③人之膏粱④之味也；令闻广誉施于身，所以不愿人之文绣⑤也。"

【注释】

①赵孟：春秋时晋国正卿赵盾，字孟。这里以赵孟代指有权势的人物。②既醉以酒，既饱以德：引自《诗经·大雅·既醉》。③愿：羡慕。④膏粱：肥肉叫膏；精细色白的小米叫粱，而不是指今日的高粱。⑤文绣：古代有爵位的人才能穿有文绣的衣服。

【译文】

孟子说："希望尊贵，这是人们的共同心理。不过，每个人自己其实都有可尊贵的东西，只不过平时没有想到它罢了。别人所给予的尊贵，并不是真正的尊贵。赵孟使你尊贵，赵孟也同样可以使你下贱。《诗经》说：'畅饮美酒醉酩酊，饱受仁德获深情。'这是说仁义道德很充实，也就不羡慕别人的美味佳肴了；四方传播的好名声在我身上，也就不羡慕别人的绣花衣裳了。"

解 读

想尊贵是人们共同的心理

孟子认为，想尊贵，这是人们的共同心理，但人人都有甚至比人自身更尊贵的东西——仁义之德，人们却不去思考它罢了。自尊者人尊之，自贵者人贵之。相反，自行亵渎，自惭形秽，妄自菲薄者人贱之。

在孟子看来，世上有两种尊贵的东西，一是外在的，即膏粱文绣，这是要靠别人给予的；二是内在的，即仁义道德，这是不靠别人给予而要靠自己良心发现，自己培育滋养的。前者并不是真正尊贵的东西，因为别人可以给予你也可以剥夺你；后者才是真正尊贵的，是别人不可剥夺的。

志可立不可丧

【原典】

孟子曰："仁之胜不仁也，犹水胜火。今之为仁者，犹以一杯械一车薪之火也；不熄，则谓之水不胜火。此又与①于不仁之甚者也，亦终必亡而已矣。"

【注释】

①与：助。

【译文】

孟子说："仁胜过不仁，就像水可以灭火一样。但如今奉行仁道的人，就像用一杯水去灭一车柴草所燃烧的大火一样；灭不了，就说是水不能够灭火。这样的说法正好又大大助长了那些不仁之徒，结果连他们原本奉行的一点点仁道也必然会最终失去。"

解读

做事不能灰心丧气

兵法说："知己知彼，百战百胜。"

杯水车薪，自然是无济于事。不审时度势，反省自己是否尽到了努力，而是自以为火不可灭，灰心丧气，放弃斗争。长他人志气，灭自己威风，这实际上是助纣为虐。

好的人才也得经过长时间考验

【原典】

孟子曰："五谷者，种之美者也，苟为不熟，不如荑①稗。夫仁，亦在乎熟之而已矣。"

【注释】

①荑（tí）：即稊，稗（bài）类植物。

【译文】

孟子说："五谷是庄稼中的好品种，但如果不成熟，那还不如稗子之类的野草。仁，也要使它成熟才行。"

解 读

将仁发扬光大才有力量

从上章可知，当时君子哀叹仁之不胜不仁。本章承上章，鼓励君子把仁发扬光大。

孟子以五谷喻仁。五谷长熟后才有大用，同时，把仁发扬光大，仁才有力量。

做事必须讲条理

【原典】

孟子曰："羿之教人射，必志于彀①，学者亦必志于彀。大匠诲人必以规矩，学者亦必以规矩。"

【注释】

①志于彀（gòu）：志：期望。彀：拉满弓。

【译文】

孟子说："羿教人射箭，总是期望把弓拉满，学的人也总是期望把弓拉满。高明的工匠教人手艺必定依照一定的规矩，学的人也就必定依照一定的规矩。"

> 解读

做事要一步一个脚印

没有规矩，不能成方圆。小至手工技巧，大至安邦定国，治理天下，凡事都要有法可依，有规律可循。

孟子以为，一定要顺其规律，不可悖逆而行。如果悖逆而行，则事与愿违，甚至天下大乱。所以，规矩绝不是小问题。想通过学习把仁发扬光大的人，也要一步一步来。

卷十二 告子(下)

本卷主要从倡导"尊王抑霸"、仁义礼智是否为先天固有以及真正仁人的磨难等几个方面展开。

孟子坚定地高扬王道,反对霸道;抨击穷兵黩武,批评为政不仁。

他认为仁义礼智等道德意识是先天固有的,沿着这条路发展,人人都可以为尧舜。他说"天将降大任于斯人也,必先苦其心志,劳其筋骨……"真正的仁人贤人经过苦难的洗礼一定会被委以重任的。

此外,本卷还涉及关于礼仪重要性的论辩和教育方法的论述。

事物的对比应注意可比性

【原典】

任①人有问屋庐子②曰:"礼与食孰重?"

曰:"礼重。"

"色与礼孰重?"

曰:"礼重。"

曰:"以礼食,则饥而死;不以礼食,则得食,必以礼乎?亲迎③,则不得得妻;不亲迎,则得妻,必亲迎乎?"

屋庐子不能对,明日之邹以告孟子。

孟子曰:"于答是也何有?不揣其本,而齐其末,方寸之木可使高于岑楼④。金重于羽者,岂谓一钩金与一舆羽之谓哉?取食之重者与礼之轻者而比之,奚翅食重?取色之重者与礼之轻者而比之,奚翅色重?往应之曰:'紾兄之臂而夺之食,则得食;不紾,则不得食,则将紾之乎?逾东家墙而搂其处子,则得妻;不搂,则不得妻,则将搂之乎?'"

【注释】

①任:春秋时国名,故址在今山东济宁。②屋庐子:孟子的学生。③亲迎:古代婚姻制度,新郎亲迎新娘。这里代指按礼制娶亲。④岑楼:尖顶高楼。

【译文】

有个任国人问屋庐子说:"礼和食哪样重要?"屋庐子说:"礼重要。"那人问:"娶妻和礼哪样重要?"

屋庐子说:"礼重要。"

那人又问:"如果非要按照礼节才吃,就只有饿死;不按照礼节而吃,就可以得到吃的,那还是一定要按照礼节吗?如果非要按照'亲迎'的礼节娶妻,就娶不到妻子;不按照'亲迎'的礼节娶妻,就可以娶到妻子,那还一定要'亲迎'吗?"

屋庐子不能回答，第二天就到邹国，把这话告诉了孟子。

孟子说："回答这个问题有什么困难呢？如果不比较基础的高低是否一致，只比较顶端，那么，一块一寸见方的木头可以使它高过尖顶高楼。我们说金属比羽毛重，难道是说一个衣带钩的金属比一车羽毛还重吗？拿吃的重要方面和礼的细节相比较，何止于吃的重要？拿娶妻的重要方面和礼的细节相比较，何止于娶妻重要？你去这样答复他：'扭折哥哥的胳膊，抢夺他的食物，就可以得到吃的；不扭，便得不到吃的，那会去扭吗？爬过东边人家的墙壁去搂抱人家的处女，就可以得到妻子；不去搂抱，便得不到妻子，那会去搂抱吗？'"

解读

以其人之道还治其人之身

以诡辩对诡辩，以极端对极端。这是孟子在这里所采用的论辩方法。

孟子识破了对方的诡辩手段，并且生动而一针见血地指出："不揣其本，而齐其末，方寸之木可使高于岑楼。"接着从金属与羽毛的比重问题过渡到分析任国人诡辩的症结所在。这实际上就是一个比较的方法问题。孟子的意思很明确，比较应该让比较的对象双方在同一水平线上，同一基准上，而不应该把一个对象推到极端来和另一个对象的细节相比较。这样比较出来的结果，当然是错误而荒谬的了。所以，孟子以其人之道还治其人之身，教给学生以诡辩对诡辩的说法，从而战胜论辩的对方。

人皆可以为尧舜

【原典】

曹交①问曰："人皆可以为尧舜，有诸？"

孟子曰："然。"

"交闻文王十尺，汤九尺，今交九尺四寸以长，食粟而已，如何则可？"

曰："奚有于是？亦为之而已矣。有人于此，力不能胜一匹雏②，则为无力人矣；今日举百钧，则为有力人矣。然则举乌获③之任，是亦为乌获而已矣。夫人岂以不胜为患哉？弗为耳。徐行后长者谓之弟，疾行先长者谓之不弟。夫徐行者，岂人所不能哉？所不为也。尧舜之道，孝弟而已矣。子服尧之服，诵尧之言，行尧之行，是尧而已矣。子服桀之服，诵桀之言，行桀之行，是桀而已矣。"

曰："交得见于邹君，可以假馆④，愿留而受业于门。"

曰："夫道若大路然，岂难知哉？人病不求耳。子归而求之，有余师。"

【注释】

①曹交：赵岐注认为是曹君的弟弟，名交。但孟子的时代曹国已亡，所以也不确切。②一匹雏：一只小鸡。③乌获：古代传说中的大力士。④假馆：借客舍，意为找一个住处。

【译文】

曹交问道："人人都可以做尧舜，有这说法吗？"

孟子说："有。"

曹交说："我听说文王身高一丈，汤身高九尺，如今我身高九尺四寸多，却只会吃饭罢了，要怎样做才行呢？"

孟子说："这有什么关系呢？只要去做就行了。要是有人，自以为他连一只小鸡都提不起来，那他便是一个没有力气的人。如果有人说自己能够举起三千斤，那他就是一个很有力气的人。同样的道理，举得起乌获所举的重量的，也就是乌获了。人难道以不能胜任为忧患吗？只是不去做罢了。比如说，慢一点走，让在长者之后叫悌；快一点走，抢在长者之前叫不悌。那慢一点走难道是人做不到的吗？不那样做而已。尧舜之道，不过就是孝和悌罢了。你穿尧的衣服，说尧的话，做尧的事，你便是尧了。你穿桀的衣服，说桀的话，做桀的事，你便是桀了。"

曹交说："我准备去拜见邹君，向他借个住处，情愿留在您的门下做学生。"

孟子说："道就像大路一样，难道难于了解吗？只怕人不去寻求罢了。你回去自己寻求吧，老师多得很呢。"

解读

孝悌要慢慢培养

这当然是植根于"性善论"而鼓励人人向善，个个都可以有所作为的命题了。

其关键还是一个"不为"与"不能"的问题。认识到这一点后，就可以树立起我们每个人立志向善的信心，从自己力所能及的事情做起，不断完善自己，最终成为一个有所作为的人。

莫因关系远近而看法不一

【原典】

公孙丑问曰:"高子①曰:《小弁》②,小人之诗也。"

孟子曰:"何以言之?"

曰:"怨。"

曰:"固哉,高叟之为诗也!有人于此,越人关弓而射之,则己谈笑而道之;无他,疏之也。其兄关弓而射之,则己垂涕泣而道之;无他,戚之也。《小弁》之怨,亲亲也;亲亲,仁也。固矣夫,高叟之为诗也!"

曰:"《凯风》③何以不怨?"

曰:"《凯风》,亲之过小者也;《小弁》,亲之过大者也。亲之过大而不怨,是愈疏也;亲之过小而怨,是不可矶也。愈疏,不孝也;不可矶,亦不孝也。孔子曰:'舜其至孝矣,五十而慕。'"

【注释】

①高子:生平不详。②《小弁》:《诗经·小雅》中的一篇。③《凯风》:《诗经·邶风》中的一篇。

【译文】

公孙丑问道:"高子说:《小弁》是小人所作的诗。"孟子说:"凭什么这么说呢?"公孙丑说:"因为诗中有怨恨。"

孟子说:"高老先生的论诗太呆板了!如果有一个人,越国人拉开弓去射他,事后他可以有说有笑地讲这件事;没有别的原因,只因为和越国人关系疏远。如果是他哥哥拉开了弓射他,事后他就会哭哭啼啼地讲这件事;没有别的原因,只因为和哥哥关系亲近。《小弁》的怨恨,出自热爱亲人,热爱亲人就是仁。太呆板了,高老先生这样论诗!"

公孙丑问:"《凯风》这首诗为什么没有怨恨情绪?"

孟子说:"《凯风》这首诗,是写母亲的小过错;《小弁》所写的是父亲的大过错。父母过错大而不怨恨,这是更加疏远父母;父母过错小而怨恨,这是一点都不

能受刺激。更加疏远父母，这是不孝；受不得父母一点刺激，也是不孝。孔子说过：'舜是最孝顺的了，到了五十岁还眷念着父母。'"

解读

论述孝道

公孙丑说，《诗经》学者高子认为《小弁》是小人之诗，因为它怨恨父母。孟子却认为，父母有大过而怨之，这是"亲亲"，而"亲亲"就是"仁"，就是"孝"。

公孙丑反问，为什么《凯风》不怨呢？孟子说，《凯风》不怨，是由于母亲过错小；《小弁》怨，是由于父母过错大。父母过错大而不抱怨，是疏远父母的表现；父母过错小却去抱怨，是受不得刺激。疏远父母是不孝，受不得刺激也是不孝。

孟子对《诗经》的讨论和对孝道的论述，对今人仍有重要意义。

利益难以换取永久的和平

【原典】

宋牼①将之楚，孟子遇于石丘②，曰："先生将何之？"

曰："吾闻秦楚构兵，我将见楚王说而罢之。楚王不悦，我将见秦王说而罢之。二王我将有所遇焉。"

曰："轲也请无问其详，愿闻其指。说之将何如？"

曰："我将言其不利也。"

曰："先生之志则大矣，先生之号则不可。先生以利说秦楚之王，秦楚之王悦于利，以罢三军之师，是三军之士乐罢而悦于利也。为人臣者怀利以事其君，为人子者怀利以事其父，为人弟者怀利以事其兄，是君臣、父子、兄弟终去仁义，怀利以相接，然而不亡者，未之有也。先生以仁义说秦楚之王，秦楚之王悦于仁义，而罢三军之师，是三军之士乐罢而悦于仁义也。为人臣者怀仁义以事其君，为人子者怀仁义以事其父，为人弟者怀仁义以事其兄，是君臣、父子、兄弟去利，怀仁义以相接也，然而不王者，未之有也。何必曰利？"

【注释】

①宋牼（kēng）：战国时宋国著名学者，反对战争，主张和平。②石丘：地

名，其址不详。

【译文】

宋牼准备到楚国去，孟子在石丘这个地方遇上了他。孟子问："先生准备到哪里去？"

宋牼说："我听说秦楚两国交战，我准备去见楚王，劝说他罢兵。如果楚王不听，我准备去见秦王，劝说他罢兵。在两个国王中，我总会说通一个。"

孟子说："我不想问得太详细，只想知道你的大意，你准备怎样去劝说他们呢？"

宋牼说："我将告诉他们，交战是很不利的。"

孟子说："先生的动机是很好的，可是先生的提法却不行。先生用利去劝说秦王楚王，秦王楚王因为有利而高兴，于是停止军事行动；军队的官兵也因为有利而高兴，于是乐于罢兵。做臣下的心怀利害关系来侍奉君主，做儿子的心怀利害关系来侍奉父亲，做弟弟的心怀利害关系来侍奉哥哥，这就会使君臣之间、父子之间、兄弟之间都完全失掉仁义，心怀利害关系来互相对待，这样不使国家灭亡的，是没有的。若是先生以仁义的道理去劝说秦王楚王，秦王楚王因仁义而高兴，于是停止军事行动；军队的官兵也因仁义而高兴，于是乐于罢兵。做臣下的心怀仁义来侍奉君主，做儿子的心怀仁义来侍奉父亲，做弟弟的心怀仁义来侍奉哥哥，这就会使君臣之间、父子之间、兄弟之间都完全去掉利害关系，心怀仁义来互相对待，这样还不能够使天下归服的，是没有的。何必要去谈论'利'呢？"

解读

和平应以仁义为前提

在孟子看来，和平的前提是仁义，而不是利害关系。如果用利害关系去换得一时的和平，早晚也会失去。因为，基于利害关系的和平，实际上隐伏着很多不和平的因素，因为人与人之间都以利害关系相互对待，一旦利害关系发生冲突，必然导致争斗，失去稳定与和平。相反，如果以仁义为前提赢得和平，则会保持长久的稳定与发展。

应该认为，从理论上说，孟子的学说是很有道理的，也是能够自圆其说的。但是，从历史和现实的实践来看，无论是战争还是和平，既然有军事行动发生，就不可能没有利害关系存在，也不可能有纯粹为抽象的仁义道德而战的战争和纯粹为抽

象的仁义道德而罢兵停战的和平出现。在孟子所处的战国时代，尤其没有这种可能。

所以，以仁义为前提的和平，在孟子的时代只能是一种理想。正如以仁义为前提的战争只能是一种理想一样。

礼仪是增进人际关系的重要润滑剂

【原典】

孟子居邹，季任①为任处守，以币交，受之而不报。处于平陆②，储子为相，以币交，受之而不报。他日，由邹之任，见季子；由平陆之齐，不见储子。屋庐子喜曰："连③得间矣。"问曰："夫子之任，见季子；之齐，不见储子，为其为相与？"

曰："非也。《书》曰：'享多仪，仪不及物曰不享，惟不役志于享。'为其不成享也。"或问之，屋庐子曰："季子不得之邹，储子得之平陆。"

【注释】

①季任：任国国君的弟弟。②平陆：齐国地名，即今山东省汶上县。③连：屋庐子的名。

【译文】

孟子居住在邹国的时候，季任正在任国代理国政，送礼物来结交孟子，孟子收了礼物却不回谢。孟子居住在平陆的时候，储子担任齐国的相，送礼物来结交孟子，孟子收了礼也不回谢。后来，孟子从邹国到了任国，拜访了季子；从平陆到了齐国，却不拜访储子。屋庐子高兴地说："我发现老师的差错了。"并问道："老师到了任国，拜访了季子；到了齐国，不拜访储子，是因为储子只是担任相吗？"孟子说："不是的。《尚书》上说：'进献礼品看重礼仪，礼仪配不上礼品，就叫没有进献，因为心意不在进献上。'这是因为它没有完成进献的缘故。"有人问他这件事，屋庐子说："季子在代理国政，不能亲自到邹国去，而储子作为卿相是能亲自到平陆去的。"

解读

礼仪礼节要注重

这一章重点强调了人际间礼仪与礼节的重要性。古代如此,现实生活中也一样。我国是个崇尚礼仪的国度,尤其是越来越国际化的今天,注重礼仪与礼节显得尤为重要。

非常之人都有非常的表现

【原典】

淳于髡①曰:"先名实者,为人也;后名实者,自为也。夫子在三卿②之中,名实未加于上下而去之,仁者固如此乎?"

孟子曰:"居下位,不以贤事不肖者,伯夷也;五就汤,五就桀者,伊尹也;不恶污君,不辞小官者,柳下惠也。三子者不同道,其趋一也。一者何也?曰,仁也。君子亦仁而已矣,何必同?"

曰:"鲁缪公之时,公仪子③为政,子柳、子思④为臣,鲁之削也滋甚,若是乎,贤者之无益于国也!"

曰:"虞不用百里奚而亡,秦穆公用之而霸。不用贤则亡,削何可得与?"曰:"昔者王豹处于淇⑤,而河西善讴;绵驹处于高唐⑥,而齐右善歌;华周、杞梁⑦之妻善哭其夫而变国俗。有诸内,必形诸外。为其事而无其功者,髡未尝睹之也。是故无贤者也,有则髡必识之。"

曰:"孔子为鲁司寇,不用,从而祭,燔肉⑧不至,不税冕而行。不知者以为为肉也,其知者以为为无礼也。乃孔子则欲以微罪行,不欲为苟去。君子之所为,众人固不识也。"

【注释】

①淳于髡:齐国政治家、思想家。②三卿:指上卿、亚卿、下卿,都是爵位。③公仪子:即公仪休,曾任鲁国的相。④子柳、子思:子柳:即泄柳,曾任鲁缪公的卿。子思:孔子之孙,名伋。⑤王豹处于淇:王豹:卫国人,善于唱歌。淇:淇

水,卫国河流名。⑥绵驹处于高唐:绵驹:一位善于唱歌的人。高唐:齐国邑名。⑦华周、杞梁:齐国大夫,在齐国攻打莒国时战死,传说他们的妻子闻讯后,对着城墙痛哭,把城墙哭塌了;齐国人受到感染,以至善哭成风。⑧燔肉:祭时用的熟肉。

【译文】

淳于髡说:"重视名望功业的,是为了天下的人;轻视名望功业的,是为了自己的清白。先生的地位在齐国的三卿之中,但就名望功业来说,上不能匡正君主,下不能拯救百姓,就辞职而去了,仁人本该就是这样的吗?"

孟子说:"处在低下的地位,不以贤人的身份侍奉不贤的君主,这是伯夷的态度;五次到汤那里做事,五次到桀那里做事,这是伊尹的态度;不讨厌昏庸的君主,不拒绝微小的官职,这是柳下惠的态度。三个人做法不同,方向是一致的。一致的是什么?就是仁。君子只要仁就行了,何必要处处相同?"

淳于髡说:"鲁缪公的时候,公仪子掌管政事,子柳、子思也在朝做臣,然而鲁国疆土被别国侵夺却更加严重,贤人无益于国家就像这样的呀!"

孟子说:"从前,虞国因为不用百里奚而亡国,秦穆公用了他就称霸,可见不用贤人就会亡国,到那时,只是想割让点地方就能办得到吗?"

淳于髡说:"从前王豹居住在淇水边,河西的人因此而善于唱歌;绵驹居住在高唐,齐国西部的人因此而善于唱歌;华周、杞梁的妻子,为丈夫的死而哭得异常伤心,因而改变了一国的风气。内心有什么,必然会显露在外面。做了那件事而不见那件事的功效,我还没有见过这种情况呢。所以现在是没有贤人,要有,我一定会知道的。"

孟子说:"孔子担任鲁国的司寇,不受信任,有一次跟随鲁君去祭祀,祭肉不按规定送来,于是孔子顾不上脱掉祭祀时所戴的礼帽就走了。不了解孔子的,以为他是为了那点祭肉而离开的,了解孔子的,必定认为他是因为鲁国的失礼而离开的。至于孔子,却正想担点儿这一类的小罪名离开,不想随便弃官而去。君子所做的事,一般人本来就是不理解的。"

解读

君子之所为

孟子在齐国位列三卿,可谓官高爵重,但他没有干出什么功业,就准备离开齐国。与孟子同在齐国为官的淳于髡对孟子说，贤人难道是这样的吗？他对孟子颇有意见。

孟子为自己辩解说，君子贤人只要仁就行了，具体的做法何必相同呢？当然，这样空泛的议论不可能说服淳于髡。淳于髡说，像你这样的贤人，像公仪子、子柳等贤人，恐怕本就无益于国家吧？当着孟子说这话，火药味已经很浓了。孟子辩解说，如果鲁国不用贤人，那就不只是削地求和的问题，恐怕会像虞国那样灭亡呢。淳于髡进一步否认孟子为贤人，让他不要以贤者自居。孟子听了，举孔子故意让自己得一个小罪名然后离开鲁国的例子，意在说明，"君子之所为，众人固不识也"。

孟子离开齐国，是因为孟子认为，他应该当齐宣王之师，而齐宣王只把他当臣。这就是孟子没有明说的原因。

别做追随领导恶行的人

【原典】

孟子曰："五霸①者，三王之罪人也；今之诸侯，五霸之罪人也；今之大夫，今之诸侯之罪人也。天子适诸侯曰巡狩，诸侯朝于天子曰述职。春省耕而补不足，秋省敛而助不给。入其疆，土地辟，田野治，养老尊贤，俊杰在位，则有庆，庆以地。入其疆，土地荒芜，遗老失贤，掊克在位，则有让。一不朝，则贬其爵；再不朝，则削其地；三不朝，则六师移之。是故天子讨而不伐，诸侯伐而不讨。五霸者，搂诸侯以伐诸侯者也，故曰，五霸者，三王之罪人也。五霸，桓公为盛。葵丘之会②，诸侯束牲载书而不歃血。初命曰，诛不孝，无易树子，无以妾为妻。再命曰，尊贤育才，以彰有德。三命曰，敬老慈幼，无忘宾旅。四命曰，士无世官，官事无摄，取士必得，无专杀大夫。五命曰，无曲防，无遏籴，无有封而不告。曰，凡我同盟之人，既盟之后，言归于好。今之诸侯皆犯此五禁，故曰，今之诸侯，五霸之罪人也。长君之恶其罪小，逢君之恶其罪大。今之大夫皆逢君之恶，故曰，今之大夫，今之诸侯之罪人也。"

【注释】

①五霸：指春秋时代先后称霸的五个诸侯，具体哪五个诸侯，说法不一；据《孟子》原书考察，可能是指齐桓公、晋文公、秦穆公、楚庄公、吴王阖闾。②葵

丘之会：葵丘，地名，在今河南兰考县东。会：盟会，古代诸侯间聚会而结盟。盟会时要用牛做祭品，或杀，或不杀。

【译文】

孟子说："五霸是三王的罪人，现在的诸侯是五霸的罪人，现在的大夫是现在诸侯的罪人。天子到诸侯那里去叫巡狩，诸侯朝见天子叫述职。天子巡狩，春天视察耕种情况，补助种子、劳力不足的农户；秋天视察收获情况，救济缺粮农户。进入某个诸侯国，看到土地开垦得多，田野整治得好，老人得到赡养，贤人受到尊敬，有才能的人在位做官，那就有奖赏，拿土地奖赏。进入某个诸侯国，看到土地荒芜，遗弃老人，排斥贤人，贪官污吏在位，那就给予责罚。诸侯一次不朝见天子，就降他的爵位；两次不朝见，就削减他的封地；三次不朝见，就派军队去。所以，天子对于有罪的诸侯，只是发布命令声讨他的罪行，而不亲自征伐；诸侯是奉天子之命去征伐而不声讨。五霸却是胁迫诸侯去讨伐别的诸侯，破坏了三王的规矩，所以说五霸是三王的罪人。五霸中，齐桓公最强。在葵丘盟会上，诸侯们捆绑了祭祀用的牛，把盟书放在它身上，并不歃血。盟书第一条说，责罚不孝的人，不得擅自改立太子，不得把妾立为正妻。第二条说，尊重贤人，培育人才，用来表彰有德行的人。第三条说，要敬老爱幼，不要忘了来宾和旅客。第四条说，士人不能世代做官，公职不能兼任，选用士人一定要得当，不得擅自杀戮大夫。第五条说，不得到处修筑堤坝，垄断水利，不得阻止邻国来买粮食，不能私自封赏而不报告盟主。盟书最后说，凡是我们同盟的人，盟会之后都恢复友好关系。现在的诸侯都违背了这五条誓约，所以说，现在的诸侯是五霸的罪人。因为顺从君王而助长了君王的过错，这个罪行还算小的；故意逢迎君王的过错，这个罪行就大了。现在的大夫都逢迎君王的过错，所以说，现在的大夫是现在诸侯的罪人。"

解读

长君之恶不可为

本章孟子用递进论证法层层论证；先论证五霸为三王之罪人，以其不用仁道，而用霸道；再论证今之诸侯为五霸之罪人，以其都违反了五霸在葵丘盟会时所定的"五禁"盟约；今之大夫为今日诸侯之罪人，他们或者"长君之恶"，更有甚者"逢君之恶"，为君王的罪恶提供理论依据。

辅助领导就要助其走正道

【原典】

鲁欲使慎子①为将军。孟子曰："不教民而用之，谓之殃民。殃民者，不容于尧舜之世。一战胜齐，遂有南阳②，然且不可。"

慎子勃然不悦曰："此则滑厘所不识也。"

曰："吾明告子。天子之地方千里；不千里，不足以待诸侯。诸侯之地方百里；不百里，不足以守宗庙之典籍③。周公之封于鲁，为方百里也；地非不足，而俭于百里。太公之封于齐也，亦为方百里也；地非不足也，而俭于百里。今鲁方百里者五，子以为有王者作，则鲁在所损乎，在所益乎？徒取诸彼以与此，然且仁者不为，况于杀人以求之乎？君子之事君也，务引其君以当道，志于仁而已。"

【注释】

①慎子：名滑厘，据说是一个善于用兵的人。②南阳：地名，在泰山西南面，本属于鲁，后被齐侵夺。③典籍：这里指记载先祖典章法度的文册。

【译文】

鲁国想叫慎子担任将军。孟子说："不先训练百姓就用他们打仗，这叫坑害百姓。坑害百姓的人，在尧、舜时代是不容许存身的。现在即使鲁国一仗就打赢了齐国，收回了南阳，这样也还是不行。"慎子顿时不高兴地说："这真是我慎滑厘所不明白的了。"

孟子说："我来明白地告诉你。天子的土地千里见方；不到千里见方，就不够条件接待诸侯。诸侯的土地百里见方；不足百里见方，就不够条件奉守宗庙里的典籍。当年周公分封在鲁地，是百里见方的一块；土地不是不够，但也只不过百里见方。太公分封在齐地，也是百里见方的一块；也不是土地不够，却只不过百里见方。现在鲁国的土地有五个百里见方那么大，你认为，如果有圣王出现，那么鲁国是在土地应该削减之列呢，还是在应该增加之列呢？不费力就把那里的土地取来并入这里，这样的事仁人尚且不干，何况用杀人来求取土地呢？君子侍奉君主，只该专心一意地引导君主走正道，立志在仁上罢了。"

解读

反复讲仁也显迂腐

推行仁政，当然有理；穷兵黩武，当然不对。但鲁有强齐为邻，多次削地求和，孟子对一个将军不断地讲仁，似有迂腐之嫌。

孟子又反复讲天子之地纵横千里，诸侯百里，本意是说鲁国、齐国当初封地都大体在百里，这种说法十分可疑。周公分封诸侯时，是大体划分地盘而已，何至于如此精确？且分封在中原的诸侯，因土地肥沃，分封的诸侯又多，估计当稍稍把地划清楚一点。至于分封在其他地方的诸侯，因当时地广人稀，土地又多未开垦，只是大体划个地盘而已。孟子的"千里"、"百里"说，殊不可信。

背仁之才有害于民

【原典】

孟子曰："今之事君者皆曰：'我能为君辟土地，充府库。'今之所谓良臣，古之所谓民贼也。君不乡道①，不志于仁，而求富之，是富桀也。'我能为君约与国②，战必克。'今之所谓良臣，古之所谓民贼也。君不乡道，不志于仁，而求为之强战，是辅桀也。由今之道，无变今之俗，虽与之天下，不能一朝居也。"

【注释】

①乡道：向往道德。乡：同"向"，向往。②与国：盟国。

【译文】

孟子说："如今服侍国君的人都说：'我能为国君开拓土地，充实府库。'如今所说的好臣子，正是古代所说的残害百姓的人。国君不向往道德，不立志行仁，却想法让他富有，这等于是去让夏桀富有。又说：'我能够替国君邀约盟国，每战一定胜利。'如今所说的好臣子，正是古代所说的残害百姓的人。国君不向往道德，不立志行仁，却想法让他武力强大，这等于是去帮助夏桀这样的暴君。沿着如今的道路走，不改变现在的风俗习气，即便把整个天下给他，也是一天都坐不稳的。"

解 读

君不乡道，不志于仁

所谓"今之事君者"的说法，显然是富国强兵的说法，而孟子所反对的，正是这种不行仁政而穷兵黩武的做法。

富国，讲的是"利"，追求的是"辟土地，充府库"，这与他所说的"以义治国，何必言利"正是针锋相对的观点。遭到他的反对更是理所当然的了。

由此可见，孟子之所以深恶痛绝那些自诩能够富国强兵的"今之所谓良臣"，是以"君不乡道，不志于仁"为前提的。换言之，这些人所搞的富国强兵是与孟子心目中的仁义道德相对立的。

纳税率依国家大小而定

【原典】

白圭①曰："吾欲二十而取一，何如？"

孟子曰："子之道，貉②道也。万室之国，一人陶，则可乎？"

曰："不可，器不足用也。"

曰："夫貉，五谷不生，惟黍生之；无城郭、宫室、宗庙、祭祀之礼，无诸侯币帛饔飧③，无百官有司，故二十取一而足也。今居中国，去人伦，无君子④，如之何其可也？陶以寡，且不可以为国，况无君子乎？欲轻之于尧舜之道者，大貉小貉也；欲重之于尧舜之道者，大桀小桀也。"

【注释】

①白圭：名丹，曾做过魏国的宰相，筑堤治水很有名。②貉（mò）：又作"貊"，古代北方的一个小国。③饔飧（yōng sūn）：饔：早餐。飧：晚餐。这里以饔飧代指请客吃饭的礼节。④去人伦，无君子：去人伦指无君臣、祭祀、交际的礼节；无君子指无百官有司。

【译文】

白圭说："我想定税率为二十抽一，怎么样？"

孟子说："你的办法是貉国的办法。一个有一万户人的国家。只有一个人做陶器，怎么样？"

白圭说："不可以，因为陶器会不够用。"

孟子说："貉国，五谷不能生长，只能长黍子；没有城墙、宫廷、祖庙和祭祖的礼节，没有诸侯之间的往来送礼和宴饮，也没有各种衙署和官吏，所以二十抽一便够了。如今在中原国家，取消社会伦常，不要各种官吏，那怎么能行呢？做陶器的人太少，尚且不能够使一个国家搞好，何况没有官吏呢？想要比尧舜十分抽一的税率更轻的，是大貉小貉；想要比尧舜十分抽一的税率更重的，是大梁小梁。"

解 读

恰到好处是儒者的追求

白圭知道孟子主张薄赋税，所以故意来问他，定税率为二十抽一怎么样。殊不知，孟子从实际情况出发，奉行的是无过无不及的中庸之道，所以，在这里展开了一次中庸的现实运用。既回答了白圭的问题，又表明了自己无过无不及的主张。

可见，只有恰到好处，才是儒者的追求。

以邻为壑害人害己

【原典】

白圭曰："丹之治水[①]也愈于禹。"

孟子曰："子过矣。禹之治水，水之道也，是故禹以四海为壑[②]。今吾子以邻国为壑。水逆行谓之洚[③]水，洚水者，洪水也洚人之所恶也。吾子过矣。"

【注释】

①丹之治水：白圭治水的方法，据《韩非子·喻老篇》记载，主要在于筑堤塞穴，所以孟子要指责他"以邻国为壑"。②壑（hè）：本义为沟壑，这里扩大指受水处。③洚（jiàng）：大水泛滥。

【译文】

白圭说："我治理水比大禹还强。"孟子说："你错了。大禹治理水患，是顺着水的本性而疏导，所以使水流注于四海。如今你却使水流到邻近的国家去。水逆流而行叫洚水，洚水就是洪水，是仁慈的人厌恶的。你错了。"

解 读

以邻为友才能和睦相处

从白圭治水"以邻国为壑"联想到我们生活中"以邻为壑"的现象，如商家之间的竞争，同事之间的钩心斗角，政治斗争中的你死我活，"以邻为壑"的手段更是无所不用其极。你知道"以邻为壑"，人家也同样知道"以邻为壑"，结果是人人都成了"邻"，成了"壑"，最终结果是害人害己。所以，还是收起这种仁人所恶的"以邻为壑"手段，以邻为友，大家和睦相处，互相帮助的好。

诚信是立身处世的准则

【原典】

孟子曰："君子不亮①，恶乎执？"

【注释】

①亮：同"谅"，诚信。

【译文】

孟子说："君子不讲信用，怎么能够有操守呢？"

解 读

信用并非一成不变

在孔子、孟子看来，一方面，"信"是君子立身处世的基本原则之一；但另一方面，又不能拘泥于小节小信。所以，应该以"义"来进行调节变通，这就是孟子所说的"惟义所在"。一句话，要大信，不要小信；要在原则问题上讲信用，不要拘泥固守于小节上的一成不变。

拒人于千里之外是愚人之举

【原典】

鲁欲使乐正子①为政。孟子曰:"吾闻之,喜而不寐。"

公孙丑曰:"乐正子强乎?"

曰:"否。"

"有知虑乎?"

曰:"否。"

"多闻识乎?"

曰:"否。"

"然则奚为喜而不寐?"

曰:"其为人也好善②。"

"好善足乎?"

曰:"好善优于天下③,而况鲁国乎?夫苟好善,则四海之内皆将轻④千里而来告之以善;夫苟不好善,则人将曰:'訑⑤,予既已知之矣。'訑之声音颜色,距人于千里之外。士止于千里之外,则谗谄面谀之人至矣。与谗谄面谀之人居,国欲治,可得乎?"

【注释】

①乐正子:复姓乐正,名克。②好善:这里特指喜欢听取善言。③优于天下:优于治天下的意思。优:充足。④轻:易,容易,不以为难。⑤訑(yí):自满的样子。

【译文】

鲁国打算让乐正子治理国政。孟子说:"我听到这一消息,欢喜得睡不着觉。"

公孙丑问:"乐正子很有能力吗?"

孟子说:"不。"

公孙丑问:"有智慧有远见吗?"

孟子说:"不。"

公孙丑问："见多识广吗？"

孟子说："不。"

公孙丑问："那您为什么高兴得睡不着觉呢？"

孟子回答说："他为人喜欢听取善言。"

公孙丑问："喜欢听取善言就够了吗？"

孟子说："喜欢听取善言足以治理天下，何况治理鲁国呢？假如喜欢听取善言，四面八方的人从千里之外都会赶来把善言告诉他；假如不喜欢听取善言，那别人就会模仿他说：'呵呵，我都已经知道了！''呵呵'的声音和脸色就会把别人拒绝于千里之外。士人在千里之外停止不来，那些进谗言的阿谀奉承之人就会来到。与那些进谗言的阿谀奉承之人住在一起，要想治理好国家，办得到吗？"

解读

集思广益利国家

在孟子看来，治理好一个国家并不单靠执政者个人的能力、智慧和学识，而应当广泛听取和采纳别人的意见，集思广益。这样，就会吸引天下的有识之士，治理国家，乃至于治理天下就会游刃有余了。相反，如果自以为是，听不进别人的意见，那真正的有识之士就会被拒之于千里之外，而奸邪的谄媚之徒就会乘虚而入。这样一来，想治理好国家就是不可能的了。

这里所说的"好善"主要指喜欢听取善言。真正好善的人雍容大度，宰相肚里能撑船，对于不那么中听的话也照样能够听取，采纳其合理的对治国平天下有益的良方。

君子怎样为官

【原典】

陈子①曰："古之君子何如则仕？"

孟子曰："所就三，所去三。迎之致敬以有礼；言，将行其言也，则就之。礼貌未衰，言弗行也，则去之。其次，虽未行其言也，迎之致敬以有礼，则就之。礼貌衰，则去之。其下，朝不食，夕不食，饥饿不能出门户，君闻之，曰：'吾大者不能行其道，又不能从其言也，使饥饿于我土地，吾耻之。'周之。亦可受也，免死而已矣。"

【注释】

①陈子：即陈臻，孟子弟子。

【译文】

陈子问："古代的君子要怎么样才去做官？"

孟子说："去做官有三种情况，辞去官职有三种情况。君主恭敬礼貌地迎接他，并将按他所说的去实行，那就去做官。礼貌没有衰减，却不再按他说的去做了，那就辞去官职。其次，虽然没有按他说的去做，但也恭敬礼貌地迎接他去，那就去做官。一旦礼貌也衰减了，那就辞去官职。最差的是，早上没饭吃，晚上也没饭吃，饿得出不了门；君主知道后说：'我在大政方针上不能实行他的主张，又不能听取他的言论，致使他在我的国土上又饥又饿，对此我感到耻辱。'于是周济他。这也是可以接受的，是为了免于饿死罢了。"

解读

论君子出仕之道

孟子把君子出仕的情况分为三等，最上等的是君主礼遇，又言听计从；其次是仅给礼遇，但不纳君子的善言；最下等的是不仅不纳善言，甚至连起码的礼遇都没有，去做官，不过是混碗饭吃，免于饿死而已。上等的，是以君子为师。这是中国古代知识分子最理想的出仕模式，除了伊尹、管仲、诸葛亮等极少数人外，鲜有人能够做到。

生于忧患死于安乐

【原典】

孟子曰："舜发于畎亩①之中，傅说②举于版筑③之间，胶鬲③举于鱼盐之中，管夷吾⑤举于士，孙叔敖举于海，百里奚举于市。故天将降大任于斯人也，必先苦其心志，劳其筋骨，饿其体肤，空乏其身，行拂乱其所为，所以动心忍性，曾益其所不能。人恒过，然后能改；困于心，衡于虑，而后作；征于色，发于声，而后喻。入则无法家拂士，出则无敌国外患者，国恒亡。然后知生于忧患而死于安乐也。"

【注释】

①畎（quǎn）亩：田间，田地。②傅说（yuè）：殷武丁时人，曾为刑徒，在傅说筑墙，后被武丁发现，举用为相。③版筑：一种筑墙工作，在两块墙版中，填入泥土夯实。④胶鬲（gé）：殷纣王时人，曾以贩卖鱼、盐为生，周文王把他举荐给纣，后辅佐周武王。⑤管夷吾：管仲。

【译文】

孟子说："舜从田间劳动中成长起来，傅说从筑墙的工作中被选拔出来，胶鬲被选拔于鱼盐的买卖之中，管仲被提拔于囚犯的位置上，孙叔敖从海边被发现，百里奚从市场上被选拔。所以，上天将要把重大使命落到某人身上，一定要先使他的意志受到磨炼，使他的筋骨受到劳累，使他的身体忍饥挨饿，使他备受穷困之苦，做事总是不能顺利。这样来震动他的心志，坚韧他的性情，增长他的才能。人总是要经常犯错误，然后才能改正错误；心气郁结，殚精竭虑，然后才能奋发而起；显露在脸色上，表达在声音中，然后才能被人了解。一个国家，内没有守法的大臣和辅佐的贤士，外没有敌对国家的忧患，往往容易亡国。由此可以知道，忧患使人生存，安逸享乐却足以使人败亡。"

解读

逆境和忧患不一定是坏事

孟子所举的例证是舜帝、傅说、胶鬲、管仲、孙叔敖、百里奚六人。其实，为人所熟知的，还有姜子牙的故事。所谓"天将降大任于斯人也，必先苦其心志……"成为《孟子》最著名的篇章之一，后人常引以为座右铭，激励无数志士仁人在逆境中奋起。其思想基础是一种至高无上的英雄观念和浓厚的生命悲剧意识，一种崇高的献身精神，是对生命痛苦的认同以及对艰苦奋斗从而获得胜利的精神的弘扬。

对人的一生来说，逆境和忧患不一定是坏事。生命说到底是一种体验。

教学的方法多种多样

【原典】

孟子曰:"教亦多术矣。予不屑之教诲也者,是亦教诲之而已矣。"

【译文】

孟子说:"教育也有多种方式方法。我不屑于教诲他,本身就是对他的教诲。"

解读

反面教育出奇效

教育有多种方式方法,这是不言而喻的。孟子这里着重谈到的,则是一种独特的方法。不屑之教,是亦教之。

"不屑之教"的奥妙在于,我之所以不屑于教诲他,是让他羞愧而奋发向上。因此,不屑于教诲只是不从正面讲道理而已,是从反面激发他的自尊心。看来,儒家先贤教学很是注意教育心理学原理的运用,虽然他们当时并不一定概括出了这些原理。

卷十三　尽心（上）

　　本卷内容涉及自身修养、仁政的实行、民本思想、君子之道等多个方面，其核心为"尽心"、"知性"、"知天"的思想。孟子认为心、性、天是三位一体的，三者是一个完整的统一体。这是本卷的纲领性命题，也是孟子哲学思想体系的基石。

　　他强调士人应以行道为己任，应超出常人，不为富贵、地位所诱惑；并力主王道，肯定圣人的教化作用，以及"善教"在社会生活中的作用。

　　同时，孟子还指出"仁"、"义"是与生俱来的良知、良能，人们只要不断提高修养，就能拥有它，圣人与常人的不同在于圣人追求圣人之道。并论及君子之道，包括教育之道，如提倡因材施教、告诫学者要诚心诚意等；还包括处事之道，如坚守原则，与道共进退，亲疏有别，分清轻重缓急等。

命运掌握在自己手中

【原典】

孟子曰:"尽其心者,知其性也。知其性,则知天矣。存其心,养其性,所以事天也。夭寿不贰,修身以俟之,所以立命也。"

孟子曰:"莫非命也,顺受其正。是故知命者不立乎岩墙之下。尽道而死者,正命也;桎梏死者,非正命也。"

孟子曰:"求则得之,舍则失之,是求有益于得也,求在我者也求之有道,得之有命,是求无益于得也,求在外者也。"

孟子曰:"万物皆备于我矣。反身而诚,乐莫大焉。强恕而行求仁莫近焉。"

【译文】

孟子说:"充分运用心灵思考的人,是知道人的本性的人。知道人的本性,就知道天命。保持人的善良本心,涵养本性,这就是对待天命的方法。无论短命还是长寿都一心一意地修身以等待天命,这就是安身立命的方法。"

孟子说:"一切都是命运,顺应它接受的就是正常的命运。所以知道命运的人不站在危险的墙下。尽力行道而死的人,所接受的是正常的命运;犯罪受刑而死的人,所接受的是非正常的命运。"

孟子说:"求索就能得到,放弃便会失去,这种求索有益于得到,因为所求的东西就在自身。求索有一定的方法,能否得到却取决于天命,这种求索无益于得到,因为所求的东西是身外之物。"

孟子说:"万物我都具备了。反躬自问诚实无欺,便是最大的快乐。尽力按恕道办事,便是最接近仁德的道路。"

解 读

加强思想修养至关重要

孟子谈天命,谈人的本性,没有消极被动的神秘色彩。用我们今天的话来说,就是要加强知识学习和思想修养，充实自己的心灵。

"一切都是命运"，用我们今天通行的看法，这似乎是一种消极的宿命论思想。但实际上，孟子的立足点是在"顺受其正"上，顺理而行，顺应命运，也就是说，一生做自己应该做的事，走正道；行正义，也就是正常的命运；相反，犯罪而死，则死于非命，不是正常的命运了。一句话，是精神的自我完善。身外之物则是金钱富贵，名誉地位。

世上万事万物只要坚持追求，便可以一分耕耘，一分收获，种瓜得瓜，种豆得豆。所以叫"求则得之，舍则失之"。当然谋事在人，成事在天，并不是所有的事物你一厢情愿地追求就可以得到。所谓身外之物，生不带来，死不带去，何必看得那么要紧呢？

所谓"万物皆备于我"并不是像有些人所理解的那样，说是"万物都为我而存在"，而是孟子所表达的天地万物我都能够思考和认识到。

人要活得明明白白

【原典】

孟子曰："行之而不著焉，习矣而不察焉，终身由之而不知其道者，众也。"

孟子曰："人不可以无耻。无耻之耻，无耻矣。"

孟子曰："耻之于人大矣！为机变①之巧者，无所用耻焉。不耻不若人，何若人有？"

【注释】

①机变：奸诈。

【译文】

孟子说："做一件事不明白为什么要做，习惯了不想想为什么习惯，一辈子随波逐流不知去向何方，这样的人是平庸的人。"

孟子说："人不可以不知羞耻。从不知羞耻到知道羞耻，就可以免于羞耻了。"

孟子说："羞耻之心对于人至关重要！搞阴谋诡计的人是不知羞耻的。不以自己不如别人为羞耻，怎么赶得上别人呢？"

解读

人要懂得自尊

孟子在这里想集中表达的意思是，人要活得明明白白，得知道什么是羞耻。

在生活中，做一天和尚撞一天钟，随波逐流混日子的人为数不少。这种人只能活得稀里糊涂。

人有羞耻之心，知道哪些事该干，哪些事不该干，这就是智。人无廉耻，百事可为，这个人不仅没有智，也不会有礼、有义、有仁，那么他就不是人，而与禽兽无异了。

所以孟子讲，人不可以没有羞耻之心，懂得耻辱，有自尊心，是一个人进步的起点，就可以免于耻辱了。

孟子这段话并非空发议论，而是有感而发。春秋时代，国与国、人与人，说话还算数，就是打仗，也是排好阵势，然后开打的。战国时代，一切都变了，人们说话不算数，一切都要奸诈，讲权谋。所以孟子说，那些专干奸诈之事的人，是没有什么地方用得着羞耻之心的。

乐道忘势的读书人最受人推崇

【原典】

孟子曰："古之贤王好善而忘势；古之贤士何独不然？乐其道而忘人之势。故王公不致敬尽礼，则不得亟①见之。见且由不得亟；而况得而臣之乎？"

【注释】

①亟（qí）：多次。

【译文】

孟子说："古代的贤明君王喜欢听取善言，不把自己的权势放在心上。古代的贤能之士又何尝不是这样呢？乐于坚持自己的主张，不把他人的权势放在心上。所以，即使是王公贵族，如果不对他恭敬地尽到礼数，也不能够多次和他相见。相见的次数尚且不能够多，何况要他做臣下呢？"

解读

乐道忘势是人的气节

乐道忘势，是弘扬读书人的气节和骨气。还是曾子所说的那个道理：他有他的富，我有我的仁；他有他的官位，我有我的正义。我有什么输于他的呢？这样一想，也就不把他的权势放在心上了。所以，真正的贤士能够笑傲王侯，我行我素。

当然，如果王侯本身也能够好善而忘势，对贤能之士礼数有加，当成真正的朋友而平等对待，那样会更好，不过那只是一种理想化状态。

穷则独善其身，达则兼济天下

【原典】

孟子谓宋勾践①曰："子好游②乎？吾语子游：人知之，亦嚣嚣③；人不知，亦嚣嚣。"

曰："何如斯可以嚣嚣矣？"

曰："尊德乐义，则可以嚣嚣矣。故士穷不失义，达不离道。穷不失义，故士得己④焉；达不离道，故民不失望焉。古之人，得志，泽加于民；不得志，修身见于世。穷则独善其身，达则兼善天下。"

【注释】

①宋勾践：人名，姓宋，名勾践，生平不详。②游：指游说。③嚣嚣：安详自得的样子。④得己：即自得。

【译文】

孟子对宋勾践说："你喜欢游说各国的君主吗？我告诉你游说的态度：别人理解也安详自得，别人不理解也安详自得。"

宋勾践问："怎样才能做到安详自得呢？"

孟子说："尊崇道德，喜爱仁义，就可以安详自得了。所以士人穷困时不失去仁义；显达时不背离道德。穷困时不失去仁义，所以安详自得；显达时不背离道德，所以老百姓不失望。古代的人，得志时恩惠施于百姓；不得志时修养自身以显现于世。穷困时自己修养好品德，显达时把美德推行天下。"

解读

道义是处世之根本

穷达都是身外事，只有道义才是根本。

所以能穷不失义，达不离道。至于"穷则独善其身，达则兼济天下"，则与孔子所说"用之则行，舍之则藏"一样，进可以攻，退可以守，成为两千多年来中国知识分子立身处世的座右铭，成为最强有力的心理武器，既对他人，也对这个世界，更对自身，起到了指引作用。

奋发向上才能有所作为

【原典】

孟子曰："待文王而后兴者，凡民也。若夫豪杰之士，虽无文王犹兴。"

孟子曰："附之以韩魏之家①，如其自视欿②然，则过人远矣。"

孟子曰："以佚道使民，虽劳不怨。以生道杀民，虽死不怨杀者。"

【注释】

①韩魏之家：指春秋末期晋国六卿中的韩魏两家。这两家当时拥有很大的权势和很多的财产。②欿（kǎn）："坎"的假借字，视盈若虚的意思。

【译文】

孟子说："一定要等待有周文王那样的人出现后才奋发的，是平庸的人，至于豪杰之士，即使没有周文王那样的人出现，自己也能奋发有为。"

孟子说："把韩魏两大家的财富加给他，如果他自己并不觉得自满，那他就远远超过一般人了。"

孟子说："依据让百姓安逸的原则去役使百姓，百姓即使劳累也不怨恨；依据让百姓生存的原则去杀人，被杀的人虽死也不怨恨杀他的人。"

解读

此三者为豪杰

按照孟子的观点，要等到一定的时势，一定的领袖人物出现后才奋发的，算不上是豪杰之士。真正的豪杰之士，是可以造时势的人，是没有领袖人物出现自己也知道奋发有为的人。主要是指精神方面的奋发有为，乐观向上。不要以"不能"为借口，这也不为，那也不为。

常人之病，在得志则得意忘形，失意则一蹶不振。而孟子认为，假使有这样的人，即使把韩家、魏家的财富拿来给他，他也不自满。那这个人就远远超过一般人的觉悟了。

同时，还应以百姓生活更安逸为目的；若不得已而要打仗，则应以百姓活下去为目的。劳役也罢，战争也罢，都应该像尧舜禹汤文武那样，不得已而为之，都是为了老百姓，所以百姓并不怨恨他们。

上述三个方面都做得好了，那这样的人就无愧于豪杰之士的美名了。

老百姓最需要良好的教化

【原典】

孟子曰："霸者之民虞如也，王者之民皞皞如也。杀之而不怨，利之而不庸，民日迁善而不知为之者。夫君子所过者化，所存者神，上下与天地同流，岂曰小补之哉？"

孟子曰："仁言不如仁声之入人深也，善政不如善教之得民也。善政，民畏之；善教，民爱之。善政得民财，善教得民心。"

【译文】

孟子说："霸主的百姓愉快欢乐，圣王的百姓心旷神怡。圣王的百姓被杀而不怨恨谁，得了好处而不报答谁，一天天趋向于善，却不知道谁使他们这样。圣人经过哪里，哪里就受感化；住在哪里，哪里就有神奇的变化，造化之功上与天齐下与地同，难道说只是小小的补益吗？"

孟子说："仁德的言语不如仁德的声望那样深入人心，好的政令不如好的教育那样赢得民众。好的政令，百姓畏服；好的教育，百姓喜爱。好的政令得到百姓的财富，好的教育得到百姓的心。"

解读

儒家重教化

本章盛赞君子的功业。他们经过之处，人们就受到感化；他们停留居住之处，其作用更加神奇；他们能与天地同时运转。之所以会这样，是为政者用仁德之实感化百姓的结果。

孟子在这里讲了四个概念：仁言与仁声，善政与善教。他认为，仁德之言可教化百姓，但只有为政者自己有仁德之实，而不仅仅用言语教育别人，老百姓才会真心向往仁德。良好的政治会使老百姓害怕而按时交税，故国家可以得民财，但若用良好的教育感化百姓，就会得到老百姓的衷心拥护。那么，什么样的教育才是最好的教育呢？是仁德，即为政者由仁德之实而获得的仁德声誉。

儒家重教育德治，德治治心，治心心服。以儒者的眼光来看，心服才是真服。

良知良能与生俱来

【原典】

孟子曰："人之所不学而能者，其良[1]能也；所不虑而知者，其良知也。孩提之童[2]无不知爱其亲者，及其长也，无不知敬其兄也。亲亲，仁也；敬长，义也。无他，达之天下也。"

孟子曰："舜之居深山之中，与木石居，与鹿豕游，其所以异于深山之野人者几希。及其闻一善言，见一善行，若决江河，沛然莫之能御也。"

【注释】

[1]良：指本能的，天然的。良能、良知已作为专门的哲学术语，以不译为妥。
[2]孩提之童：指两三岁的小孩子。

【译文】

孟子说:"人不用学习就能的,是良能;不用思考就知道的,是良知。两三岁的小孩子没有不知道亲爱他父母的,等到他长大,没有不知道尊敬他兄长的。亲爱父母是仁,尊敬兄长是义。没有其他原因,因为这两种品德是通行天下的。"

孟子说:"舜居住在深山里,与树木、石头做伴,与鹿、猪相处,他区别于深山里不开化百姓的地方是很少的。可是等他听了一句善言,见了一种善行,就会立即照着去做,像决了口的江河一般,澎湃之势没有谁能阻挡得住的。"

解读

人性善为人禽之别

良能良知是与生俱来,人人皆有的。比如说,亲爱父母,尊敬兄长,这是人的良能良知,不用教导,不用学习就知道的。

至于孟子所说的良能良知是否存在,那就只有各人扪心自问,体察自身,从而做出各自的回答了。但起码的一条,亲爱父母,尊敬兄长,这似乎还是通行天下的伦理道德。

应该说,儒者的理想是非常不错的,其主张人性向善,认为人禽之别在于人性善。

舜帝是原始社会末期的人,其生存状态虽无法与后世相比,但也不至于像野人一样生活。孟子的描述,只不过是为说明"仁"是人的天赋,以及"仁"的威力罢了。

人之才学往往来自于忧患

【原典】

孟子曰:"无为其所不为,无欲其所不欲,如此而已矣。"

孟子曰:"人之有德、慧、术、知者,恒存乎疢疾①。独孤臣孽子②,其操心也危,其虑患也深,故达。"

【注释】

①疢(chèn)疾:义同灾患。②孤臣孽子:孤臣,受疏远的臣;孽子,非嫡妻所生之子。

【译文】

孟子说:"不要让他干不想干的事,不要让他想不想得到的东西,这就行了。"

孟子说:"人有德行、智慧、谋略、见识,常常是因为他生活在忧患之中。那些孤臣和孽子,他们持有警惧不安的心理,考虑忧患很深远,所以通达事理。"

解读

心如止水是最佳处世心态

不要做自己不该做的事,不想望不该想望的东西。人生一世,如此而已。然而做起来却并不容易。心如止水、放眼高空的悠闲人生只能是理想化了。

另外,人之德识才学往往来自忧患,也就是说苦难往往是一个人取得成就的重要因素。

为官必须树正气

【原典】

孟子曰:"有事君人者,事是君则为容悦者也;有安社稷臣者,以安社稷为悦者也;有天民者,达可行于天下而后行之者也;有大人者,正己而物正者也。"

【译文】

孟子说:"有侍奉君主的人,专以讨得君主的欢心为喜悦;有安定国家的大臣,以安定国家为喜悦;有顺应天理的人,当他的主张能行于天下时,他才去实行;有伟大的人,端正自己,天下万物便随之端正。"

解读

为人之品格不尽相同

人各不同,人品各异,就是从政的品格也有高低不同。孟子这里所列举的,就是几种不同的从政品格。

"君人者"专以阿谀逢迎为务,尽妾妇之道,是宦官宠臣之列。

"安社稷者"是忠臣,不过,一朝天子一朝臣,忠也往往有愚在其中。

"天民者"替天行道，不限于一国一君，如伊尹、姜太公之类。

"大人者"有圣德感化万物，领袖群伦，正己而天下平，是尧舜禹汤文武等人中龙凤，百年难遇一二。

孟子显然是赞赏"天民"，尤其是"大人"这样的圣贤级人物的。实际上其有暗喻自己之意。

君子的三大快乐

【原典】

孟子曰："君子有三乐，而王天下不与存焉。父母俱存，兄弟无故①，一乐也；仰不愧于天，俯不怍②于人，二乐也；得天下英才而教育之，三乐也。君子有三乐，而王天下不与存焉。"

【注释】

①故：事故，指灾患病丧。②怍（zuò）：惭愧。

【译文】

孟子说："君子有三大快乐，以德服天下不在其中。父母健在，兄弟平安，这是第一大快乐；上不愧对于天，下不愧对于人，这是第二大快乐；得到天下优秀的人才进行教育，这是第三大快乐。君子有三大快乐，以德服天下不在其中。"

解 读

求则得之，舍则失之

在这里孟子以为，一乐取决于天意，三乐取决于他人，只有第二种快乐才完全取决于自身。因此，我们努力争取的也在这第二种快乐，因为它是属于"求则得之，舍则失之，是求有益于得也，求在我者也"的范围，而不是"求之有道，得之有命，是求无益于得也，求在外者也"的东西。

心中须有定性，不要随波逐流

【原典】

孟子曰："广土众民，君子欲之，所乐不存焉；中天下而立，定四海之民，君子乐之，所性不存焉。君子所性，虽大行①不加焉，虽穷居不损焉，分定故也。君子所性，仁义礼智根于心，其生色也睟然②，见于面，盎③于背，施于四体，四体不言而喻。"

孟子曰："形色，天性也；惟圣人然后可以践形。"

【注释】

①大行：指理想、抱负行于天下。②睟（suì）然：颜色润泽。③盎（àng）：显露。

【译文】

孟子说："拥有广阔的土地、众多的人民，这是君子所想望的，但却不是他的快乐所在；立于天下的中央，安定天下的百姓，这是君子的快乐，但却不是他的本性所在。君子的本性，纵使他的抱负实现也不会增加，纵使他穷困也不会减少，因为他的本分已经固定。君子的本性，仁义礼智植根于内心，外表神色清和润泽，呈现于脸面，流溢于肩背，充实于四肢，四肢的动作，不用言语，别人也能理解。"

孟子说："形体容貌是天生的，只有成了圣人才能无愧于他的形体容貌。"

解读

君子表里如一

治国平天下是人间的赏心乐事，也是儒学外治（与内修相应）的最高境界。但对于真正的君子来说，穷达都是身外事，只有仁义礼智根于心，清和润泽显于外才是本性所在。

孟子所描述的，是一个胸怀高远，雍容大度的儒雅君子！外在形象与内在灵魂统一，表里如一，通体流溢着生命的光辉。

想来，即便在儒教中，这也不过是一个理想人物罢了！

奉养老人是传统美德

【原典】

孟子曰:"伯夷辟纣,居北海之滨,闻文王作,兴曰:'盍归乎来,吾闻西伯善养老者。'太公辟纣,居东海之滨,闻文王作,兴曰:'盍归乎来,吾闻西伯善养老者。'天下有善养老,则仁人以为己归矣。五亩之宅,树墙下以桑,匹妇蚕之,则老者足以衣帛矣。五母鸡,二母彘,无失其时,老者足以无失肉矣。百亩之田,匹夫耕之,八口之家足以无饥矣。所谓西伯善养老者,制其田里,教之树畜,导其妻子使养其老。五十非帛不暖,七十非肉不饱。不暖不饱,谓之冻馁。文王之民无冻馁之老者,此之谓也。"

【译文】

孟子说:"伯夷躲避纣王,隐居在北海之滨,听说文王兴盛起来了,就说:'何不归到他那里去呢,我听说西伯善于奉养老人。'姜太公躲避纣王,隐居在东海之滨,听说文王兴盛起来了,就说:'何不归到他那里去呢,我听说西伯善于奉养老人。'天下有善于奉养老人的人,仁人便把他当作自己要投奔的人了。五亩的住宅地,墙下栽上桑树,妇女用它养蚕,老人就完全能穿上丝衣了。养五只母鸡、两只母猪,不错过它们的繁殖时期,老人就完全不会缺肉吃了。一百亩的耕地,由男子耕种,八口之家就完全不会有饥饿了。所谓西伯善于奉养老人,就在于他规定了百姓的田亩宅地,教育他们栽桑养畜,引导他们的妻子儿女奉养老人。五十岁的人,不穿丝棉就不暖,七十岁的人,没有肉吃就不饱。不暖不饱,就叫挨冻受饿。文王的百姓中没有挨冻受饿的人,说的就是这种情况。"

解读

百善孝当头

本章盛赞周文王仁义,善于养老。原始社会有弃杀老人的野蛮习俗,至文明社会方被革除。先秦诸子特别强调养老,特别强调孝顺,大概有点矫枉过正的意思。

生活富足，天下归仁

【原典】

孟子曰："易其田畴①，薄其税敛，民可使富也。食之以时，用或礼，财不可胜用也。民非水火不生活，昏暮叩人之门户求水火，无弗与者，至足矣②。圣人治天下，使有菽粟如水火。菽粟如水火，而民焉有不仁者乎？"

【注释】

①易其田畴：易：治，耕种。田畴：田地。②矣：这里的用法同"也"。

【译文】

孟子说："搞好耕种，减轻税收，可以使老百姓富足。饮食有一定时候，费用有一定节制，财物便用之不尽。老百姓离开了水与火就不能够生活，可是，当有人黄昏夜晚敲别人的门求水与火时，没有不给予的。为什么呢？因为水火都很充足。圣人治理天下，使百姓的粮食像水与火一样充足。粮食像水与火一样充足了，老百姓哪有不仁慈的呢？"

解读

民富天下乐

本章可视作孟子的仁政理想图：让人民生活富足，天下归仁。与孔子的"先富后教"以及孟子的"有恒产者有恒心"的思想是相通的，展现了儒学抓经济基础的一方面。

志存高远是做人的大境界

【原典】

孟子曰："孔子登东山①而小鲁，登泰山而小天下。故观于海者难为水，游于圣人之门者难为言。观水有术，必观其澜。日月有明，容光②必照焉。流水之为物也，不盈科不行；君子之志于道也，不成章③不达。"

【注释】

①东山：即蒙山，在今山东蒙阴县南。②容光：指能够容纳光线的小缝隙。③成章：《说文》解释："乐竟为一章。"由此引申，指事物达到一定阶段或有一定规模。

【译文】

孟子说："孔子登上东山，就觉得鲁国变小了；登上泰山，就觉得整个天下都变小了。所以，观看过大海的人，便难以被其他水所吸引了；在圣人门下学习过的人，便难以被其他言论所吸引了。观看水有一定的方法，一定要观看它壮阔的波澜。太阳月亮有光辉，不放过每条小缝隙；流水有规律，不把坑坑洼洼填满不向前流；君子立志于道，不到一定的程度不能通达。"

解读

志高视野阔

"登东山而小鲁，登泰山而小天下。"这是胸襟的拓展，境界的升华。

登山如此，观水也如此。所以有"观于海者难为水"一说。既然大海都看过了，其他小河小沟的水还有什么看头呢？

在这里，孟子想告诉人们的是，登山就要登泰山，观水就要观海水，做学问就要做于圣人之门。也就是说立志要高远，胸襟要开阔。

人的义利观不尽相同

【原典】

孟子曰："鸡鸣而起，孳孳①为善者，舜之徒也；鸡鸣而起，孳孳利者，蹠②之徒也。欲知舜与蹠之分，无他，利与善之间③也。"

【注释】

①孳孳（zī）：同"孜孜"，勤勉不懈。②蹠（zhí）：通常作"跖"，相传为柳下惠的弟弟，春秋时的大盗，所以又称"盗跖"。③间（jiàn）：区别，差异。

【译文】

孟子说:"鸡叫便起床,孜孜不倦地行善的人,是舜一类的人物;鸡叫便起床,孜孜不倦地求利的人,是盗跖一类的人物。要想知道舜和跖有什么区别,没有别的,利和善的不同罢了。"

解 读

出发点不同结果就不一样

同样都是辛苦忙碌者,动机不同,出发点不同,其结果就不一样。

处于连"君子也要言利"的时代,我们十有八九不会同意孟老夫子关于"孳孳为利者,跖之徒也"的看法。

但是,为谁辛苦为谁忙?这倒的确是我们应该扪心自问一番的。虽然我们不同意"孳孳为利者,跖之徒也"的看法,但如果太看重利,不择手段,不惜铤而走险,那倒很可能真正成为"跖之徒"。

价值观决定了人的行为

【原典】

孟子曰:"杨子①取为我,拔一毛而利天下,不为也。墨子兼爱②,摩顶放踵③利天下,为之。子莫④执中。执中为近之。执中无权,犹执一也。所恶执一者,为其贼道也,举一而废百也。"

【注释】

①杨子:战国初期哲学家,名朱,魏国人。②墨子兼爱:墨子(约公元前468—前376年),墨家学派的创始人,名翟。"兼爱"是他的基本思想之一。③摩顶放(fǎng)踵:从头顶到脚跟都磨伤,形容不畏劳苦,不顾头破体伤。放:到。④子莫:战国时鲁国人,其事迹已不可考。

【译文】

孟子说:"杨朱主张为自己,即使拔一根毫毛而有利于天下,他都不肯干。墨子主张兼爱，即便是从头顶到脚跟都磨伤，只要是对天下有利，他都肯干。子莫则主张中道。主张中道本来是不错的，但如果只知中道而不知道权变，那也就和只执着于一点一样了。为什么厌恶只执着于一点呢？因为它会损害真正的道，只是坚持一点而废弃了其余很多方面。"

解读

论中庸之道

子莫执中。照理说符合儒学的中庸之道，应该大加赞扬。事实上，孟子也的确说了"执中为近之"，应该是很不错的。但"执中无权，独执一也"，这就出了问题。也就是说，如果只知道死板地坚持"执中"，没有变通，那就不是执中，而是"执一"了。而我们知道，中庸之道本来是"执两用中"，既然只是"执一"，当然也就不是中庸之道了。因此，并不符合儒学的主张。

人要有甄别美丑的能力

【原典】

孟子曰："饥者甘食，渴者甘饮。是未得饮食之正也，饥渴害之也。岂惟口腹饥渴之害？人心亦皆有害。人能无以饥渴之害为心害，则不及人不为忧矣。"

【译文】

孟子说："饥饿的人觉得任何食物都是美味的，干渴的人觉得任何饮料都是可口的。他们不能够吃喝出饮料和食物的正常滋味，是由于饥饿和干渴的妨害。难道只有嘴巴和肚子有饥饿和干渴的妨害吗？心灵也同样有妨害。一个人能够不让饥饿和干渴那样的妨害去妨害心灵，那就不会以自己不及别人为忧虑了。"

解读

心灵修养需循序渐进

在这里，孟子通过形象的比喻告诉人们心灵的修养也和身体的营养一样，是一个长期的、循序渐进的过程，既不能揠苗助长，也不能使之饥饿干渴而缺乏养分。言外之意是，一个人要对各种思想意识有所认识、有所鉴别、有所选择地吸收其中的养分。这样，即使发现自己有不及他人的地方，那也是很容易迎头赶上的。

积极进取和坦然若定才是正确的处世态度

【原典】

孟子曰："柳下惠不以三公易其介。"

孟子曰："有为者辟①若掘井，掘井九仞②而不及泉，犹为弃井也。"

【注释】

①辟：同"譬"。②九仞：仞：同"用"，古代量词，一用为六尺或八尺，九仞则相当于六七丈。

【译文】

孟子说："柳下惠不会因为做大官而改变他的操守。"

孟子说："做事好比掘井一样，掘到六七丈深还没有见水，仍然只是一口废井。"

解读

不为名利所动与积极进取

孟子在这里集中讲述了两种节操：不为名利所动和积极进取。

高尚的节操总是受人尊崇的，不为功名利禄所动的人确实是最了不起的，而且是古今都提倡的可贵精神。

为井九仞，同样也可能功亏于最后一仞。而一旦功亏，不管是一仞还是半仞，都是半途而废，留下的是废井一口。孔孟都是反对半途而废，赞赏积极进取精神的。这算是儒家先贤所着力推崇的一种风范。

真仁义的人英名流传

【原典】

孟子曰:"尧、舜,性之也;汤、武,身之也;五霸,假之也。久假而不归,恶知其非有也?"

公孙丑曰:"伊尹曰:'予不狎于不顺,放太甲于桐,民大悦。太甲贤,又反之,民大悦。'贤者之为人臣也,其君不贤,则固可放与?"

孟子曰:"有伊尹之志,则可;无伊尹之志,则篡也。"

【译文】

孟子说:"尧、舜是本性具备仁义,汤王、武王是亲身实践仁义,五霸是假借仁义。假借久了而不归还,哪能知道他们本来是没有仁义的呢?"

公孙丑说:"伊尹说:'我不亲近不遵循仁义的人,把太甲放逐到桐邑,百姓非常高兴;太甲变好了,又让他回来作君主,百姓非常高兴。'贤人作为臣,君主不好,本来就可以将他放逐的吗?"孟子说:"有伊尹那样的意图,就可以;没有伊尹那样的意图,那就是篡位了。"

解 读

论行仁义

孟子认为,尧舜行仁,是出于他们仁义的本性;商汤和周武王行仁,是因为亲身体验到了仁;而春秋五霸齐桓公晋文公之类用仁义,不过是假借仁义之名而行谋取霸权之实罢了。因此孟子多次批评五霸,认为他们是三王的罪人。但他同时又指出,五霸行仁义,虽是假借先王之仁义名,但因其久借不还,怎么会知道他们不弄假成真而真的拥有仁义了呢?

伊尹放太甲,本意不在篡位,故孟子说可。否则不可,如后世王莽、曹丕废汉帝,意在篡位。当然,这都是以天下为帝王私家产业的说法。若以天下为天下人之天下,则又当别论。

脑力劳动者是社会所需

【原典】

公孙丑曰："《诗》曰：'不素餐兮①！'君子之不耕而食，何也？孟子曰："君子居是国也，其君用之，则安富尊荣；其子弟从之，则孝悌忠信。'不素餐兮！'孰大于是？"

【注释】

①不素餐兮：引自《诗经·魏风·伐檀》。素餐：白吃饭。

【译文】

公孙丑说："《诗经》说：'不白吃饭啊！'可君子不种庄稼也吃饭，为什么呢？"孟子说："君子居住在一个国家，国君用他，就会安定富足，尊贵荣耀；学生们跟随他，就会孝敬父母，尊敬兄长，忠诚而守信用。'不白吃饭啊！'还有谁比他的贡献更大呢？"

解读

社会分工是历史发展的必然趋势

还是孔子所说"君子谋道不谋食"（《论语·卫灵公》）和孟子自己所说"劳心者治人，劳力者治于人；治于人者食人，治人者食于人"（《滕文公（上）》）的意思。强调社会分工，强调脑力劳动对社会的重要贡献。

可见这是儒家学说对社会分工的基本看法。

志行高尚的人才会有儒士风范

【原典】

王子垫①问曰：

"士何事？"孟子曰："尚志。"

曰："何谓尚志？"

曰："仁义而已矣。杀一无罪非仁也，非其有而取之非义也。居恶在？仁是也；路恶在？义是也。居仁由义，大人之事备矣。"

【注释】

①王子垫：齐王的儿子，名垫。

【译文】

王子垫问道："士做什么事？"

孟子说："使志行高尚。"

王子垫问："使志行高尚指的是什么？"

孟子说："仁和义罢了。杀死一个无罪的人，是不仁；不是自己的东西却去占有，是不义。居住的地方在哪里？仁便是；道路在哪里？义便是。居于仁而行于义，大人的事便齐备了。"

解 读

"士尚志"人所共知

"士尚志"，士人的修养就在于使自己的志行高尚。而高尚的标准就是"居仁由义"。这一段其实并没有什么新的东西，还是孔、孟所一贯呼吁的"仁义"二字，还是强调士人作为一个特殊阶层的修身精神。

不过，"士尚志"言简意赅地概括了对士人的要求，给人的感觉好像士人的"专业"就是"尚志"而施行仁义，失去了这一点，士人也就不成其为士人了一样。由此影响到后世的读书人一直把"尚志"作为自己的精神寄托，把"仁"、"义"作为最基本的道德品质。

做人要有大节操

【原典】

孟子曰："仲子，不义与之齐国而弗受，人皆信之，是舍箪食豆羹之义也。人莫大焉亡亲戚君臣上下。以其小者信其大者，奚可哉？"

【译文】

孟子说:"陈仲子,如果不合道义地把齐国送给他,他不会接受,人人都相信这一点,不过这只是拒绝一筐饭、一碗汤那样的小义罢了。人的罪过没有比不讲亲属君臣尊卑关系更大的了。因为他有小义就相信他有大义,怎么可以呢?"

解读

舍弃一筐饭的义不是大义

本章批评陈仲子的义只是舍弃一筐饭、一碗汤的义。孟子认定的真义和大义是亲亲和尊尊。而陈仲子避兄离母,又耻其兄为齐国大臣,所以孟子认为他并没有考虑亲戚、君臣、上下,他的那点廉洁只是小节操,不是大节操。

王子犯法与民同罪

【原典】

桃应[①]问曰:"舜为天子,皋陶为士,瞽瞍杀人,则如之何?"

孟子曰:"执之而已矣。""然则舜不禁与?"

曰:"夫舜恶得而禁之?夫有所受之也。"

"然则舜如之何?"

曰:"舜视弃天下犹弃敝屣[②]也。窃负而逃,遵海滨而处,终身䜣[③]然,乐而忘天下。"

【注释】

①桃应:孟子的学生。②敝屣(xǐ):破鞋子。(3)䜣(xīn):同"欣"。

【译文】

桃应问道:"舜做天子,皋陶做法官,假如舜的父亲瞽瞍杀了人,那怎么办?"

孟子说:"把他逮起来就是了。"

桃应问:"难道舜不阻止吗?"

孟子说:"舜怎么能够阻止呢?皋陶是按所受职责办事。"

桃应问:"那么,舜该怎么办呢?"孟子说:"舜把抛弃天子之位看得像抛弃破鞋子一样。他偷偷地背负父亲逃走,沿着海滨住下来,终身逍遥,快乐地把曾经做过天子的事情忘掉。"

解读

公私不能两全

这是典型的道德两难问题。

孟子的解决动作可就大了,"舜视弃天下犹弃敝屣",连天子之位都不要做了,弃官救父,隐居海滨。这不就是为了父亲而改变了自己一生的道路了吗?

在孟子看来,的确只有这样做才能做到公孝两全。

但我们今天来回答可就不一样了。因为,我们今天在很大程度上已把个体行为的"孝"归结为私人问题了。所以,"公孝不能两全"就成了"公私不能两全",既然如此,那也就不难解决了。虽然在情感上仍然难,但至少在理论上是不难了。

环境会影响人的气度

【原典】

孟子自范①之齐,望见齐王之子,喟然叹曰:"居移气,养移体,大哉居乎!夫非尽人之子与?"

孟子曰:"王子宫室、车马、衣服多与人同,而王子若彼者,赔使之然也;况居天下之广居②者乎?鲁君之宋,呼于垤泽之门③。守者曰:'此非吾君也,何其声之似我君也?'此无他,居相似也。"

【注释】

①范:地名,故城在今山东范县东南二十里,是魏国与齐国之间的要道。②广居:孟子的"广居"指仁。③垤(dié)泽之门:宋国城门。

【译文】

孟子从范邑到齐都,远远地望见了齐王的儿子,非常感叹地说:"地位改变气

度，奉养改变体质，地位是多么重要啊！他不也是人的儿子吗？"

孟子说："王子的住处、车马、衣服多半与他人相同，而王子却像那个样子，是他的地位使他那样的。何况那以'仁'为自己住所的人呢？鲁国的国君到宋国去，在宋国的城门下呼喊。守门的人说：'这人不是我们的国君，他的声音怎么这样像我们的国君呢？'这没有别的原因，他们的地位相似罢了。"

解 读

自身作用相当重要

存在决定意识，地位影响气度。

一方面，环境地位对人的气质、气度的确具有很重要的影响，但另一方面，主体自身的作用也不可忽视。就以孟子在这里的意图来说，他之所以喟然而叹"大哉居乎！"强调"其居使之然也"，其实是为了要求大家处在"仁"的位置上。而要做到"仁"，离开主体自身的作用能行吗？其本意不是要讨论一般的教育问题，而是在思考如何营造一个"仁"的大环境，从而使天下归仁的重大问题。

不要被虚伪的恭敬所迷惑

【原典】

孟子曰："食①而弗爱，豕交之也；爱而不敬，兽畜之也。恭敬者，币之未将②者也。恭敬而无实，君子不可虚拘。"

【注释】

①食：动词，使之食，引申为奉养。②币之未将：币：指礼物。将：送。

【译文】

孟子说："只是养活而不爱，那就如养猪一样；只是爱而不恭敬，那就如养鸟儿、养爱犬等一样。恭敬之心是在送出礼物之前就有的。徒具形式的恭敬，君子不可虚留。"

解读

爱而不敬如养狗

"养而不爱如养猪,爱而不敬如养狗。"

总起来说,这一章对我们的重要启示还是一个对父母的态度问题,也就是"孝"的问题。在"孝道"已日渐淡薄的今天,对我们在奉养老人时具有特别的警醒作用。

被动和主动是决定事情成败的关键

【原典】

齐宣王欲短丧。公孙丑曰:"为期之丧,犹愈于已乎?"孟子曰:"是犹或紾其兄之臂,子谓之姑徐徐云尔,亦教之孝悌而已矣。"王子有其母死者,其傅为之请数月之丧①。公孙丑曰:"若此者何如也?"曰:"是欲终之而不可得也。虽加一日愈于已,谓夫莫之禁而弗为者也。"

【注释】

①以上两句,据《仪礼·丧服记》,王子在母亲(诸侯之妾)死后,因父亲还在,不必服丧,只在下葬时穿穿麻衣而已,因此"数月之丧"也就不是短丧了。

【译文】

齐宣王想缩短服丧的期限。公孙丑说:"为父母服丧一年,总还比不服丧好吧?"孟子说:"这就像有人在扭他哥哥的胳膊,你却对他说暂且慢慢扭之类的话,能有什么用呢?你只要用孝父母、敬兄长的道理去教育他就行了。"有个王子的生母死了,他的老师为他去请求君主,允许他服丧几个月。公孙丑问孟子道:"像这样的事该怎样看?"孟子说:"这是想服丧三年而无法办到的缘故。即使多服丧一天也总比不服丧好。上面的话是针对那些没有谁禁止他,而他自己不肯服丧的人说的。"

解读

论守孝的长短

齐威王死了，按习惯法，王子应守孝三年，但王子认为，三年时间太长，想缩短一点，估计王子已经守了一年了，所以孟子弟子公孙丑认为是可以的，为父王守一年丧总比完全不守丧强吧？孟子不同意弟子的意见，他说，要儿子守孝三年，只是教导他们孝顺罢了，你怎么能这么讲呢？

过了一些时候，有个王子的生母死了，他的师傅为他请求只守丧几个月算了。公孙丑问老师，像这事怎么办？孟子说，这是因为王子想守丧又办不到，所以才请求只守几个月。当然，即使只多守丧一日也比不守丧好。

看来，孟子也觉得三年之丧的确太长了。

教学是有恰当的方式和方法的

【原典】

孟子曰："君子之所以教者五：有如时雨化之者，有成德者，有达财①者，有答问者，有私淑艾②者。此五者，君子之所以教也。"

公孙丑曰："道则高矣，美矣，宜若登天然，似不可及也；何不使彼为可几及而日孳孳也？"孟子曰："大匠不为拙工改废绳墨，羿不为拙射变其彀率③。君子引而不发，跃如也。中道而立，能者从之。"

【注释】

①财：同"材"。②私淑艾（yì）：淑：同"叔"，拾取。艾：同"刈"，取。也就是说，淑、艾同义，"私淑艾"也就是"私淑"，意为私下拾取，指不是直接作为学生，而是自己仰慕而私下自学的。这也就是所谓"私淑弟子"的意思。③彀率：拉开弓的标准。

【译文】

孟子说："君子教育人的方式有五种：有像及时雨一样滋润化育的；有成全品

德的；有培养才能的；有解答疑问的；有以学识风范感化他人使之成为私淑弟子的。这五种，就是君子教育人的方式。"

公孙丑说："道倒是很高很好的，但就像登天一样，似乎高不可攀。为什么不使它成为可以攀及的因而叫人每天都去勤勉努力呢？"孟子说："高明的工匠不因为拙劣的工人而改变或者废弃规矩，绝不因为拙劣的射手而改变拉弓的标准。君子张满了弓而不发箭，只做出要射的样子。他恰到好处地做出样子，有能力学习的人便跟着他做。"

解读

因材施教最得法

这里既谈了教育方式问题，又谈到学习方法的问题。

关于教育方式已包括了德育、智育等各方面，但严格说来，它并不是一个全面的教学体系，各种方式之间也没有严密的逻辑关系，而只是一种列举的性质。

尽管如此，我们还是可以看到，这些不同的教育方式，是根据学生们本身的不同情况，因材施教而总结出来的经验。如果不是从理论方面作系统的要求，而是从教学实际情况出发，把它们引入教学实践，即使是在两千多年后的今天，也仍然是有推广与应用价值的。

如何学习包含相互联系的两层意思。

第一层，不能因为追求真理的困难或目标高远而降低目标或标准。第二层，重在传授方法，以身作则激发学生的学习积极主动性。孟子又把这种做法归结到"中道而立"的落脚点上。做到了这一步，则老师教起来轻松，学生学起来愉快。

做人要讲道义和中庸

【原典】

孟子曰："天下有道，以道殉身；天下无道，以身殉道。未闻以道殉乎人者也。"

孟子曰："于不可已而已者，无所不已。于所厚者薄，无所不薄也。其进锐者，其退速。"

【译文】

孟子说:"天下政治清明的时候,用道义随身行事;天下政治黑暗的时候,用生命捍卫道义。没有听说过牺牲道义而屈从于他人的。"

孟子说:"对于不应该停止的却停止了,那就没有什么不可以停止。对于应该厚待的却薄待了,那就没有什么不可以薄待。前进太猛的人,后退也会快。"

解读

两种处世态度

这里集中讲了两种人的处世态度:为道殉身和坚守中庸。

天下清明,君子就会得志。君子出仕,那么"道"就会得到实施;天下黑暗,君子归隐,就会以身守"道",甚至不惜为"道"而死,杀身成仁。杀身成仁便是以身殉道。

此外,还讲到"不及"与"过"的弊病。在我们一般的眼光看来,"不及"是消极,"过"是积极。消极的弊病不言而喻,可积极的弊病在哪里呢?还是用孔子的经典性表述:"欲速则不达","过犹不及。"只有中庸之道,做得恰到好处,无过无不及才是正确的,才能从容不迫地顺利达到目的。

做学问要谦虚谨慎

【原典】

公都子曰:"滕更①之在门也,若在所礼,而不答,何也?"孟子曰:"挟②贵而问,挟贤而问,挟长而问,挟有勋劳而问,挟故而问,皆所不答也。滕更有二焉。"

【注释】

①滕更:滕国国君的弟弟,曾向孟子求学。②挟(xié):倚仗。

【译文】

公都子说:"滕更在您门下学习,似乎应该在以礼相待之列,可是您却不回答他的问题，为什么呢？"

孟子说："倚仗着自己的权势来发问，倚仗着自己贤能来发问，倚仗着自己年长来发问，倚仗着自己有功劳来发问，倚仗着自己是老交情来发问，都是我所不回答的。滕更有这五种中的两种。"

解读

诲人不倦并非有问必答

孟子教育学生，诲人不倦，却并非有问必答。对有所倚仗的滕更不予回答就是一例。

孟子认为，求教于老师门下，目的是为了学习知识，切磋学问，教学相长。因此，不能掺杂贵、贤、长、勋劳、故旧等外在的因素，一旦掺杂了这些因素，就不会有什么收获了。

爱从自家开始

【原典】

孟子曰："君子之于物也，爱之而弗仁；于民也，仁之而弗亲。亲亲而仁民，仁民而爱物。"

【译文】

孟子说："君子对于万物，爱惜它，但谈不上仁爱；对于百姓，仁爱，但谈不上亲爱。亲爱亲人而仁爱百姓。仁爱百姓而爱惜万物。"

解读

爱的层次说

孟子这里做出了分析，说出了爱的层次差等。他说，爱虽然有亲疏，有差等，但这些亲疏差等之间却又有着内在的必然联系。另一方面的问题是，爱之所以有亲疏，有差等，不是我们主观方面随意决定的，而是因为客观方面，这些对象本身有差别也有联系。从亲爱自己的人出发，推向仁爱百姓，再推向爱惜万物，这就形成了儒学的"爱的系列"。

凡事应知轻重缓急

【原典】

孟子曰："知者无不知也，当务之为急；仁者无不爱也，急亲贤之为务。尧、舜之知而不遍物，急先务也；尧、舜之仁不遍爱人，急亲贤也。不能三年之丧，而缌①小功②之察③；放饭流歠④，而无齿决，是之谓不知务。"

【注释】

①缌（sī）：细麻布，这里代指服丧三个月的孝服。②小功：服丧五个月的孝服，是五种孝服中次轻的一种，如外孙为外祖父母服孝就用这种。③察：指仔细讲求。④放饭流歠（chuò）：大吃猛喝。

【译文】

孟子说："智者没有什么事物不该知道，但是急于知道当前最重要的事情；仁者没有什么不该爱，但是急于爱德才兼备的贤人。以尧舜的智慧尚且不能够知道一切事物，因为他们急于知道对他们最重要的事情；以尧舜的仁德尚且不能够爱所有的人，因为他们急于爱德才兼备的贤人。如果不能够实行该行三年的丧礼，却对三个月、五个月的丧礼仔细讲求；在尊长者面前大吃猛喝，却讲求不要用牙齿啃干肉，这就叫不知道什么是最重要的事物。"

解 读

别丢了西瓜拣芝麻

俗话说："丢了西瓜拣芝麻。"抓住了小的却失去了大的，抓住了次要的却失去了主要的，因小失大，舍本逐末，这就叫"不知务"。凡事总有轻重缓急，因此，要抓住当前急切应办的事先做。

这就是孟子对为政者当知要务的主导思想。

卷十四　尽心(下)

本卷围绕"尽心"、"知性"、"知天"的思想做了进一步的阐释和发挥。在孟子看来，仁人、圣人是社会的中流砥柱；有了仁人、圣人，就有了仁政；有了仁人、圣人施行仁政，社会就会安宁，国家就会繁荣昌盛。并提出了重民的主张："民为贵，社稷次之，君为轻。"

同时，孟子还指出君子应以大道为立身之本，严于律己，减少欲望，确保修养目的的纯正性。对于追求大道的态度，孟子指出对大道应不断讲求、不可间断；鼓励人们勇于追求大道，不管天意如何，都当孜孜以求。

莫因私利而损他人

【原典】

孟子曰:"不仁哉梁惠王也!仁者以其所爱及其所不爱,不仁者以其所不爱及其所爱。"

公孙丑问曰:"何谓也?"

"梁惠王以土地之故,糜烂其民而战之,大败,将复之,恐不能胜,故驱其所爱子弟以殉之,是之谓以其所不爱及其所爱也。"

孟子曰:"春秋无义战。彼善于此,则有之矣。征者,上伐下也,敌国不相征也。"

【译文】

孟子说:"梁惠王真不仁啊!仁人把给予他所爱的人的恩德推及到他所不爱的人,不仁者把带给他所不爱的人的祸害推及到他所爱的人。"

公孙丑问道:"为什么这么说呢?"

孟子说:"梁惠王因为土地的缘故,糟蹋百姓的生命驱使他们去打仗,大败后准备再打,担心不能取胜,所以又驱使他所爱的子弟去为他送死,这就叫把带给他所不爱的人的祸害推及到他所爱的人。"

孟子说:"春秋时代没有符合义的战争。其中一个国家的国君比另一国的国君稍好一点的情况,还是有的。所谓征讨,是指天子讨伐诸侯,同等的诸侯国是不能相互征讨的。"

解读

仁爱之心推己及人

本章批评春秋时代没有正义战争,这既表达了孟子的历史观,也是其政治观点的体现。孟子认为,国君之间,有的好一点,那是有的。但并不能因为你比人家好一点,就可以征伐人家。因为按照周礼,同等级的国家是不可以相互征伐的。

孟子讲"仁",主要是讲以仁爱之心推己及人,也就是先爱自己的亲人,然后推广到爱乡亲、爱国人、爱天下人。孟子说,仁爱的人把他对亲人的爱推及到不爱人的人即一般的人身上去,而不仁的人却把对别人的恨推及到亲爱者的身上去。孟子这段话,看似抽象,却是有感而发。在孟子看来,梁惠王为了扩张国土的缘故,驱使老百姓去打仗,驱使他喜爱的子弟去死战,就是把对别人的恨推及到亲爱者身上去。

尽信书则不如无书

【原典】

孟子曰:"尽信《书》,则不如无《书》。吾于《武成》①,取二三策②而已矣。仁人无敌于天下,以至仁伐至不仁,而何其血之流杵也?"

【注释】

①《武成》:《尚书》篇名,早已亡佚。东汉王充《论衡·艺增》上说:"夫《武成》之篇,言武王伐纣,血流浮杵,助战者多,故至血流如此。"②策:竹简。

【译文】

孟子说:"完全相信《尚书》,不如没有《尚书》。我对于《尚书》中的《武成》篇,就只取其中二三处罢了。仁人无敌于天下,凭武王那样最仁的人去讨伐商纣那样最不仁的人,怎么会血流得把舂米的木棒都漂起来呢?"

解读

敢于疑书应提倡

孟子看书,并不尽信书,而是通过自己的分析研究再做出判断,这种敢于疑书、敢于与"权威"较劲的精神,是应该大力提倡的。

仁者方可得天下

【原典】

孟子曰:"有人曰:'我善为陈①,我善为战。'大罪也。国君好仁,天下无敌焉。南面而征,北狄怨;东面而征,西夷怨,曰:'奚为后我?'武王之伐殷也,革车三百辆,虎贲三千人。王曰:'无畏!宁尔也,非敌百姓也。'若崩厥角稽首。征之为言正也,各欲正己也,焉用战?"

孟子曰:"不仁而得国者,有之矣;不仁而得天下者,未之有也。"

【注释】

①陈:同"阵"。

【译文】

孟子说:"有人说:'我善于布阵,我善于打仗。'这是大罪恶。国君爱好仁,就会天下无敌。商汤征伐南方,北方的民族就埋怨;征伐东方,西方的民族就埋怨。埋怨说:'为什么把我们放在后边?'武王讨伐殷商,有战车三百辆、勇士三千人。武王向殷商的百姓说:'不要害怕,我们是来安抚你们的,不是来同百姓为敌的。'殷商的百姓都跪倒叩头,额角碰地的声音,像山岩崩塌一般。'征'就是'正'的意思。如果各国都有端正自己的打算,哪还用得着打仗?"

孟子说:"不仁的人得到一个国家,有这样的情况;不仁的人得到天下,是从来没有过的。"

解读

仁的力量无穷

君子认为,国君好仁,则本国人民无不富足,无不用命。

可以说,孟子"仁者无敌"的观点有一定的道理,但它实际上有一个先决条件,就是"仁者"必须是"至仁","不仁者"必须是"至不仁"。但在实际生活中,能满足这种条件的恐怕不多。即使是"至不仁"的国君,其军队和百姓未必都会倒戈。既然作战,抓来就行了,不必讲究战略战术,这也是非常天真的想法。

孟子的这段话,是对过去历史经验的总结。各个诸侯国的开国君主,往往是仁者,其后子孙或仁或不仁,故有不仁得国者。但孟子的总结有缺陷,大禹之孙夏济、商汤之子商纣、周文王之子周幽王,何尝没有得到天下。

好的社会制度才能确保"仁者"管理国家,并把"不仁者"赶下台。这里有过分夸大仁的力量之嫌。

要想做事成功,必须自身努力

【原典】

孟子曰:"梓匠轮舆能与人规矩,不能使人巧。"

孟子曰:"吾今而后知杀人亲之重也:杀人之父,人亦杀其父;杀人之兄,人亦杀其兄。然则非自杀之也,一间耳。"

【译文】

孟子说:"木匠和车匠能教给人圆规、曲尺的使用方法,却不能使人技术精巧。"

孟子说:"我现在才知道杀害别人亲人的严重性:杀了人家的父亲,人家也会杀他父亲;杀了人家的哥哥,人家也会杀他哥哥。虽然不是他自己杀了父亲和哥哥,但差别也不大了。"

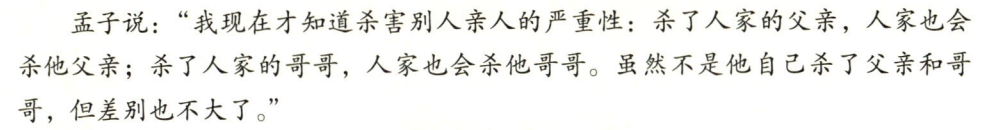

解读

做事全凭自己悟

这两则集中展示的中心是:做事全凭自己悟,自己把握。

木工手艺要用师傅带徒弟的方法来传授,但师傅只能把规矩告诉徒弟,其内部精髓则需要自己去体会。同理,学问的初步境界可由老师传授,进一步的高深境界,则全凭自己钻研和领悟。

按中国古代习俗,无故杀人父兄,人家可以报仇杀你父兄。因此,自己的父兄好像不是自己杀的,其实也跟自己杀的差不多了。所以,做事分寸全凭自己把握,把握不好往往会坏事。

富贵于我如浮云

【原典】

孟子曰:"舜之饭糗①茹草也,若将终身焉;及其为天子也,被袗衣,鼓琴,二女果②,若固有之。"

孟子曰:"周于利者凶年不能杀,周于德者邪世不能乱。"

孟子曰:"好名之人能让千乘之国,苟非其人,箪食豆羹见于色。"

【注释】

①饭糗(qiǔ):饭:动词,吃。糗:干粮。②果:同"婐(wǒ)",侍女,这里是侍候的意思。

【译文】

孟子说:"舜在吃干粮咽野菜的时候,就像打算终身这么过日子似的。到他做了天子后,穿着葛布衣服,弹着琴,尧的两个女儿侍候着,又像本来就享有这种生活似的。"

孟子说:"财利富足的人荒年不能使他困窘,道德高尚的人乱世不能使他迷乱。"

孟子说:"爱名声的人,能够让出大国国君的位置,如果不是这样的人,就是让出一小筐饭、一碗汤，脸色也会显出不高兴。"

> **解 读**

贫贱至极仍是仁者

这里集中想告诉人们的是：一个真正伟大的人，是一个不因富贵与贫贱而心地起伏，也就是轻视富贵的人。

像舜这样的至仁之人，贫贱至极也是仁者，亦"大丈夫"。

仁德充足的富人，即使遭遇乱世，也不会迷失本性，不发国难财，不做趁火打劫的事。

好名的人甚至能够让出国家，像孟子多次提到的孤竹国的伯夷、叔齐二人就都不愿做国君；燕王姬哙也把君位让给了国相。

为政之举，治国大要

【原典】

孟子曰："古之为关也，将以御暴；今之为关也，将以为暴。"

孟子曰："身不行道，不行于妻子；使人不以道，不能行于妻子。"

孟子曰："不信仁贤，则国空虚；无礼义，则上下乱；无政事，则财用不足。"

【译文】

孟子说："古时候设立关卡，是要用它抵御残暴；而现在设立关卡，却是想用它来施行残暴。"

孟子说："自己不按道行事，道在他妻子儿女身上也实行不了，更不要说对别人了；不按道去使唤人，那就连妻子儿女也使唤不了，更不要说使唤别人了。"

孟子说："如果不信任仁人贤士，国家实力就会空虚；没有礼义，上下等级关系就会混乱；没有政事，国家财用就会不足。"

> **解 读**

执政之标准

此三则集中要说明的一个中心是：为政者怎么做才能政治清明，人民安定。这里列举了几种办法：一是不巧设名目加收赋税；二是为政者要率先垂范、身体力行；三是为政者重人才、讲礼义。只有如此做了，国家才会国库充溢，人民富足安康。

这是孔子和孟子分别针对春秋时代和战国时代的情况而说的。

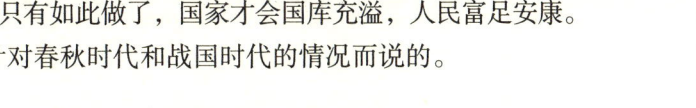

仁政爱民，以民为本

【原典】

孟子曰："民为贵，社稷次之，君为轻。是故得乎丘民①而为天子，得乎天子为诸侯，得乎诸侯为大夫。诸侯危社稷，则变置。牺牲既成，粢②盛既洁，祭祀以时，然而旱干水溢，则变置社稷。"

【注释】

①丘民：众民。丘：众。②粢（zī）：供祭祀用的谷物。

【译文】

孟子说："百姓是最重要的，土谷之神次于百姓，君主的地位更要轻些。所以得到许多百姓的拥护就能做天子，得到天子信任就能做诸侯，得到诸侯信任就能做大夫。诸侯危害了土谷之神，那就改立诸侯。祭祀用的牲畜是肥壮的，谷物是清洁的，又是按时祭祀的，然而还是干旱水涝，那就改立土谷之神。"

解读

"民贵君轻"思想难能可贵

孟子认为，得到人民拥护才能做天下，得到天子的欢心才能做诸侯，得到诸侯的欢心才能当大夫。这就是说，没有老百姓的拥护和认可，就谈不上什么天子、什么诸侯、什么大夫。这是从正面论证"民贵君轻"。

如果诸侯危害国家，那就另立诸侯。孟子多次讲，诸侯不行仁政，又不纳谏，那么异姓大夫就可以离开他，同姓大夫可以把他赶走，另立新君。他曾明白地对齐宣王说，诸侯要是不对国家尽心尽力，就可以把他废了。诸侯可以废，大夫可以废。天子怎么样？根据孟子盛赞周武王伐纣的思路来看，天子也是可以废的。这是从反面来论证"民贵君轻"的。

两千多年前有这样的进步思想确实是了不起的！

百世之师，影响深远

【原典】

孟子曰："圣人，百世之师也，伯夷、柳下惠是也。故闻伯夷之风者，顽夫廉，懦夫有立志；闻柳下惠之风者，薄夫敦，鄙夫宽。奋乎百世之上，百世之下闻者莫不兴起也。非圣人而能若是乎？而况于亲炙之者乎？"

【译文】

孟子说："圣人是百代人的师表，伯夷、柳下惠就是这样的人。所以，听说过伯夷的道德风范的，贪婪的人会变廉洁，懦弱的人会有立志的决心；听说过柳下惠的道德风范的，刻薄的人会变得厚道，狭隘的人会变得大度。百代之前奋发有为，百代之后，听说过他们事迹的人，没有不振作奋发的。不是圣人能像这样吗？百代以后的影响尚且这样，更何况当时亲身受过他们熏陶的人呢？"

解 读

圣人为百代之师

孟子说，伯夷、柳下惠虽然在百代之前奋发而为，但在百代之后，闻其风者莫不感动奋发。相隔百代，闻其风者尚且如此，何况亲自接受圣人教育的人呢？所以说，圣人是具有高风亮节的人，是人们心目中的偶像，是百代之师。

形象化讲述最受人欢迎

【原典】

孟子曰："仁也者，人也。合而言之，道也。"

孟子谓高子曰："山径之蹊，间介然用之而成路；为间不用，则茅塞之矣。今茅塞子之心矣。"

【译文】

孟子说："所谓仁，意思就是人。人和仁结合起来，就是所说的道。"

孟子对高子说："山坡上的小路，一段时间内经常去走才能成为路；只要有一段时间不走它，茅草就会堵塞住它。现在，'茅草'堵塞住你的心了。"

解 读
形象化是高超的语言技巧

形象地讲述一个道理，往往原本对此不感兴趣的人会在自觉不自觉中悄然理解和接受。这也是孟子惯用的手法。此两则就采用了形象化讲述道理的办法，既把"仁"与"人"讲得通俗易懂，同时，还通过讲一个故事让成语"茅塞顿开"变得更生动形象。他不直截了当地讲释义，而是绕了个弯子，打了个比喻，可见其高超的语言技巧。

坚守信仰，追求信念

【原典】

孟子曰："孔子之去鲁，曰：'迟迟吾行也，去父母国之道也。'去齐，接淅而行，去他国之道也。"

孟子曰："君子之厄于陈蔡之间①，无上下之交也。"

【注释】

①君子之厄于陈蔡之间：君子：指孔子。厄：同"厄"，穷困，灾难。据《史记·孔子世家》记载，哀公四年楚使人聘孔子，孔子将往，而陈、蔡两国大夫担心孔子被楚任用后对他们不利，于是派徒役包围孔子，致使孔子和他的弟子断粮多日，饿得爬不起来。"厄于陈蔡之间"即指此事。

【译文】

孟子说："孔子离开鲁国时，说道：'我要慢慢地走啊，这是离开祖国的态度。'离开齐国时，将淘好了的米捞起来就走，这是离开别的国家时的态度。"

孟子说："孔子在陈国、蔡国之间遭围困，是由于跟这两国的君臣没有什么交情。"

解 读
坚守信念了不起

这两则故事透露出孔子是为信念而活的人，它包含两层意思：一是热爱祖国，二是不善于经营社会关系网。离开鲁国与齐国截然不同的两种态度，说明他坚定热爱祖国的信念；去楚国被陈蔡两国扣留，说明他坚守楚国必胜的信念。只相信楚国会做大，而陈蔡等小国则不大可能。当然，同时也说明他与陈蔡两国都没有交往的缘故。

贤明之人有两种可贵品质

【原典】

貉稽①曰："稽大不理于口。"

孟子曰："无伤也。士憎兹多口。《诗》云：'忧心悄悄，愠于群小。'孔子也。'肆不殄厥愠，亦不殒厥问。'文王也。"

孟子曰："贤者以其昭昭使人昭昭，今以其昏昏使人昭昭。"

【注释】

①貉稽：人名，生世不详。

【译文】

貉稽说："我貉稽被人家说了很多坏话。"

孟子说："没关系的。士人受到一些讥讽之言是难免的，不用在意它。《诗经》上说：'忧心忡忡排遣不了，小人对我又恨又恼。'我觉得用这句话来形容孔子的遭遇很合适。又说：'不消除别人的怨恨，也不丧失自己的名声。'说的就是文王。"

孟子说："贤人用自己清楚明白的道理使别人也清楚明白，现在的人却要用连他自己都糊里糊涂的道理企图使他人清楚明白。"

解 读

以其昭昭，使人昭昭

在这里，孟子集中表述了贤明人的两种行为：即以其昭昭使人昭昭和胸怀坦荡。

小人以攻击别人为快乐，以搞垮别人为目的，然而真正的贤明人不会因为一些流言而被人们忘却的，像孔子也受过小人攻击，但却流芳百世、千古传诵。心态坦然是贤明人的一种可贵品质。同时，他们还有很深的学识水准。我们今天说："教育者先受教育"，或者说"要给学生一碗水，自己得有一桶水"。都是"以其昭昭，使人昭昭"的意思。然而，春秋战国时代，诸子百家们都开门收徒，因此难免有"以其昏昏，使人昭昭"者，所以孟子有这段议论。

冰冻三尺非一日之寒

【原典】

高子曰:"禹之声尚文王之声。"

孟子曰:"何以言之?"

曰:"以追蠡①。"

曰:"是奚足哉?城门之轨,两马之力与?"

【注释】

①追蠡(duī lǐ):追:钟钮。蠡:要断的样子。

【译文】

高子说:"禹的音乐胜过文王的音乐。"

孟子问:"凭什么这么说?"

高子说:"因为禹传下来的钟上的钟钮都快断了(可见人们喜欢演奏它)。"

孟子说:"这怎么足以说明问题呢?城门下的车迹很深,是一两匹马的力量造成的吗?是因为天长日久车马经过造成的呀。"

解 读

成事需要时间

本章用一个很形象化的故事说明了时间可以改变一切,以另一个角度讲,也隐喻了要想成就某作为,必得经天长日久的工夫,含冰冻三尺非一日之寒之意。

不要因为环境的改变而放弃追求

【原典】

齐饥。陈臻曰:"国人皆以夫子将复为发棠,殆不可复?"

孟子曰:"是为冯妇也。晋人有冯妇者,善搏虎,卒为善,士则之。野有众逐虎,虎负嵎,莫之敢撄。望见冯妇,趋而迎之。冯妇攘臂下车。众皆悦之,其为士者笑之。"

【译文】

齐国饥荒。陈臻说:"国都里的人都认为老师会再次劝说齐王打开棠邑的粮仓

卷十四 尽心(下)

救济百姓，恐怕不会再这么做了吧？"

孟子说："这样就成冯妇了。晋国有个叫冯妇的人，善于打虎，后来行善不打虎了，士人都效法他。有一次野外有许多人在追逐一只虎，老虎背靠山的角落，没有人敢靠近它。人们远远看见了冯妇，便跑上去迎接他。冯妇便将起袖子下车去打虎。打虎的人都喜欢他，称赞他依然勇敢，可他的这种行为却招来士的讥笑。"

解 读

不应重操就业

冯妇善于打虎，最终臻于妙境，武士们都向他学习，后来冯妇成了一个善人。而本故事中讲到的，就是他从善后又有一次偶然的机会碰见老虎，正想上去打虎，却看见那些官员们在旁边笑他。后来"再作冯妇"就发展成一句成语，意为人不应因环境的改变而放弃自己的追求与原则，即不应重操就业。

孟子说这话时，可能齐王已不愿意用他了，而孟子也不愿意再作冯妇，已准备离开齐国了。

君子不会听信于命

【原典】

孟子曰："口之于味也，目之于色也，耳之于声也，鼻之于臭也，四肢之于安佚也，性也，有命焉，君子不谓性也。仁之于父子也，义之于君臣也，礼之于宾主也，知之于贤者也，圣人之于天道也，命也，有性焉，君子不谓命也。"

【译文】

孟子说："口对于美味，眼睛对于美色，耳朵对于好听的声音，鼻子对于香味，四肢对于安逸，都是极喜欢的，这是天性，但能否享受到，其中有命的作用，所以君子并不认为这些天性必然要得到，因此不去强求。仁对于父子关系，义对于君臣关系，礼对于宾主关系，智慧对于贤者，圣人对于天道，都是极重要的，这都由命决定，也是天性的必然，所以君子不强调命运的因素，而是努力去顺从天性，努力求其实现。"

解 读

论命运

本章通过四肢欲安逸由天性所致和天道由命运决定这些理论，意想告诉人们君子不谈论命运，顺其自然，努力去做罢了。至于能否成功，就不去管它了。

孟子一生都在为实现仁政理想奋斗，但命运之神似乎并不关照他。所以到了晚年，他说了这样一些无可奈何的话。

客观评价他人

【原典】

浩生不害①问曰："乐正子何人也？"

孟子曰："善人也，信人也。"

"何谓善？何谓信？"

曰："可欲之谓善，有诸己之谓信，充实之谓美，充实而有光辉之谓大，大而化之之谓圣，圣而不可知之之谓神。乐正子，二之中、四之下也。"

【注释】

①浩生不害：姓浩生，名不害，齐国人。

【译文】

浩生不害问道："乐正子是怎样一个人？"孟子说："是善人，是个诚信的人。"浩生不害又问："什么叫善？什么叫信呢？"孟子说："值得喜爱的叫'善'，自己确实具有'善'就叫'信'，'善'充实在身上就叫'美'，既充实又有光辉就叫'大'，既'大'又能感化万物就叫'圣'，'圣'到妙不可知就叫'神'。乐正子是在'善'和'信'二者之中，'美'、'大'、'圣'、'神'四者之下的人。"

解读

评人物

孟子认为，像乐正子那样的人，是善人，是诚信的人。但他对乐正子的评价也是很有分寸的，他认为乐正子介于"善"与"信"之间，却处在"美"、"大"、"圣"、"神"之下。

孟子对"美"、"大"、"圣"、"神"四种人的品评比较玄，因为对人的感觉，有时很难用言语来形容。

用人不要乱猜疑

【原典】

孟子曰:"逃墨必归于杨,逃杨必归于儒。归,斯受之而已矣。今之与杨、墨辩者,如追放豚,既入其苙,又从而招之。"

【译文】

孟子说:"避开墨子这一派,必定会归入杨朱这一派;避开杨朱这一派,必定会回归到儒家这一派。回归了,接纳就是了。而现在同杨朱、墨子辩论的人,好像在追跑掉的猪,已经追回、赶入猪圈了,还要接着把它的脚拴住。"

解读

天下之学说

墨家主张"兼爱"、"非攻",杨朱主张"为我",儒家主张"仁义",三家都是显学。天下学子,离开墨家的必归于杨子一派,离开杨子的必归于儒家一派。这些人既已回归儒学,就接纳他们算了。

但是,儒家学派中大概有人仍然不放过当初曾信奉墨学、杨学后回归儒学的这些人。所以孟子发了这些评论以示对他们的批评,并且用了个很形象和生动的比喻来说明。

为政者要为百姓谋福祉

【原典】

孟子曰:"有布缕之征,粟米之征,力役之征。君子用其一,缓其二。用其二而民有殍,用其三而父子离。"

孟子曰:"诸侯之宝三:土地,人民,政事。宝珠玉者,殃必及身。"

【译文】

孟子说:"有征收布帛的赋税,有征收粮食的赋税,有征收人力的赋税。君子征收了其中一种,就缓征其他两种。同时征收两种,百姓就会有饿死的了;同时征收三种,就会使百姓们父子离异各顾自己了。"

孟子说:"诸侯的宝物有三样:土地、人民、政事。把珍珠美玉当作宝物的,灾祸必将落到他身上。"

解读

别玩物丧志

本章论为政者当减轻赋税和杜绝玩物丧志。孟子多次讲过减轻赋税的问题,甚至说超过了十抽一的税率,就相当于夏桀。同时,当政者玩物丧志,以致丧政、丧国的历史依据不胜枚举。开明的统治者所珍视的,应是国力的强大,民生的福祉。玩物丧志,必无好下场。

只有有效地遏制上述两点,才能保一方民众安乐。

做人莫耍小聪明

【原典】

盆成括①仕于齐。孟子曰:"死矣,盆成括!"盆成括见杀,门人问曰:"夫子何以知其将见杀?"曰:"其为人也小有才,未闻君子之大道也,则足以杀其躯而已矣。"

【注释】

①盆成括:姓盆成,名括。

【译文】

盆成括在齐国做官。孟子说:"盆成括要丧命了!"

盆成括被杀,学生问道:"老师怎么会知道他将被杀?"

孟子说:"他有点小才智,但不懂君子的大道理,这就足以招来杀身之祸了。"

解读

初生牛犊应畏虎

小有才气者常爱崭露头角,又不知仕途险恶,故盆成括被杀。"闻君子之大道"者,才能远祸全身。以意度之,盆成括当为初生牛犊,终进虎口;孟子老于世故,知道远祸全身,此其"大道"。

君子应力戒小聪明而修炼大家风度,也就是要行"君子之大道"。

301

发扬和光大优良的风范

【原典】

孟子曰："人皆有所不忍，达之于其所忍，仁也；人皆有所不为，达之于其所为，义也。人能充无欲害人之心，而仁不可胜用也；人能充无穿逾之心，而义不可胜用也；人能充无受尔汝①之实，无所往而不为义也。士未可以言而言，是以言餂②之也；可以言而不言，是以不言餂之也，是皆穿逾之类也。"

【注释】

①尔汝：尔、汝，都是第二人称代词，古代尊长称呼卑幼时用，如果平辈之间用来称呼，则是对对方的轻视。②餂（tiǎn）：取。

【译文】

孟子说："人人都有不忍心干的事，把它推及到他所忍心去干的事上，就是仁；人人都有不肯去干的事，把它推及到他所肯干的事上，就是义。一个人能把不想害人的心理扩展开去，仁就用不尽了；一个人能把不愿扒洞翻墙行窃的心理扩展开去，义就用不尽了；一个人能把不愿受人轻蔑的心理扩展开去，那么无论到哪里，言行都是符合义的了。士人，不可以交谈而去交谈，这是用言语试探对方来取利；可以交谈却不去交谈，这是用沉默试探对方来取利，这些都是扒洞翻墙一类的行径。"

解读

人应扩充仁义

孟子说，人人都有不忍心做的事，把它扩充到以前忍心干的事上，就是仁；人人都有不想干的事，把它扩充到以前干的事上，就是义。

这几句话很抽象，不大好理解。于是孟子换了个说法。他说，如果人人都把不害人的心扩充起来，那么仁就用不完了；人人都把不偷窃之类的心扩充起来，那么义就用不完了；人人都把尊重别人、尊重自己的习惯扩充起来，那么就到处都是义了。

孟子多次讲，人人都有仁义的本性，把仁义扩展开去，便是足以保有四海，是有一定的道理的。本章也是这个意思。

欲想正人必先正己

【原典】

孟子曰："言近而指远者，善言也；守约而施博者，善道也。君子之言也，不下带①而道存焉；君子之守，修其身而天下平。人病舍其田而芸人之田，所求于人者重，而所以自任者轻。"

【注释】

①不下带：带：腰带。古人视不下带，即只视带之上。此处比喻注意眼前常见之事。

【译文】

孟子说："言语浅近而含义深远，这是善言；所持守的原则简单，而施行时效用广大，这是善道。君子所说的，虽然是眼前近事，而道却蕴含在其中；君子的操守，通过自身品德的修养从而使天下太平。常人的毛病在于荒弃自己的田地，却到别人的田地里除草，要求别人的很严格，而加给自己的责任却很轻。"

解 读

从眼前的事做起

这段话很抽象，其要旨是讲君子的修养。孟子指出，言语浅近而意旨深远的，是善言；操持简约而恩泽博大的，是善道。君子的言谈，讲的是眼前的事，然而道却蕴含其中；君子的操守，从修身养性开始，却可以平定天下。孟子之意，是强调君子要首先修身养性，从自己做起，从眼前的事做起，从小事做起。

合礼是美德的最高表现

【原典】

孟子曰："尧、舜，性者也；汤、武，反之也。动容周旋中礼者，盛德之至也。哭死而哀，非为生者也。经德不回，非以干禄也。言语必信，非以正行也。君子行法，以俟命而已矣。"

【译文】

孟子说:"尧、舜的仁德,是出自本性;汤王、武王的仁德,是经过修身回复到本性。动作容貌等一切方面都符合礼,这是美德的最高表现。为死者哭得悲哀,不是做给活人看的。遵循道德而不违背,不是用来求官做的。言语必求信实,不是用来修正自己的品行的。君子遵循天然的道理去做,以此等待命运的安排罢了。"

解 读

君子应按法度做事

孟子说,圣人的动作、容貌、一举手、一投足之所以都合乎礼,那是因为他们的仁德到了极致。他们依德而行,不违礼法,并不是为求得爵禄;他们说话一定信实,不是为了让人家说他行为端正。四位圣人都是至仁之人,都很幸运地成了天子,因此,才把仁推广到四海。

而孟子也是至仁之人,现已垂垂老矣,恐怕命运不会关照他了,所以他自我宽慰说:"唉!君子按法度做事,至于结果如何,就只有等待命运的安排了。"

做人要保持自己的正气

【原典】

孟子曰:"说大人,则藐之,勿视其巍巍然。堂高数仞,榱题[①]数尺,我得志,弗为也。食前方丈,侍妾数百人,我得志,弗为也。般乐饮酒,驱骋田猎,后车千乘,我得志,弗为也。在彼者,皆我所不为也;在我者,皆古之制也,吾何畏彼哉?"

【注释】

①榱(cuī)题:屋檐下的椽子头,这里借指屋檐。

【译文】

孟子说:"向权贵进言,要藐视他,不要看他那副高高在上的样子。殿堂几丈高,屋檐几尺宽,我要得志了,就不这么干。面前摆满美味佳肴,侍妾有数百人,我要得志了,就不这么干。饮酒作乐,驰骋打猎,让成千辆车子跟随着,我要得志了,就不这么干。他们的所作所为,都是我所不愿干的;我所愿干的,都是符合古代制度的，我为什么要怕他们呢？"

【解读】

以仁治天下，天下必大治

孟子实际上把自己比作尧舜汤武一类的人，感叹自己命运不好，未能如愿。在本章中，他毫不掩饰其对当代诸侯的藐视，而且多次说，如果他做诸侯会如何如何。孟子为什么会这样说呢？其思想武器就在于"在彼者，皆我所不为也"，更何况还有浩然正气呢。由此可见，孟子之所以认为自己是圣人，之所以不把诸侯放在眼里，是因为他知道自己是仁德之人，而诸侯不是。他坚信，以仁治天下，必使天下大治，这也是仁者无敌的意思。

养心莫善于寡欲

【原典】

孟子曰："养心莫善于寡欲。其为人也寡欲，虽有不存焉者，寡矣；其为人也多欲，虽有存焉者，寡矣。"

【译文】

孟子说："修养善心的方法，没有比减少求利的欲望更好的了。一个人求利的欲望少，那么即使善心有些丧失，丧失的也是很少的；一个人求利的欲望多，那么即使善心有所保存，保存的也一定是很少的。"

【解读】

贪欲过多坏大事

孟子认为，人生来就有仁义之心，如善于修身养性，少一些对爵禄美色之类的欲望，纵使仁义之心有所减少，那也一定损失得很少。如果一个人有很多的贪欲，纵使他的仁义之心还有所保留，那也一定不多了。所以修养心性的最好办法就是减少欲望，寡欲清心。

卷十四 尽心（下）

305

讳名不讳姓也是一种做事风格

【原典】

曾皙嗜羊枣①，而曾子不忍食羊枣。公孙丑问曰："脍炙与羊枣孰美？"

孟子曰："脍炙哉！"

公孙丑曰："然则曾子何为食脍炙而不食羊枣？"

曰："脍炙所同也，羊枣所独也。讳名不讳姓，姓所同也，名所独也。"

【注释】

①羊枣：即黑枣，因形状色泽似羊屎，故称羊枣。

【译文】

曾皙爱吃羊枣，死后，他的儿子曾子就不忍心吃羊枣。公孙丑问道："烤肉与羊枣，哪样味道好？"

孟子说："当然是烤肉！"

公孙丑又问："那么曾子为什么吃烤肉而不吃羊枣？"

孟子说："烤肉是大家共同爱吃的，而吃羊枣是曾皙独有的嗜好。如同避讳只避名不避姓，因为姓是很多人共用的，而名是一个人独有的。"

解 读

善用类比说事

绝大多数情况下，孟子说理都很浅显。重要原因是，他总是随手拿生活中的小事来类比，使人容易理解。

不要做好好先生

【原典】

万章问曰："孔子在陈曰：'盍归乎来！吾党之小子狂简，进取，不忘其初。'孔子在陈，何思鲁之狂士？"

孟子曰："孔子'不得中道而与之，必也狂狷乎！狂者进取，狷者有所不为也'。孔子岂不欲中道哉？不可必得，故思其次也。"

"敢问何如斯可谓狂矣？"

曰："如琴张、曾皙、牧皮①者，孔子之所谓狂矣。"

"何以谓之狂也？"

曰："其志嘐嘐②然，曰'古之人，古之人'。夷考其行，而不掩焉者也。狂者又不可得，欲得不屑不洁之士而与之，是獧③也，是又其次也。孔子曰：'过我门而不入我室，我不憾焉者，其惟乡原④乎！乡原，德之贼也。'"

曰："何如斯可谓之乡原矣？"

曰："'何以是嘐嘐也？言不顾行，行不顾言，则曰"古之人，古之人"。''行何为踽踽凉凉⑤？生斯世也，为斯世也，善斯可矣。'阉然媚于世也者，是乡原也。"

万子曰："一乡皆称原人焉，无所往而不为原人，孔子以为德之贼，何哉？"

曰："非之无举也，刺之无刺也，同乎流俗，合乎污世，居之似忠信，行之似廉洁，众皆悦之，自以为是，而不可与入尧舜之道，故曰'德之贼也'。孔子曰：恶似而非者：恶莠，恐其乱苗也；恶佞，恐其乱义也；恶利口，恐其乱信也；恶郑声，恐其乱乐也；恶紫，恐其乱朱也；恶乡原，恐其乱德也。君子反经而已矣。经正，则庶民兴；庶民兴，斯无邪慝矣。"

【注释】

①琴张、曾皙、牧皮：琴张、牧皮：都是人名，身世不详；有人说是孔子的学生。②嘐嘐（xiāo）：志向远大、口气不凡。③獧：同"狷"。④乡原：指看起来恭谨忠厚，实质上却没有是非原则。⑤踽（jǔ）踽凉凉：踽，孤独的样子。

【译文】

万章问道："孔子在陈国时说：'何不回鲁国去啊！我乡里的年轻弟子志大而狂放，想进取而不改旧习。'孔子在陈国时，为什么要惦念鲁国那些狂放的读书人呢？"

孟子说："孔子说过，'找不到言行合乎中庸的人交往，必定只能同狂者和狷者交往了。狂者一味进取，狷者遇事拘谨、退缩'。孔子难道不想结交合乎中庸之道的人吗？只是不一定能结交到，所以想结交次一等的人。"

万章问："请问怎样的人能称作狂放的人？"

孟子说："像琴张、曾皙、牧皮，就是孔子所说的狂放的人。"

"为什么说他们狂放呢？"

孟子说:"他们志向远大、口气不凡,开口便说'古代的人,古代的人'。考察他们的行动,却和他们的言论不全吻合。如果这样的狂者也结交不到,就想找到不屑于干肮脏事的人同他们结交,这种人就是狷者,这是又次一等的了。孔子说:'路过我门口而不进我屋子,我不感到遗憾的,大概只有乡原吧!乡原是戕害道德的人。'"

万章问:"什么样的人能称他为乡原呢?"

孟子说:"乡原会指责狂者说:'为什么志向、口气那么大?说的不顾及做的,做的不顾及说的,却还说什么"古代的人,古代的人"。'又批评狷者说:'做事为什么那样孤孤单单?生在这个社会,为这个社会做事,只要人家认为好就行了。'像宦官那样在世上献媚邀宠的人就是乡原。"

万章问:"一乡的人都称他是忠厚人,所到之处也表现出是个忠厚人,孔子却认为这种人戕害道德,什么道理呢?"

孟子说:"这种人,要批评他,却举不出具体事来;要指责他,却又觉得没什么能指责的。和颓废的习俗、污浊的社会同流合污,平时似乎忠厚老实,行为似乎很廉洁,大家都喜欢他,他也自认为不错,但是却不能同他一起学习尧舜之道,所以说是'戕害道德的人'。孔子说过,要憎恶似是而非的东西:憎恶莠草,是怕它淆乱禾苗;憎恶歪才,是怕它淆乱了义;憎恶能说会道,是怕它淆乱信实;憎恶郑国音乐,是怕它淆乱雅乐;憎恶紫色,是怕它淆乱了大红色;憎恶乡原,是怕他淆乱了道德。君子是要回复到正道罢了。正道的形象树端正了,百姓就会奋发振作;百姓奋发振作,就不会有邪恶了。"

解读

天下的教育应由贤士来做

孔子、孟子都想得到天下的贤士来培养教育,但有些弟子就比较次一等,如"狂士",其特点是志气大,口气更大,但如果考察他们的行为,却不与言语相合。还有比"狂士"次一等的"狷士",其特点是不屑于做"不洁"的事。

孔子最讨厌的人是"乡原",也就是欺世盗名的好好先生,称他们是偷道德的贼。乡原的特点是,乍一看似乎没什么毛病,他们同流合污,貌似忠信廉洁,众人也都喜欢他,他也自以为正确,却不能同他一起学习尧舜之大道,孔子之所以特别厌恶"乡原",是怕他们把真正的仁道搞乱了。

本章把狂者、狷者和好好先生这几种人集中在一起来加以比较,以帮助我们更为深刻地认识和理解,同时也具有儒家学说史的重要资料价值。

中华文化需薪火相传

【原典】

孟子曰："由尧、舜至于汤，五百有余岁，若禹、皋陶，则见而知之；若汤，则闻而知之。由汤至于文王，五百有余岁，若伊尹、莱朱①，则见而知之；若文王，则闻而知之。由文王至于孔子，五百有余岁，若太公望、散宜生②，则见而知之；若孔子，则闻而知之。由孔子而来至于今，百有余岁，去圣人之世若此其未远也，近圣人之居若此其甚也，然而无有乎尔，则亦无有乎尔！"

【注释】

①莱朱：传说是商汤的贤臣，一说就是仲虺（huǐ），商汤的相。②太公望、散宜生：太公望：即吕尚。散宜生：姓散宜，名生，周文王的贤臣。

【译文】

孟子说："从尧、舜到商汤，有五百多年，像禹和皋陶，是亲眼见到过而知道尧、舜的；至于商汤，则是听了传说才知道的。从商汤到文王，有五百多年，像伊尹和莱朱，是亲眼见过而知道商汤的；至于文王，则是听了传说才知道的。从文王到孔子，又有五百多年，像太公望和散宜生，是亲眼见过而知道文王的；至于孔子，则是听了传说才知道的。从孔子到现在，有一百多年，离圣人的时代像现在这样还不算远，离圣人的家乡也没有像此地这样近的，这样的条件下还没有继承的人，那也就不会有继承的人了！"

解 读

"五百之期"的预言

孟子很熟悉"五百之期"的预言，他想，既然伟大的孔子没有真正应"五百之期"，当今之世，能当此伟大预言，推行仁政，拯救天下的，除了我孟轲还会有谁呢？

但这样的话，他不便明说，所以只得反复感叹：我们离圣人孔子的时代如此之近，离孔子的家乡又是如此之近，但竟然没有继承者！竟然没有继承者！他并不是感叹自己没有继承孔子的仁道，而是感叹自己垂垂老矣，一生已经要完了，竟然没有应这个"五百之期"呀！

孟子师徒把本章作为全书的最后一章，是"卒章显志"，是给《孟子》这本书，也是给孟子这个人一生进行总结和点题。

参考文献

[1] 陈才俊. 孟子[M]. 北京：海潮出版社，2008.

[2] 刘珏欣. 经典可以这样读——孟子[M]. 合肥：安徽文艺出版社，2008.

[3] 杜海泓. 四书五经[M]. 北京：华文出版社，2009.

[4] 孟宪婷. 孔孟的智慧[M]. 呼和浩特：远方出版社，2009.

[5] 于文斌. 孟子类解[M]. 长春：吉林文史出版社，2009.

[6] 杨伯峻. 孟子译注[M]. 北京：中华书局，2010.

[7] 吴天明，程继松. 经典诵读孟子[M]. 武汉：崇文书局，2004.